本书获得

● 浙江省哲学社会科学规划课题"生存视阈下高碳企业绿色转型困境及破解路径研究"（编号：23NDJC351YB）资助。

● 浙江省高校重大人文社科攻关计划项目"'双碳'目标下制造企业绿色转型与生存风险的冲突困境及纾解政策研究"（编号：2023QN081）资助。

Management
Insights
管理新视野

SURVIVAL CHALLENGES AND GREEN TRANSFORMATION OF
HIGH-CARBON ENTERPRISES
UNDER ENVIRONMENTAL REGULATION

环境规制下高碳企业
生存挑战与绿色转型

张 宇 著

厦门大学出版社
国家 一 级 出 版 社
全国百佳图书出版单位
XIAMEN UNIVERSITY PRESS

图书在版编目（CIP）数据

环境规制下高碳企业生存挑战与绿色转型 / 张宇著.
厦门 ：厦门大学出版社，2025. 6. -- ISBN 978-7-5615-
9788-0

Ⅰ. F425

中国国家版本馆 CIP 数据核字第 202513V2K5 号

责任编辑　施建岚
封面设计　李嘉彬
美术编辑　蒋卓群
技术编辑　朱　楷

出版发行　厦门大学出版社
社　　址　厦门市软件园二期望海路 39 号
邮政编码　361008
总　　机　0592-2181111　　0592-2181406(传真)
营销中心　0592-2184458　　0592-2181365
网　　址　http://www.xmupress.com
邮　　箱　xmup@xmupress.com
印　　刷　厦门市明亮彩印有限公司

开本　720 mm×1 020 mm　1/16
印张　20.25
插页　2
字数　312 千字
版次　2025 年 6 月第 1 版
印次　2025 年 6 月第 1 次印刷
定价　66.00 元

厦门大学出版社
微信二维码

厦门大学出版社
微博二维码

前　言

　　党的二十大报告指出,"高质量发展是全面建设社会主义现代化国家的首要任务",而推动经济社会全面绿色转型是实现高质量发展的关键环节。当前,我国经济高质量发展面临着资源和环境约束日益趋紧的严峻挑战,传统粗放型经济增长模式导致能源消耗、污染物及碳排放量大幅增长,经济增长与生态环境之间的矛盾日益突出。国际能源署(International Energy Agency,IEA)发布的《2023年碳排放报告》数据显示:2023年全球与能源相关的二氧化碳排放量创下了374亿吨的历史新高,与2022年相比增加了4.1亿吨,增幅为1.1%。而2023年中国碳排放量达到了126亿吨二氧化碳当量,较2022年的121亿吨增加了4.13%,这是迄今为止全球最大的年增幅。作为全球最大的发展中国家,2020年9月,中国明确提出"2030年前碳达峰、2060年前碳中和"的减碳目标。这一目标的提出,既是大国责任担当的重要体现,更是突破资源环境瓶颈与实现高质量发展的必然选择。传统高碳行业是我国国民经济发展的重要支撑,同时也是能源消耗和碳排放的主要行业。因此,如何有效驱动高碳企业绿色转型,是实现"双碳"目标与经济社会绿色转型的重中之重。

　　为积极应对环境问题带来的严峻挑战,我国政府及相关环保部门相继出台了一系列环境规制政策,如2014年修订、2015年实施的《中华人民共和国环境保护法》和 2016 年开展的中央生态环境保护督察等，这些政策及举措在环境治理绩效方面取得了显著成效，然而其对微观企业经营以及实体经济发展所带来的负向冲击也不容忽视，在当前宏观经济面临较大下行压力的背景下更是如此。生存是实现企业持续发展与绿色转型的重要前提，而当前环境规制引发的生存压力已成为制约我国高碳企业绿色转型的关键因素，也是高碳企业绿色转型意愿低下、转型内生动力不足的重要原因。

基于上述研究背景，本书从企业生存视阈对环境规制与高碳企业绿色转型问题进行研究。本书围绕强制命令型、市场激励型与自愿参与型三种不同类型环境规制对高碳企业生存风险的影响、生存风险对高碳企业绿色转型意愿与绿色转型行为的影响等核心问题进行研究，并围绕如何破解生存压力下高碳企业绿色转型的困境以实现高碳企业生存发展与企业绿色转型之间的平衡，提出具有针对性的政策建议。本书不仅拓展与深化了环境规制政策微观经济后果与企业生存的相关研究领域，并且为相关决策部门科学评估环境规制政策与绿色转型风险，设计创新性环境政策与市场机制，引导并激励高碳企业主动绿色转型提供新的思路，从而更好地实现高碳企业生存发展与绿色转型之间的平衡，确保碳达峰、碳中和目标的顺利实现，因而具有重要的理论价值和现实意义。

通过理论与实证研究，本书得出如下主要结论：(1)我国高碳企业整体仍面临较高的生存风险，且中西部地区高碳企业生存风险高于东部地区。(2)整体上，我国高碳企业绿色转型意愿呈现稳定上升趋势，且东部地区明显高于中西部地区。与此同时，高碳企业整体上仍面临较大的减排压力，且东部和中部地区高碳企业碳排放强度显著低于西部地区。(3)强制命令型环境规制方面,《中华人民共和国环境保护法》(2014 年修订)的实施总体上显著加剧了高碳企业生存风险,而中央生态环境保护督察总体上显著降低了高碳企业生存风险,且主要通过运营成本机制与技术创新机制影响高碳企业生存。在完善立法和强化执法的不同阶段,强制命令型环境规制对高碳企业生存风险的影响呈现显著差异。(4)市场激励型环境规制方面,《绿色信贷指引》的实施显著加剧了高碳企业生存风险,而碳排放权交易试点整体上显著降低了企业生存风险,但对低碳企业生存风险影响更加显著,且主要通过融资约束机制与技术创新机制影响高碳企业生存风险。不同类型市场激励型环境规制对高碳企业生存风险的影响呈现出显著差异。(5)自愿参与型环境规制通过促进企业增加研发投入、进行绿色技术创新、增强政企联动、缓解融资约束降低了企业生存风险,且其影响效应在低碳企业组更加显著。(6)环境规制政策对高碳企业生存风险的影响效应因企业产权性质、企业经济影响力以及地方政府环境关注度不同而存在显著差异。(7)生存风险显著提高了高碳企业的绿色转型意愿,但阻碍了高碳企业的绿色转型行为,即在生存压力下,高碳企业表现出明显的"漂绿"倾向,并且该现象在非国有企业和低经济影响力企业中表现得尤为明显。(8)数字化转型显著增加了企业创新投资的波动性,且数字化转型通过影响创新投资波动降低了企业生存风险。

基于以上理论与实证研究结论,本书从以下四个方面提出环境规制与生存压力下破解高碳企业绿色转型困境的政策建议:(1)优化环境规制政策设计,增强政策协同效应。(2)加大绿色转型相关金融支持,缓解高碳企业资金与生存压力。(3)加大绿色技术创新政策支持,提升高碳企业绿色转型能力。(4)强化环境信息披露与监管,遏制高碳企业

"漂绿"行为。

　　与已有研究相比,本书的创新点主要体现在以下三个方面:(1)在研究视角方面,创新性地从企业生存视角切入环境规制与企业绿色转型的研究,突破了已有环境规制与绿色转型领域研究视角的分野。(2)在理论研究方面,创新性地构建了"环境规制—生存风险—企业绿色转型"的理论分析框架,丰富了环境规制与企业绿色转型领域的理论研究。(3)在实证研究方面,创新性地将不同类型环境规制政策纳入统一分析框架并进行对比分析,为高碳企业更好地应对环境政策风险、制定绿色转型战略以及为政府部门科学评估绿色转型风险、推动高碳企业绿色转型提供决策参考。

张宇

2025 年 3 月

目　录

1　导论:环境规制下我国高碳企业绿色转型的现实挑战 ············· 1

1.1　"双碳"目标下我国高碳企业绿色转型的重要性 ········· 1

1.2　我国环境规制政策的环境治理效应 ·········· 3

1.3　我国环境规制政策对企业生存与绿色转型的影响 ········· 4

1.4　生存视阈下环境规制与高碳企业绿色转型的研究意义 ····· 7

1.5　本章小结 ·········· 9

2　环境规制、生存风险与绿色转型的相关理论基础 ·········· 10

2.1　环境规制的相关理论 ·········· 10

2.2　企业生存的相关理论 ·········· 15

2.3　绿色转型的相关理论 ·········· 18

2.4　本章小结 ·········· 22

3　环境规制、生存风险与绿色转型的文献综述 ·········· 23

3.1　环境规制的文献综述 ·········· 23

3.2　企业生存风险的文献综述 ·········· 31

3.3　企业绿色转型的文献综述 ·········· 35

3.4　文献述评及本书研究的重点 ·········· 42

3.5　本章小结 ·········· 44

4 环境规制、高碳企业生存风险与绿色转型的现实考察 ·········· 45

4.1 我国环境规制政策的演进与发展历程 ············· 45

4.2 高碳企业生存风险的特征事实 ··········· 53

4.3 高碳企业绿色转型的特征事实 ········· 65

4.4 本章小结 ············· 79

5 强制命令型环境规制对高碳企业生存风险的影响 ············· 82

5.1 强制命令型环境规制对高碳企业生存风险的
影响机制分析 ············· 84

5.2 强制命令型环境规制对高碳企业生存风险影响的
理论模型 ············· 86

5.3 新《环保法》实施对高碳企业生存风险影响的
实证分析 ············· 90

5.4 中央生态环境保护督察对高碳企业生存风险影响的
实证分析 ············· 121

5.5 本章小结 ············· 144

6 市场激励型环境规制对高碳企业生存风险的影响 ············· 146

6.1 市场激励型环境规制对高碳企业生存风险的
影响机制分析 ············· 148

6.2 市场激励型环境规制对高碳企业生存风险影响的
理论模型 ············· 151

6.3 《绿色信贷指引》对高碳企业生存风险影响的
实证分析 ············· 152

6.4 碳排放权交易试点对高碳企业生存风险影响的
实证分析 ············· 177

6.5 本章小结 ·· 202

7 自愿参与型环境规制对高碳企业生存风险的影响 ·············· 204

7.1 自愿参与型环境规制对高碳企业生存风险的
     影响机制分析 ·· 205

7.2 自愿参与型环境规制对高碳企业生存风险影响的
     理论模型 ·· 207

7.3 自愿参与型环境规制对高碳企业生存风险影响的
     实证分析 ·· 208

7.4 本章小结 ·· 229

8 生存风险对高碳企业绿色转型的影响 ························ 231

8.1 研究数据与研究设计 ···································· 231

8.2 生存风险对高碳企业绿色转型意愿的影响 ············· 234

8.3 生存风险对高碳企业绿色转型行为的影响 ············· 238

8.4 本章小结 ·· 242

9 拓展性研究：数字化转型、创新投资波动与企业生存风险 ······· 243

9.1 数字化转型、创新投资波动与企业生存风险的
     现实背景 ·· 244

9.2 数字化转型、创新投资波动与企业生存风险的
     理论分析 ·· 245

9.3 数字化转型、创新投资波动与企业生存风险的
     实证检验 ·· 247

9.4 本章小结 ·· 253

10　研究结论、政策启示与研究展望 ················· 254

　10.1　研究结论 ································· 254

　10.2　政策启示 ································· 259

　10.3　研究展望 ································· 263

参考文献 ··· 265

附　录 ·· 294

　附录1　《上市公司环保核查行业分类管理名录》 ············ 294

　附录2　《中华人民共和国环境保护法》 ·············· 298

　附录3　第一轮中央生态环境保护督察开展情况 ·········· 310

　附录4　《绿色信贷指引》 ······················· 310

　附录5　我国碳排放权交易试点的进展情况 ············· 315

1　导论:环境规制下我国高碳企业绿色转型的现实挑战

1.1　"双碳"目标下我国高碳企业绿色转型的重要性

随着全球极端气候事件频发,气候变化与环境问题已成为世界各国政府和学者关注的焦点。在资源瓶颈和环境约束日益趋紧的背景下,实现经济和社会发展全面绿色转型迫在眉睫。当前,中国经济已由高速增长转向高质量发展的重要阶段,坚持绿色发展理念、加快推进经济社会发展全面绿色转型,已成为推进中国式现代化的重要抓手。党的十八大以来,习近平总书记在重要会议上反复强调"绿水青山就是金山银山"的绿色可持续发展理念,中国经济绿色低碳发展的方向已逐步明确并深入人心。2020 年 9 月,习近平主席在第 75 届联合国大会上向世界作出庄严承诺,"二氧化碳排放力争于 2030 年前达到峰值,努力争取 2060 年前实现碳中和",随后"双碳"目标也成为"十四五"规划与历年政府工作报告的重要议题。党的二十大报告亦明确提出,"推动经济社会发展绿色化、低碳化是实现高质量发展的关键环节"。2023 年 7月,习近平总书记在全国生态环境保护大会上再次对生态文明建设提出了更高要求:"要通过高水平环境保护,不断塑造发展的新动能、新优势,着力构建绿色低碳循环经济体系,加快形成科技含量高、资源消耗低、环境污染少的产业结构,大幅提高经济绿色化程度,有效降低发展的资源环境代价,持续增强发展的潜力和后劲。"

作为经济社会发展的基础行业和部门,火电、钢铁、水泥和陆地交通运输等行业碳排放总体呈增长趋势。2020年,全球上述部门共排放二氧化碳241亿吨,约占碳排放总量的70%。[①] 在我国,传统高碳行业依然是国民经济发展的重要支撑,同时也是能源消耗和碳排放的主要部门,在经济社会全面绿色转型过程中肩负着重要责任。2021年国家统计局数据显示,石油加工、炼焦及核燃料加工业、化学原料及化学制品制造业、非金属矿物制品业、黑色金属冶炼及压延加工业、有色金属冶炼及压延加工业、电力热力的生产和供应业等高能耗行业的总能耗占我国能源消费总量的50%以上,二氧化碳排放占比接近80%[②]。因此,如何有效驱动高碳企业绿色转型,是实现"双碳"目标与经济社会绿色转型的重中之重。2021年3月15日,中央财经委员会第九次会议亦对"2030年前实现碳达峰,2060年前实现碳中和"的重大战略意义以及具体相关工作作出重要阐述和部署,会议强调"十四五"是碳达峰的关键期与窗口期,推动能源、工业等高碳领域企业绿色转型至关重要[③]。2024年7月,中共中央、国务院在《关于加快经济社会发展全面绿色转型的意见》中提出要"坚定不移走生态优先、节约集约、绿色低碳高质量发展道路""健全绿色低碳发展机制,加快经济社会发展全面绿色转型""加快产业结构绿色低碳转型""稳妥推进能源绿色低碳转型",[④]再次强调了高能耗高碳排放企业绿色转型对于经济社会可持续发展的重要性。

---

① 清华大学碳中和研究院.全球能源基础设施碳排放及锁定效应[EB/OL].(2021-12-21)[2025-03-01].https://www.icon.tsinghua.edu.cn/info/1070/1149.htm.

② 国家能源报.高耗能产业低碳转型要做好"加减法"[EB/OL].(2021-12-20)[2025-03-01].https://paper.people.cn/zgnybwap/html/2021-12/20/content_25894918.htm.

③ 中华人民共和国中央人民政府.习近平主持召开中央财经委员会第九次会议[EB/OL].(2021-03-15)[2025-03-01].https://www.gov.cn/xinwen/2021-03/15/content_5593154.htm.

④ 中华人民共和国中央人民政府.中共中央国务院关于加快经济社会发展全面绿色转型的意见[EB/OL].(2024-08-11)[2025-03-01].https://www.gov.cn/zhengce/202408/content_6967665.htm.

1.2 我国环境规制政策的环境治理效应

为积极应对环境问题对经济社会可持续发展带来的严峻挑战，在绿色可持续发展理念指引下，我国政府及相关环保部门相继出台了一系列环境规制政策。如 2015 年中共中央、国务院联合发布了《关于加快推进生态文明建设的意见》与《生态文明体制改革总体方案》两份纲领性文件，明确了我国生态文明建设的战略目标和具体实施步骤。同年实施了史上最严格的《中华人民共和国环境保护法》（2014 年修订），进一步强化了地方政府和企业在经济社会发展过程中的环境治理责任，并加大了对相关环境违法行为的惩罚力度。

当前我国环境规制政策已形成由强制命令型环境规制、市场激励型环境规制与自愿参与型环境规制构成的系统性规制政策框架。强制命令型环境规制是指政府或环境监管部门通过制定严格的能源使用或污染物排放标准等相关的法律法规，或采用强制性环保督察等方式对企业环境行为进行约束，违反相关规定的企业将面临法律或行政处罚，具有强制性与政府直接干预等特征。市场激励型环境规制则强调通过市场机制将环境污染成本内部化，从而引导企业在追求利润的同时主动减少污染排放，具有灵活性高与政府干预程度较低等特点。自愿型环境规制则强调微观企业、行业协会、环境保护团体及社会公众的自愿参与，通过自愿参与环境协议、环境认证、提升环保意识和观念等途径，实现自我约束和环保目标。这种规制方式体现了企业的社会责任感和公众的环保意识，有助于形成全社会共同参与环境保护的良好氛围。

环境立法的不断完善、环境规制强度的不断加大以及环境规制手段的逐步多样化对地方政府和企业环保行为形成了强有力的约束，在环境治理绩效方面也取得了显著成效。2023 年生态环境部发布的《中国生态环境状况公报》数据显示：全国环境空气质量保持长期向好态势，339 个地级及以上城市细颗粒物（PM$_{2.5}$）平均浓度为 30 微克/立方米,好于年度目标近 3 微克/立方米,"十三五"以来累计下降 28.6%。全国优良天数比例为 85.5%。京津冀及周边地区、汾渭平原等大气污染防治重点区域 $PM_{2.5}$ 平均浓度同比分别下降 2.3%、6.5%。全国地表水环境质量持续向好,优良(Ⅰ~Ⅲ类)水质断面比例为 89.4%,同比上升 1.5 个百分点,"十三五"以来实现"八连升",累计上升 21.6 个百分点;劣Ⅴ类水质断面比例为 0.7%,同比持平,"十三五"以来累计下降 7.9 个百分点。[①] 与此同时,诸多学者实证研究认为,环境规制政策能够显著促进节能减排、改善环境质量(于向宇 等,2019;张华 等,2020;曾倩 等,2020)。

1.3 我国环境规制政策对企业生存与绿色转型的影响

作为环境治理的重要工具,环境规制在环境保护实践中发挥着积极作用,然而其对微观企业经营以及实体经济发展所带来的负向冲击也不容忽视,在当前宏观经济面临较大下行压力的背景下更是如此。2021 年以来,部分地区迫于"能耗双控"的环保考核[②]压力,采取"一刀切"的方式进行大面积拉闸限电,迫使高能耗企业暂停生产,此类激进式举措严重影响了企业正常的生产销售流程,直接关系到企业订单交付时间、营业收入增长、现金流稳定、银行贷款履约等一系列重要环节,甚至可能危及企业的生存。已有研究表明,环境规制对于企业运营的微观影响具有双重效应。一是环境规制的"波特效应"[③]。环境规制是

---

① 数据来源于生态环境部发布的《2023 中国生态环境状况公报》。而《2018 中国生态环境状况公报》显示:全国 338 个地级及以上城市中,仅有 121 个城市环境空气质量达标,占全部城市数的 35.8%,217 个城市环境空气质量超标,占 64.2%;全国 2833 处浅层地下水监测井水质总体较差,Ⅰ~Ⅲ类水质监测井占 23.9%,Ⅳ类占 29.2%,Ⅴ类占 46.9%。

② 中华人民共和国国家发展和改革委员会.关于印发《2021 年上半年各地区能耗双控目标完成情况晴雨表》的通知(发改办环资〔2021〕629 号)[EB/OL].(2021-08-17)[2025-03-01].https://www.ndrc.gov.cn/xxgk/zcfb/tz/202108/t20210817_1293835.html.

③ 环境规制的"波特效应"又称"创新补偿效应"。

推动企业技术创新的重要手段,合理的环境规制政策能够有效激励企业研发投入增加,倒逼企业技术创新与绿色技术创新,通过技术创新所获得的生产率提升能够抵消环境成本与研发投入成本,从而有利于企业长期利润增长与竞争力提升(康鹏辉 等,2020)。然而,环境规制的创新补偿效应只有在特定的条件下才会显现(徐敏燕 等,2013;蒙大斌等,2022)。二是环境规制的"戒本遵循效应"。随着政府环境规制强度的提高,企业被迫投入大量的资本和劳动等生产要素资源进行污染治理以达到环境监管标准,在追求短期环境目标的同时,不得不对企业有限的生产资源进行重新分配,污染治理投资的增加必然会"挤占"其对现有研发与生产环节的资源投入,从而导致企业生产成本增加,对企业生产率与经济绩效产生"挤出效应",甚至导致其市场份额减少,增加企业市场退出风险(李俊成 等,2022)。高碳企业因其高能耗高排放的特点而处于政府与环境部门监管的核心范畴,因而其生产经营活动更易受到环境规制政策的负面影响。此外,为积极响应国家环境保护政策,金融机构在业务实践中也会慎重评估企业环境表现与环境风险,尤其是针对高碳排放企业与重污染企业的融资进行限制,这将直接强化这类企业面临的融资约束,降低其财务绩效,甚至可能危及企业的持续经营能力和生存。生存是企业持续经营发展与绿色转型的重要基础保障,高碳企业的绿色转型对于经济社会绿色可持续发展尤为关键,而由环境规制引发的生存压力已成为我国高碳企业绿色转型意愿低下、转型内生动力不足的重要原因。

2021 年,中共中央、国务院、中国人民银行及中国银行保险监督管理委员会分别提出"有效应对绿色低碳转型可能伴随的经济、金融、社会风险,防止过度反应,确保安全降碳"①"承诺碳中和后,未来最大的风险是转型风险"②"支持传统高碳企业降耗升级、绿色转型和安

---

① 中华人民共和国中央人民政府.中共中央国务院关于完整准确全面贯彻新发展理念做好碳达峰碳中和工作的意见[EB/OL].(2021-10-24)[2025-03-01].https://www.gov.cn/xinwen/2021-10/24/content_5644613.htm.

② 东方财富网.马骏:承诺碳中和后未来最大的风险是转型风险[EB/OL].(2021-02-05)[2025-03-01].https://finance.eastmoney.com/a/202102051803514842.html.

全保供"①。2024 年,中共中央、国务院在《关于加快经济社会发展全面绿色转型的意见》中强调"坚持安全转型""妥善防范化解绿色转型面临的内外部风险挑战,切实保障粮食能源安全、产业链供应链安全,更好保障人民群众生产生活"②,充分体现了国家对于经济社会绿色转型风险的高度重视。"双碳"目标指引与环境规制政策实施的目的并非让高碳企业无法生存、从市场退出,而是希望通过将外部性环境成本内部化的方式倒逼企业退出高污染项目并进行实质性绿色创新,以实现环境波特效应与高碳企业绿色可持续发展。然而对于环境规制所引发的生存风险的担忧却削弱了高碳企业进行实质性绿色转型的行为动机。已有文献聚焦于宏观环境制度对环境绩效影响领域的相关研究,主要包括《中华人民共和国环境保护法》实施(柳建华 等,2023)、排污权交易试点(Calel et al.,2016)、低碳城市试点(徐佳 等,2020)、排污费(陈诗一 等,2021)、环境技术和质量标准(万攀兵 等,2021)、环保目标责任制(陶锋 等,2021)、绿色金融(Flammer,2020)等外部制度设计是否促进了环境质量改善,却忽视了环境规制政策所引发的生存风险及其对高碳企业绿色转型意愿与转型策略选择的影响。

因此,在经济社会发展全面绿色转型的背景下,本书基于企业生存视阈对环境规制与高碳企业绿色转型问题进行研究。在对相关理论与文献综述进行系统梳理的基础上,主要围绕环境规制政策的演进,高碳企业生存风险与绿色转型的特征事实,强制命令型、市场激励型与自愿参与型环境规制对高碳企业生存风险的影响机制与影响效应,生存风险对高碳企业绿色转型意愿与绿色转型行为的影响等问题进行研究,不仅拓展与深化了环境规制政策微观经济后果与企业生存的相关研究领域,并且为相关决策部门科学评估环境规制政策与绿色转型风险,设

---

① 新浪财经.银保监会:银行业保险业改革开放实现新突破[EB/OL].(2021-07-31)[2025-03-01].https://finance.sina.com.cn/money/bank/bank_hydt/2021-07-30/doc-ikqcfnca9931195.shtml.

② 中华人民共和国中央人民政府.中共中央 国务院关于加快经济社会发展全面绿色转型的意见[EB/OL].(2024-08-11)[2025-03-01].https://www.gov.cn/zhengce/202408/content_6967665.htm.

计创新型环境政策与市场机制、引导并激励高碳企业主动绿色转型提供新的思路,从而更好地实现高碳企业生存发展与绿色转型之间的平衡,确保碳达峰、碳中和目标的顺利实现,因而具有重要的理论价值和现实意义。

1.4 生存视阈下环境规制与高碳企业绿色转型的研究意义

1.4.1 理论意义

本书的理论意义主要体现在以下三个方面。

第一,从生存视角拓展与深化了环境规制政策微观经济后果的相关研究。既有文献主要关注环境规制政策所带来的技术创新效应、环境质量效应以及经济增长效应等,却忽视了环境规制政策可能引发的生存风险及其对高碳企业绿色转型意愿与绿色转型行为的影响。本书基于企业生存视阈,系统探讨强制命令型、市场激励型与自愿参与型三种不同类型环境规制政策如何影响高碳企业生存风险,进而揭示生存压力如何影响高碳企业绿色转型意愿与绿色转型行为,为高碳企业绿色转型内生动力不足的原因提供深刻的学理洞见与实证依据。

第二,从宏观环境政策视角丰富了企业生存风险诱发因素的相关研究。既有企业生存领域文献多从宏观环境与企业微观特征两个维度展开,其中宏观环境包括政府行政干预、制度环境、市场环境、国际贸易与投资等,企业微观特征包括企业创新决策、融资决策以及经营决策等。本书以环境规制政策作为宏观环境领域的重要切入点,拓展与深化了宏观环境与企业生存的相关研究。

第三,构建了"环境规制—生存风险—企业绿色转型"的完整理论分析框架。既有文献缺乏对于环境规制与生存风险关系的探讨,本书系统性阐释了强制命令型、市场激励型与自愿参与型三种不同类型环境规制政策对高碳企业生存风险的影响机制与差异化影响效应,并进一步考察了生存压力下高碳企业的绿色转型意愿与绿色转型行为选择,形成了"环境规制—生存风险—企业绿色转型"的理论分析框架。这不仅为识别不同类型环境规制政策对高碳企业生存风险的差异化影响提供了理论依据,同时也为理解企业在生存压力下的绿色转型策略选择提供了新的理论解释。

1.4.2 实际意义

本书的实际意义主要体现在以下两个方面。

第一,积极响应国家"双碳"目标,为高碳企业更有效地实施绿色转型提供微观决策支持。本书紧密结合国家"十四五"发展规划及政府工作报告中提出的"扎实做好碳达峰、碳中和各项工作""促进新型节能环保技术、装备和产品研发应用"的号召,以环境规制政策作为宏观环境领域的重要切入点,系统考察了不同类型环境规制政策对高碳企业生存风险及绿色转型的影响机制与影响效应,为高碳企业更好地应对环境政策风险以及制定绿色转型战略提供微观决策依据,从而有助于高碳企业实现经济绩效与环境绩效双重目标。

第二,积极呼应国家"安全降碳"的转型要求,为政府防控绿色转型风险、实施精准纾困政策提供政策性决策参考。本书紧密结合生态环境部强调的"有效应对绿色低碳转型可能伴随的风险,确保安全降碳"的要求以及中国人民银行提出的"承诺碳中和后,未来最大风险是转型风险"的意见,从生存视角对环境规制政策的微观经济后果进行研究,为政府相关决策部门科学评估绿色转型风险、实施精准有效扶持政策以破解高碳企业绿色转型困境,确保碳达峰、碳中和目标顺利实现,提供政策性决策参考。

1.5　本章小结

　　本章首先阐述了"双碳"目标下我国高碳企业绿色转型的重要性;其次,分析了环境规制政策的环境治理效应及其对企业生存与绿色转型的影响;最后,探讨了生存视阈下环境规制与高碳企业绿色转型的研究意义。

2 环境规制、生存风险与绿色转型的相关理论基础

2.1 环境规制的相关理论

2.1.1 外部性理论

外部性又称为外部成本、外部效应或溢出效应,是指经济主体(生产者或消费者)在自己的生产消费活动中会对他人的福利产生有利或不利影响,而由此所带来的利益或损失并不是由其本人所获得或承担的。从影响方向上可将外部性分为正外部性(外部经济)和负外部性(外部不经济)。外部性理论思想的萌芽最早可追溯到古典经济学时期。早在 1776 年,英国经济学家 Adam Smith 在《国富论》中就提出"在追求私人自身利益时,也常常促进社会的利益"。尽管该论述并未直接提出外部性的概念,但隐含了经济活动可能产生间接利他的社会效应。随后,Mill(1848)和 Sidgwick(1883)进一步探讨了经济活动中个体行为对他人或社会的非市场性影响,为外部性理论的形成奠定了重要基础。

直到 1890 年,英国著名经济学家 Marshall 在其经典著作《经济学原理》中首次提出了外部经济的概念,这也标志着外部性理论研究的正式开端。他认为环境资源利用过程中存在显著的外部效应,个体和厂商所承担的个人成本与社会成本、个人收益与社会收益之间存在偏差。这一概念的提出为人们更好地理解市场外部性现象提供了初步的理论

框架。随后,其学生 Pigou(1920)从社会福利的角度对外部性理论进行了系统分析,研究认为外部性的存在所导致的私人成本与社会成本、私人收益与社会收益的偏差,会在一定程度上降低社会资源配置效率,从而阻碍资源配置帕累托最优的实现,尤其是负外部性所导致的市场失灵,需要通过政府干预进行纠正。在此基础上,1960 年,美国经济学家 Coase 在《社会成本问题》中提出了著名的科斯定理,该定理认为在产权界定清晰且交易成本为零的情况下,市场机制能够自动实现外部成本的内部化,从而实现社会资源的最优配置。该观点的提出为通过政府干预纠正市场失灵问题提供了崭新的思路。

随着外部性理论框架的逐步完善,该理论逐步成为现代经济学分析中的重要理论工具,在经济学领域的应用也越来越广泛,如在环境经济学、政府产业政策、国际贸易发展、代际外部性的影响等领域有着广泛应用。在环境经济学领域,环境污染外部性是指经济主体在生产或消费活动中对环境造成负面影响,如企业所排放的污染物对空气质量、水资源、土壤等公共资源造成损害,企业却并未直接承担与此相对应的成本,而是由社会主体共同承担。外部性理论揭示了环境污染和生态破坏的经济学本质,并解释了其所引发的市场失灵与资源配置效率损失。在产业政策领域,外部性理论也有助于政府产业政策的制定与实施。即政府可以通过支持节能环保等具有正环境外部性的绿色产业发展,实现产业结构的优化和绿色转型。同时,通过环境规制政策限制高能耗高污染产业发展,引导这类产业绿色转型以减少其对环境所带来的负外部性影响。在国际贸易领域,外部性理论也被应用于解释国际贸易对一国环境成本与环境质量的影响。外部性理论认为在国际贸易中可能会存在环境成本在不同国家之间转移的现象,即发达国家通过向发展中国家转移高能耗、高污染产业来规避国内的环境规制。此外,外部性理论还被应用于代际外部性领域的相关研究并解释了人类代际之间行为的相互影响,体现了外部性理论在代际可持续发展中的应用。

2.1.2 环境库兹涅茨曲线

如何处理好经济增长与环境保护之间的关系一直是学术界关注的重要议题。早在1972年，美国经济学家Meadows等人在其著作《增长的极限》中指出，煤炭、石油等原始资源是有限的，而经济增长必然带来资源消耗与环境破坏，经济增长与环境保护之间存在此消彼长的矛盾关系，因此，人类应放弃对自然界的改造和控制以实现零经济增长。该观点虽然将经济发展与环境保护对立起来，但也揭示了人类社会发展过程中面临着严峻的环境挑战和生存风险。

然而，1977年，美国经济学家Simon在其《人口增长经济学》一书中却对此提出了不同意见。他认为经济增长与环境质量之间并非此消彼长的矛盾关系，而是可以相互促进的和谐关系，通过技术进步、经济激励和环境治理等手段，可以实现经济增长与环境保护的双赢。这一观点为后来的可持续发展理念提供了重要的思想基础。在此基础上，Stiglitz(1974)、Baumol(1986)等众多学者开始关注技术进步在经济增长与环境保护关系中的重要作用，研究认为，技术进步能够增加劳动和资本等生产要素与自然资源之间的替代弹性，因此，自然资源的稀缺性可以通过技术进步来抵消，技术进步是经济持续增长的重要动力。这一观点强调了技术创新在解决资源环境问题、推动经济可持续发展中的重要作用。

直到20世纪90年代，美国经济学家Grossman和Krueger对人均收入与环境质量之间的关系进行了实证研究，提出了著名的"环境库兹涅茨曲线"。该研究认为当人均收入水平较低时，随着人均收入的增加，环境污染会随之增加，但当人均收入水平达到一定程度时，随着人均收入的增加，环境污染则会随之减少，即人均收入与环境污染之间存在倒U形关系。在此基础上，众多学者从不同维度对环境库兹涅茨曲线进行了验证，但由于所选取的污染物种类不同，所得出的实证结果仍存在较大的分歧。例如：Shafik(1994)研究表明，人均收入与人均二氧化碳排放量之间呈线性关系；Friedl等(2003)研究认为环境库兹涅茨曲线的形态呈现 N 形特征;Perman 等(2003)研究认为,在硫污染物和经济增长之间并不存在倒 U 形关系。尽管环境库兹涅茨曲线在不同场景的适用性受到了一些挑战,但该理论依然为理解经济发展与环境污染之间的关系提供了重要思路。

2.1.3 环境波特假说

20 世纪 80 年代,主流经济观点认为环境规制会显著增加企业环境成本,从而挤占企业生产与研发投资,对企业生产率和竞争力提升带来负面影响。20 世纪 90 年代,Porter 等(1995)围绕环境规制与企业竞争力提升展开了深入研究,提出了著名的波特假说,并对这一传统观点提出疑问。他们研究认为环境规制与经济发展并非完全对立关系,合理的环境规制政策能够带来"创新补偿效应",即通过技术创新抵消遵循成本,从而提高企业产品质量与市场竞争力。这一观点为重新理解环境规制政策与企业创新的关系提供了全新的视角。

随着研究的不断深入,波特假说的内容也得到进一步丰富与发展。Jaffe 等(1997)等将波特假说划分为三个层次:弱波特假说、强波特假说和狭义波特假说。弱波特假说认为合理的环境规制能够刺激创新行为,但不确定其是否能够对企业经营业绩带来正向影响。强波特假说认为合理的环境规制不仅能刺激企业创新行为,同时创新所带来的企业生产率与经营业绩的提升能够弥补企业因环境规制产生的成本增加,从而提升企业盈利能力。狭义波特假说则关注特定类型的环境规制对企业创新行为的影响,认为灵活的环境规制比强制性的环境规制更能有效地促进企业创新。

此外,环境波特假说还强调了政府在推动技术创新中的重要作用。政府可通过制定和实施合理的环境规制政策,为企业创造有利于技术创新的市场环境。波特假说的提出与发展,不仅丰富了环境经济学和企业管理学的理论体系,也为政府与环境部门提供了重要的政策思路。

2.1.4 污染避难所假说

污染避难所假说又称污染天堂假说,是国际贸易与环境保护关系领域的重要理论之一。比较优势理论认为,环境规制的实施对污染密集型产品的竞争力有显著影响,会重塑这些产品在全球市场中的比较优势格局。基于比较优势理论,Walter 等(1979)研究发现,发达国家对环境质量有着较高要求,其环境规制措施更加严格和完善,相比之下,发展中国家往往面临更为严重的经济增长压力,对环境保护的关注相对较少。不同类型国家环境规制的差异导致污染密集型产业从环境规制较为严格的发达国家逐渐向环境规制较为宽松的发展中国家转移,从而出现了显著的"污染避难所"现象。随后,Copeland 等(1994)在对环境规制与南北贸易(即发达国家与发展中国家之间的贸易)关系问题进行研究时正式提出了"污染避难所假说"。他们认为,在开放经济条件下,由于发达国家通常具有较为严格的环境规制与较强的公众环境意识,这些国家的污染产业生产成本大幅上升,污染产业更倾向于转移至环境规制强度较低、公众环境意识相对薄弱的欠发达国家和地区,以获得更低的生产成本与市场竞争优势。另外,由于欠发达国家经济发展水平较为低下,政府更偏向于制定较为宽松的环境规制政策以吸引外资、带动经济增长与收入水平提升。同时,公众环保意识也相对薄弱,更容易接受污染型产业与产品。因此,自由贸易条件下,污染产业会不断从发达国家迁移到发展中国家,后者逐渐成为前者的"污染避难所"。

进一步,Taylor(2005)将污染避难所假说细分为五种不同维度。一是国家特征对环境规制的影响。经济发展水平、政治体制、文化观念等国家特征会影响其环境规制政策的制定和实施。二是环境规制对生产成本的影响。严格的环境规制迫使企业投入更多资源以满足环保要求,因此会增加企业的生产成本。三是生产成本对国际贸易与 FDI(外商直接投资)的影响。不同类型国家环境规制差异直接影响企业生产成本,导致企业倾向于选择将生产活动转移到环境规制较弱、生产成本较低的国家或地区,从而影响国际贸易和 FDI 的流动。四是国际贸易和 FDI 对环境污染、产品价格及收入的影响。生产活动的转移不仅会影响环境质量,还直接影响相关产品的市场价格和居民收入水平。五是环境污染、产品价格及收入对环境规制的影响。环境质量、产品价格的波动以及收入水平的变化可能会影响政府的环境规制政策。

　　基于污染避难所假说,国内外学者开展了大量相关实证研究,但国际学术界关于该假说是否成立仍存在较大争议。部分学者认为污染避难所现象是客观存在的,但也有学者对污染避难所假说提出疑问。

2.2　企业生存的相关理论

2.2.1　企业生命周期理论

　　企业生命周期理论系统揭示了企业成长与衰亡的内在规律,其起源与发展经历了从初步探索到系统研究与丰富发展的漫长过程。该理论的起源最早可以追溯到 20 世纪 50 年代,当时以 Haire(1959)为代表的美国管理学家提出可以用生物学的"生命周期"来描述企业的成长过程,认为企业的发展过程中也会出现停滞、消亡等类似生物学的成长特征与发展阶段,这一观点为企业生命周期理论的诞生奠定了重要基础。

　　自 20 世纪 60 年代开始,学者们对企业生命周期进行了系统研究。Gardner(1965)提出,与生物学生命周期相比,企业的生命周期有其特殊性,如企业未来发展是不可预期的,企业发展过程中可能会出现暂时停滞阶段,企业消亡也并不是一定出现的。随后,Steinmetz(1969)研究发现企业成长过程呈 S 形曲线,一般可划分为直接控制、指挥管理、间接控制和部门化组织等四个阶段。

　　随着研究的深入,企业生命周期理论被正式提出,同时,学者们也开始尝试用多种模型对企业生命周期理论进行深入研究。如 Greiner(1972)正式提出了企业生命周期的概念,并基于组织成长与发展提出了企业成长模型。他将企业生命周期划分为五个阶段:创新成长期、指导成长期、授权成长期、协调成长期和合作成长期。该模型强调了企业在不同成长阶段所面临的管理挑战和变革方向。随后,Churchill 等 (1983)基于企业规模和企业管理两个维度构建了"五阶段成长模型",将企业生命周期划分为创立阶段、生存阶段、发展阶段、起飞阶段和成熟阶段五个阶段。基于此,该模型认为企业成长通常会呈现"暂时或永久维持现状"、"持续增长"、"战略性转变"和"出售或破产歇业"等典型特征。此外,Adizes(1989)提出的十阶段模型也是具有重要影响力的理论之一。他将企业成长过程划分为十个阶段,即孕育期、婴儿期、学步期、青春期、壮年期、稳定期、贵族期、官僚化早期、官僚期、死亡期等,对企业生命周期中不同阶段的特征进行概括,并提出不同生命周期阶段相应的对策。

21 世纪以来,企业生命周期理论得到了进一步的深化和应用。学者们尝试从财务管理、市场营销、战略管理等视角探讨企业在不同生命周期阶段的财务策略、市场策略和管理模式。这些研究丰富了企业生命周期理论的内容,同时也为企业经营管理的探索和实践提供指导。

2.2.2 企业资源基础理论

企业资源基础理论是从企业资源的角度分析企业竞争优势和盈利状况的一种理论。该理论的起源可追溯到 20 世纪 50 年代末期。Penrose(1959)深入探讨了企业资源与企业成长之间的关系,指出企业成长的源泉主要来自企业内部资源。这一观点为后来的资源基础理论奠定了基础。Wernerfelt(1984)首次明确提出以企业资源代替传统战略制定中产品的地位,认为企业应当通过优化资源配置、培养难以复制的特殊资源来形成竞争优势。这一观点的提出被认为是企业资源基础理论正式形成的标志。

随后,企业资源基础理论吸引了众多学者的关注,逐步形成深入和系统的资源基础理论分析框架。如 Barney(1991)指出资源基础理论主要包含特殊的异质资源、资源的不可模仿性、特殊资源的获取与管理三方面主要内容。该理论认为企业管理者应该发展相对重要且擅长的异质性资源,同时选择将不具优势的资源从外部获取的方式,才能更好地实现资源的优化配置,从而在同行业中获得竞争优势。同时,研究明确了竞争优势资源的四个关键特性:价值性、稀缺性、难以模仿性和不可替代性,这些特性共同决定了资源是否能够成为企业竞争优势的源泉。与此同时,Grant(1991)也将资源视为生产过程中不可或缺的输入要素,并将企业资源划分为六大类:财务资源、实物资产、人力资源、技术知识、品牌声誉以及组织资源。这些资源共同构成了企业运营与发展的基石。随后,Peteraf(1993)构建了持续竞争优势分析模型,并指出持续竞争优势资源应具备四项特征:异质性、竞争的事后限制、不完全移动性与竞争的事前限制。这四项特征共同构成了企业持续竞争优势分析模型的基础。此外,Amit 等(1993)围绕企业资源的分类及其对企业竞争优势的影响展开研究。基于资源的离散性系统状态,他将资源分为两大类:简单性资源和复杂性资源。简单性资源是以产权为基础的、有形的但处于离散状态的资源,这类资源相对容易识别、量化和交易,构成企业运营的基础,但单独使用时难以形成持久的竞争优势。而复杂性资源则是指以知识为基础的、无形的、系统性的资源,这类资源更加难以模仿和替代,从而构成企业持续竞争优势的关键。

此外,企业资源基础理论在企业战略管理中也得到了广泛应用。Prahalad 等(1990)提出,企业核心竞争力对其长期竞争优势的构建至关重要,而企业核心竞争力则取决于企业内部独特的资源和能力。核心竞争力观点也充分体现了资源基础理论在企业战略管理实践中的应用。

2.2.3 企业竞争优势理论

作为企业战略管理领域的重要议题,企业竞争优势理论的起源可追溯至 20 世纪中期。Chamberlin(1939)提出了"竞争优势"的概念。直到 20 世纪 80 年代,哈佛商学院 Porter 教授在其著作《竞争战略》和《竞争优势》中,系统提出了基于产业结构的竞争优势理论,并将产业组织理论中的 SCP 模型(结构—行为—绩效模型)应用于企业竞争行为研究,提出了著名的"五力模型"。他认为行业中存在着决定市场竞争的五种力量:新进入者的威胁、替代品的威胁、购买者的议价能力、供应商的议价能力以及行业内现有竞争者之间的竞争。他进一步指出,企业可以通过实施成本领先、差异化或目标集聚等战略以获得竞争优势。除了产业市场竞争外,波特将竞争优势理论进一步拓展到国际竞争市场,重点讨论了地理位置在企业竞争优势中的重要角色。他认为企业可以将生产经营活动扩展到不同的地区,凭借全球性网络协调,让不同地区的生产经营活动产生潜在的竞争优势。

基于 Porter 提出的竞争优势理论,众多学者从不同角度对企业竞争优势进行了深入研究。例如,Barney(1991)等资源基础观学派认为企业拥有的技术、知识、品牌等独特资源能够为企业带来持久的竞争优势。Teece(1997)等动态能力观学派认为,企业的动态能力是企业竞争优势的重要决定因素,企业只有具备不断适应市场变化、持续创新的动态能力,才能在快速变化的环境中保持竞争优势。

综上,基于产业结构的竞争优势理论强调外部环境对企业竞争优势的影响,基于资源基础和动态能力的竞争优势理论则更关注企业内部资源和能力对企业竞争优势的关键作用。不同学者的研究为企业竞争优势理论内容的丰富和发展提供了多维视角。

2.3 绿色转型的相关理论

2.3.1 绿色技术创新理论

1776 年,英国古典政治经济学家 Adam Smith 提出,国家的富裕取决于分工,因为分工有助于某些机械的发明,从而提高劳动生产率。其中"某些机械的发明"即包含了技术创新的含义,这也是早期关于技术创新与经济增长关系研究的文献。Schumpeter(1912)首次系统性提出了技术创新理论,标志着技术创新理论的创立。Solow(1957)率先提出技术创新是实现经济增长的主要因素,并构建新古典经济增长模型进行论证。

20世纪60年代,随着日益严重的环境污染问题出现,部分发达国家开始陆续成立绿色研发机构,研究生产过程中节能减排的工艺技术,尤其是污染物的末端治理技术,这也是早期绿色技术创新的萌芽。到20世纪70年代,污染物末端治理技术已成为工业企业应对政府环境管制的重要手段。20世纪80年代,工业企业开始逐步研发清洁生产技术,绿色技术的发展开始由污染物"末端治理"转向"前端预防"。随后,美国政府在20世纪90年代出台的《污染预防法案》中将清洁生产定义为"污染预防技术"。Braun等(1994)将资源消耗和环境损失纳入技术创新评价体系,并首次提出了"绿色技术"的概念,即绿色技术是指在产品研发生产过程中,能够减少能源资源消耗、降低环境污染的方法、工艺和产品等的总称。随后众多学者对"绿色技术"的内涵进行了丰富与发展。Fussler等(1996)提出了绿色创新的概念,认为绿色创新驱动能够从新的层面解释企业创新活力的缺失。Mirata等(2005)认为绿色技术创新是能够改善环境的创新技术,并综合社会经济增长、环境保护和可持续发展等因素对绿色创新效率进行了测度。绿色技术创新内容逐步涵盖了替代能源、节能减排、污染控制与治理、循环利用技术等多个领域,也标志着绿色技术创新理论进入了一个全新的发展阶段。绿色技术创新兼顾经济效益、社会效益和环境效益,也是推动我国产业结构及经济发展绿色转型的重要引擎。

技术进步是金融发展驱动产业结构调整的重要传导机制,而环境技术进步是解决经济增长和环境污染之间矛盾的关键所在。从环境保护角度可将技术进步分为两种方向:一种是导致能耗与污染增加的污染型技术进步,另一种则是引起能耗与污染减少的清洁型技术进步。当这两种类型技术进步速度存在差异时,环境技术进步表现出一定程度的偏向性。其中,具有低能耗低污染特征的清洁型技术进步对产业结构清洁化具有显著促进作用。已有研究中,多数学者认为金融发展能够通过动员储蓄、缓解信息不对称等途径促进企业技术创新与技术进步。然而,技术进步具有非中性特征,在高能耗高污染技术与低能耗低污染技术之间,技术进步存在一定程度的环境偏向性。绿色金融作为国家重要的金融发展战略,对企业绿色技术创新有着重要影响。

2.3.2 产业结构升级理论

产业结构理论是指在社会再生产过程中,以不同产业的构成以及不同产业间的比例关系和联系等为研究对象的理论体系,该理论的起源最早可以追溯到 17 世纪。1672 年,英国古典经济学家 William Petty 认为工业收入要远大于农业,商业收入又大于工业,并首次提出产业结构的差异是造成不同国家之间收入和经济发展水平差异的关键因素。1776 年,Adam Smith 提出产业部门的投资与发展应该遵循农工批零商业的顺序。虽然以上学者并未明确提出产业结构的概念并对其深入研究,但他们的观点为产业结构理论的形成与发展提供了重要的思想来源。直到 20 世纪 30 年代大萧条时期,新西兰经济学家 Fisher 首次提出三次产业的划分方法,标志着产业结构理论的正式创立。基于此,1940 年,英国经济学家 Clark 提出了著名的"配第-克拉克命题",阐述了随着国民收入水平的提高,劳动力在三次产业间转移的基本规律。1942 年,美国经济学家 Kugnets 对劳动力与国民收入在各产业间的分布结构及其演变规律进行了更深层次的考察。

随着技术进步和经济发展,产业结构升级逐步成为该理论研究的重要方向。产业结构升级是经济增长方式转变的重要体现,其内涵包括由轻工业向重工业转型、由劳动密集型产业向技术密集型产业转型、由污染型产业向清洁型产业转型等多个方面。Solow(1957)将技术进步引入新古典增长模型,强调了技术进步在产业结构升级中的关键作用。Romer(1990)提出知识和技术创新能够创造新的产品和服务,从而驱动产业结构的升级。20 世纪 90 年代以来,随着环境问题的日益凸显,环境经济学领域的学者也开始关注产业结构升级与环境可持续性的关系,提出了绿色产业结构的概念,并研究绿色产业结构优化问题。如 Salazar(1998)提出了环境金融的概念,强调金融行业应通过金融产品创新来支持绿色产业的发展。Cowan(1999)则进一步讨论了发展绿色产业所需资金的主要途径。Jeucken(2001)研究了银行业在推动绿色产业结构转型过程中所扮演的角色。这些丰富的研究成果标志着绿色产业结构相关研究进入了深入发展阶段。

技术进步是影响产业结构的重要因素,只有通过技术进步,才能真正促进产业结构的优化与升级。随着对环境问题的日益关注,学者们开始转向技术进步与节能减排、环境技术进步与产业结构、环境技术进步与经济增长的关系研究。代表性观点认为技术进步能够显著促进节能减排。Acemoglu 等(2012)开创性地构建了偏向性技术进步理论框架,对环境技术进步偏向与环境污染、经济增长的关系进行研究。基于此,众多学者围绕绿色技术进步对产业结构低碳化的影响进行理论与实证分析,研究认为绿色技术进步有利于实现产业结构低碳化。

2.3.3 可持续发展理论

随着工业化和城市化的快速推进,人类面临的环境污染问题日益严重。20 世纪初期,西方发达国家陆续发起了环境保护运动。虽然当时可持续发展概念和理论尚未形成,但公众对于环境保护的呼吁为后续可持续发展理论奠定了思想基础。

20 世纪 60 年代以后,各国政府部门与学者开始更加深入地思考经济发展与环境保护之间的关系。1962 年,美国生物学家 Carson 在其著作《寂静的春天》中阐述了化学农药对环境的危害,引起了社会公众对环境保护的关注。1972 年,联合国在瑞典首都斯德哥尔摩召开了首次人类环境会议,并提出了环境保护与发展重要主题,为可持续发展思想的兴起奠定了基础。1987 年,联合国环境与发展委员会发布了《我们共同的未来》报告,正式提出了可持续发展的概念。报告指出,经济发展应遵循"既满足当代人的需要,又不对后代人满足其需要的能力构成危害的发展"的基本原则。该原则强调了经济发展、社会进步与环境保护之间的协调与平衡,也构成了可持续发展理论的核心内容。1992年,联合国环境与发展大会在巴西里约热内卢召开,全球一百多个国家的首脑共同签署了《21 世纪议程》,将可持续发展列为 21 世纪全球发展的重要目标。

在随后的几十年里,可持续发展理论经历了系统性演进,其理论内涵与实践应用得到显著拓展。各国政府、国际组织、学术专家和民间团体均参与到可持续发展的实践中。同时,可持续发展理论也不断丰富和完善,形成了包括经济、社会、环境等多个方面的综合理论体系。

2.4 本章小结

本章对环境规制、企业生存与绿色转型等相关理论进行了全面梳理与总结。在环境规制方面,外部性理论解释了环境污染、生态破坏等问题产生的根源以及由此所引发的市场失灵与资源配置效率损失;环境库兹涅茨曲线系统阐释了经济增长与环境污染之间的关系;环境波特假说强调适当的环境规制对企业技术创新的激励效应;而污染避难所假说则关注了不同国家环境规制政策差异带来的污染密集型产业转移现象。在企业生存方面,企业生命周期理论、企业资源基础理论与企业竞争优势理论等共同构成了企业生存理论基础与框架。在绿色转型方面,绿色技术创新理论、产业结构升级理论与可持续发展理论为经济发展与环境保护双重目标的实现提供了重要思路。以上相关内容为本书研究环境规制、高碳企业生存风险与绿色转型提供了重要的理论基础。

3　环境规制、生存风险与绿色转型的文献综述

国内外关于环境规制、企业生存风险及绿色转型方面的研究已取得较为丰富的研究成果。本部分将围绕以上三个方面对国内外相关文献进行系统梳理与文献述评。

3.1　环境规制的文献综述

如何应对经济增长所带来的环境污染问题,一直是环境经济学、制度经济学及产业经济学等领域关注的重点问题(刘丹鹤 等,2017)。而作为推动经济社会绿色转型的重要手段,环境规制通过设定污染物排放标准、设计碳排放权交易机制、鼓励绿色技术创新等途径,能够有效平衡经济增长与环境保护之间的关系。已有相关文献主要围绕环境规制的影响因素、环境规制的环境效应、环境规制的经济效应等三条主线展开研究。

3.1.1　环境规制政策的影响因素

作为环境治理的重要手段,环境规制会受到多种政治、经济及个体因素的影响,在其政策执行过程中显著缺乏独立性。国内外发展经验表明,粗放型经济增长模式必然带来能源过度消耗与环境污染,而环境规制在治理污染问题的同时也往往会带来短期经济增长损失。在中国

式分权背景下,地方政府往往面临着特定的经济增长目标考核,且与任职官员升迁直接相关,因此,环境规制也被看作地方政府之间争夺流动性资源的重要手段。当被视为经济竞争对手的地区降低环境规制强度以吸引企业进入时,本地区地方政府也会降低对企业的环境标准要求,从而形成地方政府之间环境规制政策的互动效应(张华,2016)。尤其当面临经济下行压力与经济增长目标考核时,地方政府也会显著放松对辖区内重点税源企业的环境规制强度,以减少经济波动对经济增长的负向冲击(席鹏辉 等,2021)。另外,随着"服务型政府"理念的提出与推进,公众环保诉求也逐渐成为影响政府环境规制政策制定的重要影响因素,会正向影响地方政府环境规制监管、环境规制支出与收益等多个方面,并且公众环保诉求具有显著的空间溢出效应,从而强化了地方政府之间在环境规制政策制定方面的相互模仿行为(张宏翔 等,2020)。除了经济增长目标、晋升压力、公众诉求等因素外,官员的微观个体特征也会影响到环境规制政策与工具的选择。韩超等(2016)分析了规制官员年龄、任职年限等官员个体特征对环境规制的影响机制与影响效应,研究认为规制官员到任年龄与规制行为之间存在倒 U 形关系,且在东部地区比中西部地区更为显著;由于晋升激励制度的约束,规制官员行为偏好因突发事件与污染排放而呈现异质性特征,且在行为方式上,规制官员与非规制官员呈现出一致性特征。

3.1.2 环境规制政策的环境效应

环境规制的重要目标是通过制定和执行相关环境政策与法规,有效提高资源使用效率并减少环境污染,以实现人与自然和谐共生。目前关于环境规制环境效应的研究主要集中在环境规制对能源利用效率、二氧化碳(硫)、雾霾及其他污染物排放、节能减排技术创新等的影响方面。

在能源利用效率方面,肖士恩等(2023)以《大气污染防治行动计划》政策为例,考察了环境规制对能源错配指数的影响,研究认为两者之间存在显著的正相关关系,并且环境规制政策的区域差异体现了地方政府环境规制政策执行强度的差异,从而导致能源错配效应的区域差异。

环境规制政策的减排与污染治理效应也是学术界关注的重点方向之一。已有研究表明,以碳排放权交易为代表的市场型环境规制政策通过调整能源结构与绿色技术创新实现本地减排,并形成显著的邻地减排效应(董直庆 等,2021),然而不同地区碳排放往往与其初始能源禀赋直接相关,尤其是在能源禀赋较高的地区往往存在"资源诅咒"现象,环境规制政策的实施则能够有效缓解这一现象(于向宇 等 2019)。此外,针对不同供应链环节的清洁生产标准对企业碳排放的影响也存在显著异质性(李波 等,2024)。除二氧化碳以外,二氧化硫也是工业生产过程备受关注的污染物。韩超等(2021)以二氧化硫为例进行研究,认为环境规制政策能有效驱动企业清洁生产与末端污染物治理,从而减少二氧化硫排放量。此外,雾霾治理也直接关系到大气环境质量的改善,环境规制是否有助于雾霾治理这一问题也引起了部分学者的关注。王书斌等(2015)研究认为,环境规制通过影响企业投资偏好以减少雾霾污染,且不同环境规制工具的雾霾治理效应存在显著异质性。而黄寿峰(2016)实证研究表明环境规制并未对雾霾污染产生显著的直接影响,然而其通过间接作用、影子经济以及两者交互作用均会加剧雾霾污染。刘净然等(2021)的研究结论也提出了不同观点,认为经济发展与雾霾污染之间存在倒 U 形关系,动态环境规制政策是影响经济发展与雾霾污染关系的内在重要机制,充分肯定了环境规制政策在雾霾治理中的积极作用。进一步,部分学者尝试构建包含废气、废水、工业烟尘等多维度的污染排放强度指标,综合考察环境规制政策的环境效应。现有文献基本形成了较为一致性的意见,即环境规制强度(惠炜等,2017)、动态环境税和减排补贴(范庆泉 等,2018)、排污费提升(陈诗一,2021)、ISO 14001 环境管理体系认证(吴龙 等,2023)等环境规制政策均能够显著地降低环境污染强度。

由于不同类型环境规制政策的执行方式存在较大差异,因而其具体实施效果也呈现出显著的异质性,部分学者对比了不同类型环境规制政策的环境效应差异。张明等(2021)基于本地效应和溢出效应的双重视角,分别考察了命令控制型、市场激励型和公众参与型环境规制对雾霾污染的影响,研究认为命令控制型和市场激励型环境规制有利于本地雾霾和邻地雾霾的治理,呈现显著的本地效应和溢出效应,而公众参与型环境规制的本地效应和溢出效应均不显著。陈林等(2024)则从正式和非正式环境规制视角出发,考察不同环境规制政策工具对污染排放的影响并分析其在不同产能利用率行业的异质性特征,研究认为,正式与非正式环境规制均能有效减少企业污染排放,在产能过剩行业,正式与非正式环境规制的环境治理效果均显著,但正式环境规制的边际政策效应在不同产能利用率行业均大于非正式环境规制。胡宗义等(2022)对比了排污收费、环保补助、环境司法等异质性环境规制工具对企业环境责任履行的影响效应及其作用机制,认为排污收费通过外部压力和内部激励倒逼企业环境责任履行,而环保补助则通过寻租和投机对企业环境责任履行产生挤出效应,同时环境司法强化能够正向调节两者之间的正向关系。

区域经济发展的不平衡显著影响了政府环境规制政策的制定,使得不同地区环境规制政策呈现典型的地域特征。在此背景下,高能耗高污染企业因环境规制强度的地区间差异而被迫发生空间转移,即当某个地区环境规制强度加大时,该地区这类企业更倾向于迁移至其他环境规制相对较弱的省份和地区,从而产生地区间污染迁移的现象(沈悦 等,2021)。秦炳涛等(2018)的研究也得出了类似观点,认为我国环境规制与环境污染集聚呈现倒 U 形关系,即当环境规制强度较低时,环境规制强度增加会导致环境污染集聚现象,而当环境规制强度增加到一定程度时,环境规制强度增加则会导致高能耗高污染企业地区间迁移。具体到污染物类型,高能耗高污染企业转移主要导致工业废水污染和工业废气污染的增加而非工业固体废物污染。这也一定程度上解释了近年来我国高能耗高污染行业逐步从东部发达地区向中西部欠发达地区迁移,从而导致中西部地区污染程度上升的现象。此外,水污染密集型行业的污染物排放的"回流效应"也引起了部分学者的关注。我国流域经济带上下游地方政府之间的利益博弈,导致地区间环境规制强度的差异显著,从而出现了水污染密集型行业"污染回流"现象,同时,垂直型环境规制政策能够显著减缓污染物排放的回流现象(沈坤荣等,2020)。

3.1.3 环境规制政策的经济效应

已有关于环境规制经济效应的研究主要集中在环境规制的宏观经济效应、微观经济效应以及国际效应等三个方面。

在环境规制的宏观经济效应方面,已有研究重点关注了环境规制与地区和行业全要素生产率、经济增长及产业结构等之间的关系。叶祥松等(2011)、戴魁早等(2022)、刘伟江(2022)等人分别基于 SBM(基于松弛量的测量方法)方向性距离函数的 ML(对数损失)指数对我国各省、自治区、直辖市、地级市以及各制造业行业的绿色全要素生产率进行测度,并考察了环境规制对绿色全要素生产率的影响,认为环境规制的实施有利于地区和制造业行业绿色全要素生产率的提升,两者之间也可能存在双向动态关系(黄庆华 等,2018)。但也有学者对这一结论提出疑问,认为环境规制与绿色全要素生产率之间呈现出显著非线性关系,如 U 形(李玲 等,2012;陈菁泉 等 2016;杜龙政 等,2019)、近似 L 形(贾俊雪 等,2023)、倒 U 形(杨书 等,2022)等多种形态。进一步研究表明,命令控制型、市场激励型以及公众自愿型等不同类型环境规制对绿色全要素生产率的影响效应也存在显著异质性,如命令控制型环境规制并未对绿色全要素生产率产生显著影响,而市场激励型和公众自愿型环境规制长期内能够显著促进绿色全要素生产率提升。此外,环境规制不仅会影响到本地区绿色全要素生产率,也会对相邻地区的绿色全要素生产率产生溢出效应(杨冕 等,2022),相邻地区间的环境规制政策互动,也会直接影响污染企业空间选择与地区绿色全要素生产率增长(金刚 等,2018)。

环境规制与经济增长、产业结构的关系也是学术界关注的重点领域,然而关于这一问题尚未达成一致意见。部分学者认为,环境规制对地区经济增长具有显著的促进作用,尤其是对于绿色经济增长与经济高质量发展的促进作用更为显著(陶静 等,2019;杜克锐 等,2023;成金

华 等,2024),同时环境规制对经济增长的影响效应与环境规制政策的执行时间(史贝贝 等,2017)、规制政策的执行强度(张同斌,2017)、地区经济发展水平(卢维学 等,2022)等因素直接相关。而另有学者则认为环境规制与地区经济增长、经济可持续发展之间并非简单线性关系,而是存在显著的 U 形或者倒 N 形关系,同时环境规制对经济增长的影响效应因地区产业结构、数字化水平的差异而呈现显著的异质性特征(何芳 等 2022;纪小乐 等,2023)。诸多文献研究表明,产业结构调整是实现经济增长与环境保护双重目标的关键路径,同时,环境规制能够通过引导市场需求、技术创新绿色化转向以及国际贸易传导等多种路径影响产业结构调整(肖兴志 等,2013)。已有研究表明,环境技术进步偏向具有明显的路径依赖特征,作为市场激励型环境规制,绿色金融能够通过融资规模与融资成本影响两类研发厂商的相对利润、研发行为选择及环境技术进步偏向,进而通过直接生产率效应、间接价格效应与市场规模效应影响产业结构清洁化。随着绿色金融发展水平的提高,只有当清洁研发部门融资规模占比或对清洁研发部门的利率补贴超过一定临界值时,才能成功诱导清洁型技术进步的发生,促进产业结构清洁化;而当清洁研发部门融资规模占比或清洁研发部门获得的利率补贴低于一定临界值时,技术进步则表现为持续污染偏向,绿色金融对清洁型产业产值的提升效应会被污染型技术进步效应所抵消,从而导致清洁型产业相对产值持续下降,不利于产业结构清洁化进程(张宇等,2022)。

此外,童健等(2016)研究发现环境规制与工业行业转型之间呈现 J 形特征,J 形曲线的拐点取决于环境规制的资源配置扭曲效应和技术效应在不同污染程度行业的相对大小。原毅军等(2014)、李虹等(2018)、马海良等(2024)的研究也得出了类似结论,认为环境规制对产业结构升级的影响存在显著的门槛效应。部分文献分别从劳动力就业(范洪敏 等,2017;安梦天 等,2024)、环境受益者的收入分配(范庆泉,2018)、银行业发展(罗知 等,2021)、要素收入分配(韩晓祎 等,2023)等多个维度对环境规制的宏观经济效应进行了拓展性研究。

在环境规制的微观经济效应方面,已有研究聚焦于环境规制与企业资源配置、绿色技术创新与全要素生产率、成本与利润、企业风险承担、企业市场契约关系等方面。

环境规制在减少环境污染的同时,也会影响企业资源配置策略。一方面,环境规制能够显著影响要素资源在不同生产率企业、异质性行业企业间的有效配置。已有研究表明,环境规制能够引导更多资源流向高生产率企业,倒逼低生产率企业在市场逐步退出,从而有利于可分配资源在企业间的优化配置(王勇 等,2019),尤其是,环境规制显著降低了污染企业内部资源错配,引导要素资源向污染行业内生产率较高的企业转移,有利于提升污染行业中拥有较高生产率企业的市场份额(韩超 等,2017),同时,适当的环境规制能够促进可再生能源企业投资水平的提升(谭显春 等,2022)。另一方面,环境规制也会影响企业规模分布状况与企业资本的跨区域流动。孙学敏等(2014)研究认为,环境规制能够促使企业规模分布更加均匀,提升了企业规模分布的帕累托指数,尤其是对于重污染行业而言,其影响效应更加显著。李俊成等(2023)基于异地投资视角考察了环境规制对企业资源配置策略的影响,研究认为环境规制强度的提高能够通过生产成本、技术创新、资产质量和市场竞争等渠道增加企业异地投资规模。

绿色技术创新在减少污染排放方面发挥着重要作用,能够促进环境与社会的可持续发展。而作为环境保护的重要手段,环境规制对绿色技术创新的影响也不容忽视。波特假说认为环境规制与经济发展并非简单的对立关系,适当的环境规制政策能够激励企业创新,通过技术创新能够部分甚至完全对冲因环境规制所引发的遵循成本,有利于提高企业产品质量与市场竞争力,即环境规制会带来"创新补偿效应"(蒋伏心 等,2013;胡珺 等,2020)。已有基于企业层面的实证研究大多数也支持环境规制能够促进企业绿色创新的观点(郭进,2019;陈斌 等,2020;康鹏辉 等,2020;熊灵 等,2023;钱娟 等,2023)。具体而言,环境非政府组织污染源监管信息公开(赵晓梦 等,2021)、"节能低碳"政策(邓玉萍 等,2021)、环保目标责任制(陶锋 等,2021)、"大气十条"政策(唐礼智 等,2022)、国家重点监控企业政策(吴力波 等,2021)等均有利于企业绿色技术创新活动的开展。但不同类型环境规制政策对绿色技术创新的影响存在显著异质性(叶琴 等,2018;李青原 等,2020;范丹 等,2020)。也有研究者认为环境规制政策并不一定能够促进绿色技术创新,如商业银行绿色信贷政策短期失败容忍度较低时,政策实施反而会对企业绿色创新产生显著的抑制效应(郭俊杰,2024)。此外,环境规制政策对绿色技术创新的影响还受到政府与企业间的博弈、不同地区政府环境规制策略互动的影响(张娟 等,2019;王杰 等,2023),并且环境规制对绿色技术创新的影响存在显著的"本地—邻地"效应(董直庆 等,2019)。

部分学者对环境规制与企业全要素生产率的关系进行了考察,但尚未得出一致性结论。王彦皓(2017)、徐彦坤等(2017)通过实证研究认为环境规制强度的增加会导致企业生产率的下降,进一步,刘悦 等(2018)、高翔等(2021)等的研究也同样支持了这一观点,认为随着环境规制强度的不断增加,企业短期内最优的决策是减少研发投资,从而导致生产率下降,但从长期来看,随着规制环境下部分企业不断退出,尚存活的企业则拥有更多的市场机会,这将促使其不断加大研发投资,并通过技术创新提升企业生产率。这一规律同样适用于环境规制与企业绿色全要素生产率的关系描述(李鹏升 等,2019)。然而,部分学者却认为环境规制能够促进工业企业全要素生产率的提升,且其促进效应在高效率企业以及污染排放强度较高的未达标企业中表现得尤为明显(于亚卓 等,2021;李俊青 等,2022)。王杰等(2014)也提出了不同观点,认为环境规制与企业全要素生产率之间呈现倒 N 形关系,即相对较弱的环境规制强度会导致企业全要素生产率降低,随着环境规制强度的提高,就会促进企业全要素生产率的提高,但当环境规制强度超过了企业所能承受的负担时,全要素生产率又随之下降。此外,部分文献分别从企业成本加成率(邓忠奇,2022;沈春苗 等,2022)、企业利润与竞争力(龙小宁 等,2017;张志强,2016)、企业风险承担(李俊成 等,2022)、企业市场契约关系(石宁 等,2023)等多个维度对环境规制的微观经济效应进行了拓展性研究。

在环境规制的国际效应方面,首先,我国作为发展中国家,其相对较为宽松的环境规制政策能够吸引更多 FDI 流入,而 FDI 的增加则会加剧环境污染程度(刘朝,2014),但该效应能够反过来促进环境规制标准的提升且与地方政府廉洁度有关,从而影响环境规制与外商直接投资之间的互动机制的形成(史青,2013)。其次,在国际竞争力方面,对于环境规制对我国企业国际竞争力产生怎样的影响这一问题,学者们尚未形成一致性观点。董敏杰等(2011)研究认为环境规制显著降低了中国产品的国际竞争力,但其对中国产品国际竞争力的弱化效应相对较小。然而,余东华等(2017)却认为环境规制对我国制造业企业国际竞争力的影响表现出多维性,在技能溢价处于较低水平时,其对制造业国际竞争力有显著的积极影响;当技能溢价较高时,环境规制则会导致"技能—需求"错配,从而不利于制造业国际竞争力的进一步提升。此外,环境规制政策也会影响企业出口产品结构调整。周沂等(2022)研究认为清洁生产标准政策的实施显著改善了企业出口产品结构,为应对环境规制,企业会通过降低规制产品的质量以及推动产品差异化调整来优化产品结构。

3.2 企业生存风险的文献综述

生存是企业成长与实现绿色转型的重要基础,对经济增长、就业稳定及社会和谐至关重要(许家云 等,2016)。因此,企业生存问题长期以来备受国内外学者关注。已有相关文献主要围绕企业生存风险概念界定、宏观环境与企业生存、微观特征及决策行为与企业生存三条主线展开研究。

3.2.1 企业生存风险的概念界定

关于企业生存风险的概念,国内外学者从不同角度进行了多元化界定。目前关于这一问题主要存在三种核心观点,各以其独特的视角和理论框架,对企业生存风险的概念内涵进行了全面剖析。

第一类观点认为,当企业因财务状况恶化而面临破产风险时,该企业应当被确认为属于生存困境企业的范畴。例如,Altman(1968)和Deakin(1972)认为,当企业资不抵债状况明显,无法偿还到期债务的本金和利息,可能会向法院申请破产时,即可将企业划分为陷入财务困境、面临高度生存风险企业的范畴。由于国内退市企业较少,上市公司破产的数量也很少,很多研究将公司被"特别处理"作为陷入生存困境的标志(卢兴杰,2006)。

第二类观点强调从过程观识别企业生存风险,即应当将生存困境视为企业运营产生的一个过程,而不能仅仅根据单一财务指标来判断企业生存困境。Beaver(1966)将企业陷入生存困境拆分为若干过程,包括无法如期支付优先股股东的股利、过度透支在金融机构的信用资产、缺乏偿还债务的能力、最终破产清算四个过程。Ling等(1987)将企业生存困境划分为五个过程:第一个过程是企业财务稳定时期,第二个过程是降低支付优先股股利或普通股股利甚至无法支付股利时期,第三个过程是无法清偿到期债务,第四个过程是向法院申请破产,第五个过程是发生破产清算。

第三类观点认为,当企业现金流量陷入短缺状态即可认定企业面临较高生存风险(Foster,1986)。Wruck(1990)认为,当企业在特定时间内无法获取足够的现金流入满足债务支付和运营成本的需求时,则可以定义为生存困境。吕长江等(2004)、王克敏等(2006)将企业流动比率小于1,且1~3年甚至更长时间内无法逆转视为生存困境的标志。

3.2.2 宏观环境与企业生存

已有关于宏观环境与企业生存的文献主要围绕政府干预、政策制度环境、市场环境及国际贸易与投资对企业生存风险的影响展开。

在政府干预方面,已有研究认为,适度的政府补贴可显著延长企业的持续经营时间,尤其是产业政策实施下的补贴对企业生存风险的降低具有积极意义(康妮 等,2018)。因此,政府补助是我国高污染企业长期生存的重要影响因素,其中具有高资本产出弹性的重工业企业生存对政府补助的依赖度相对更高(徐志伟 等,2019)。然而,过度补贴所带来的"寻租"行为和创新激励弱化效应则会增加企业生存风险(许家云 等,2016;欧定余 等,2016)。同时,政府行政垄断显著加剧了制造业企业的生存风险,且在非国有企业、欠发达地区企业与劳动密集型行业企业中表现得更为明显(康妮 等,2017)。另外,由于地方政府对经济直接的影响力,政府官员变更会因政策不连续、官员贪腐行为以及政企关系重新调整给企业生存带来威胁,且其影响效应在国有企业中表现得更加明显(刘海洋 等,2017)。

在政策制度方面,作为重要的市场化环境规制手段,绿色信贷政策会引发遵循成本效应与信贷约束效应,从而显著加剧重染企业的市场退出风险(陆菁 等,2021),而普惠金融政策能够显著缓解小微企业信贷市场信息不对称,从而降低其破产风险(李昊然 等,2023)。制度质量也是影响企业生存的重要预防性因素(Baumöhl et al.,2019),且中国当前较为宽松的知识产权保护政策是导致研发企业生存风险偏高的重要原因(鲍宗客,2017),通过限制政府干预、颁布法律法规、加强知识产权保护能够显著降低企业生存风险(Chen et al.,2020;史宇鹏 等,2013;Zhang et al.,2017)。

在市场环境方面,产业震荡幅度加大(何文韬 等,2018)、地方财政压力上升(张训常 等,2019)、银行业竞争加剧(宋凯艺,2020)、房价快速上涨(梁贺,2020)、市场分割程度提高(卞元超 等,2021)等市场环境变化均对企业生存带来了不利影响。而突如其来的新冠疫情更是让企业尤其是中小企业生存环境雪上加霜,对企业生存带来严重冲击(Nicholas et al.,2021),减税降费有助于缓解疫情冲击下企业生存风险(汤旖璆,2022)。与此同时,商业银行救助也有助于提升危机冲击下的中小企业存活概率(胡秋阳 等,2023)。

在国际贸易与投资方面,外商直接投资通过效率提升与竞争机制显著提高了东道国企业生存率,且对民营企业生存风险的缓解效应更加显著(Holmes et al.,2015;陈强远 等,2021)。同时,出口行为可以有效降低企业失败风险,显著提高企业生存概率(逯宇铎 等,2013;于娇 等,2015),生产性服务业集聚也能够显著提高中国企业出口生存概率(张文武 等,2020),但是出口不确定性却是造成中国企业在新贸易关系中呈现高退出率和短生存时间的重要原因(Albornoz et al.,2016;Carrere et al.,2017;刘慧 等,2018)。

3.2.3 微观特征及决策行为与企业生存

已有关于微观特征及决策行为与企业生存的文献主要围绕企业微观特征、创新决策、融资决策、经营决策对企业生存的影响展开。

在微观特征与企业生存方面,早期研究主要关注企业股权集中度、企业初始规模及资源禀赋对企业存续时间的影响。研究发现,公司股权越集中,大股东越有动机监督管理者行为,从而带来公司管理绩效的提升和市场价值的增加,并有利于企业生存(Jensen,1976)。但也有学者认为股权集中度与生存困境之间呈现正相关,股权集中度增加容易引发大股东"掏空"行为,从而导致公司出现财务危机(Shleifer,1994;Yeh et al.,2008)。企业成立时的初始规模越大、资源禀赋越优越则越有利于企业生存(Acs et al.,1989;Agarwal et al.,2001;Pérez et al.,2008)。随后部分学者围绕所有权结构与企业生存展开一系列研究,但由于国家制度、文化特征、行业及公司样本差异等,研究结论并不一致,部分学者认为外资所有权企业比内资企业面临更大的生存风险(Görg et al.,2003;Pérez et al.,2012;Beveren,2007),而另有学者研究却发现外资所有权企业拥有比内资企业更长的生存年限(Colombo et al.,2000;Baldwin et al.,2011)。另外,企业管理层的个人特征也会直接影响企业生存状况,如过度自信的管理者具有更强的扩张倾向,其实施的扩张战略会加重企业的财务负担,从而增加企业陷入生存困境的可能性(姜付秀,2009)。随着研究的深入,学者们开始关注企业微观决策行为对生存风险的影响。

在创新决策与企业生存方面,创新行为与研发能力积累能够显著降低企业生存风险(Cockburn et al.,2007;Fontana et al.,2009;肖兴志 等,2014;Fernandes et al.,2015;Zhang et al.,2018),但其影响效应因企业规模、生产率、融资约束等不同存在差异性表现(鲍宗客,2016)。

　　在融资决策与企业生存方面,债务融资是影响企业生存的重要渠道,在低负债水平企业中,杠杆率提升能够显著降低企业生存风险,相反,在高负债水平企业中,杠杆率的提高则会显著增加企业生存风险,且对非国有企业生存的负面影响更大(肖光恩 等,2018);而相比股权融资,代币发行融资方式也会显著增加企业生存风险(潘越 等,2020)。

　　在经营决策与企业生存方面,企业扩张行为显著降低了企业的市场退出风险,但扩张速度过快则对企业生存带来严重威胁(肖兴志 等,2014)。而多元化经营并不一定能够降低企业生存风险,对于多元化经营的企业而言,围绕自身产品提供相关型服务能够有效提高企业生存概率,并且在资源冗余程度较高的企业中效果更加显著(肖挺,2020)。同时,企业出口行为(Görg et al.,2014;于娇 等,2015)、进口行为(Wagner et al.,2011;许家云 等,2016)及互联网的深度应用(谢申祥 等,2021;王昱 等,2024)也显著降低了企业生存风险。

3.3　企业绿色转型的文献综述

　　企业绿色转型对于实现可持续发展、促进环境保护与经济增长双赢至关重要。已有关于企业绿色转型的文献主要围绕企业绿色转型的外部和内部驱动因素及绿色转型的经济后果三个方面展开。

3.3.1　企业绿色转型的外部驱动因素

　　已有研究主要围绕正式环境制度、非正式环境制度及政策制定者与实施者行为激励等方面探索企业绿色转型的外部驱动因素。

　　正式环境制度是指通过政府力量或者依靠法律法规等途径对企业污染排放行为进行监管、限制和引导,通过改变企业污染排放行为的成本与收益结构,促使企业提升自身环境绩效。已有研究发现,环保法实施(王晓祺 等,2020)、排污权交易试点(Calel et al.,2016;齐绍洲 等,

2018；孙晓华 等，2024）、低碳城市试点（徐佳 等，2020；蒋水全 等，2024）、排污费标准（陈诗一 等，2021）、环境技术和质量标准（张兆国 等，2019；万攀兵 等，2021）、环保法庭（代昀昊 等，2023）、绿色金融（Flammer，2020；王馨 等，2021；郭俊杰 等，2022；钟覃琳 等，2023）、绿色工厂创建（王茂斌 等，2024）、ESG评级（刘柏 等，2023）等为代表的正式环境政策能够显著促进企业绿色创新、降低企业污染排放强度并提高企业生产率，进而促进企业绿色转型，但作用效果因不同的环境规制工具而存在差异。如排污费征收通过外部压力与内部激励"倒逼"企业绿色创新，而环保补助却对企业绿色创新产生"挤出"效应（李青原 等，2020）。但对于究竟是环境行政处罚及地方性法规等命令控制型政策工具还是财、税、费等市场调控型工具在促进企业绿色转型方面更有优势，学者们尚未得出一致性结论（郭进，2019；徐佳 等，2020）。同时，制造业企业主要通过渐进的技术改造路径来实现绿色转型，一方面强化末端治理，另一方面加快资本更新，从而提高能源资源利用效率并优化用能结构（万攀兵 等，2021），主要表现为绿色专利尤其是绿色发明专利申请数量的扩张，但也伴随着相关创新活动质量的下滑（齐绍洲 等，2018；陶锋 等，2021）。

非正式制度方面，Pargal 等（1996）较早地提出非正式环境规制的概念。他们认为，当正式的环境规制薄弱或缺失时，社会团体（包括环保组织、公众、媒体等）会采取非正式规制手段追求环境质量的改善，实现促进企业绿色转型的目标。因循这一概念范畴，学者们主要围绕媒体报道、公众压力、政府环境信息公开等方面进一步探索企业绿色转型的外部驱动因素。媒体报道通过传递和解读企业环境信息，强化了公众以及监管部门对企业环境违规行为的监督，从而促使企业环境绩效的提升与绿色转型（Aerts et al.，2009）。我国学者沈洪涛等（2012）、陈运平等（2023）等在考察舆论监督对企业环境行为的影响时也得出类似结论，认为媒体的相关报道能显著促进企业环境信息披露质量的提升，从而对重污染企业绿色创新具有显著的促进效应。但任月君等（2015）的研究则认为，新闻媒体在提升企业环境信息披露水平方面并未发挥有效作用。另外，部分学者对外部公众压力与企业环境表现的关系进行了研究,认为公众环境关注能够有效提升辖区内企业绿色治理水平(许金花 等,2024;周阔 等,2024)。然而,Zhang(2019)的研究发现,公众环保投诉并未对企业环境治理与绿色转型产生显著影响。王营等(2023)的经验研究表明,政府环境信息公开水平的提升有助于社会公众对企业进行更为全面的监督,从而对企业绿色创新产生显著的促进作用。

此外,外部环境制度约束下,企业绿色转型行为还与政策制定者和执行者的行为激励直接相关。曾昌礼等(2022)研究发现,领导干部自然资源资产离任审计试点的实施显著地促进了企业绿色创新。陶锋等(2021)、陈彦龙等(2023)关注了地方官员考核因素的影响,研究认为针对地方官员的环保考核显著地促进了实质性绿色创新数量的提升。但杨立成等(2023)却持有不同意见,他们的研究发现,环保"一票否决"制度的取消对企业绿色创新产生了显著的正向影响,且该绿色创新激励效应在前期"刚达标"地区的企业中表现得更为明显。张德涛等(2022)则关注了地方政府设立的经济增长目标与实际资源禀赋之间的偏离度与辖区企业绿色创新之间的关系,认为地方政府适度提高经济增长目标对激励辖区企业绿色创新具有积极影响,但增长目标过度偏离实际禀赋时会扭曲地区资源配置,进而抑制企业绿色创新,即两者之间存在倒 U 形关系。与此类似,李兰冰等(2024)研究发现,经济增长目标压力过大会对企业污染行为产生强化效应。

3.3.2 企业绿色转型的内部驱动因素

已有研究主要从高管特质、产权性质、投资者治理、企业能力等方面研究企业绿色转型的内部驱动因素。

在高管特质方面,高管政治关联被视为企业环境表现的重要影响因素。部分学者认为,具有政治关联的高管能够为污染企业提供庇护,进而对企业环境表现产生消极影响(李强 等,2016;沈宇峰 等,2019)。而另一部分文献则认为,企业凭借政治关联能够从政府获取政策优惠和稀缺资源,作为互换条件,政治关联高管任职企业会呈现更好的环境绩效(Zhang et al.,2017)。同时,部分学者研究发现,《环境空气质量标准(2012)》等环境政策的实施改变了政治关联企业的环保激励,使得具有公职经历高管任职的企业环保投资规模相对于其他企业显著上升(张琦 等,2019)。此外,学者们还从高管性别、绿色经历、宗教信仰、家乡认同等方面考察了高管特质与企业环境表现的关联关系。与男性相比,女性往往对环境问题更敏感,主张承担更多环境责任,从而可能影响企业绿色创新(Kassinis et al.,2016;Galbreath,2019)。同时,CEO绿色经历也能够促进企业绿色创新,从而改善企业环境绩效(卢建词等,2022)。企业管理者的意识形态也能够显著影响企业行为的环境友好度(Boiral et al.,2018)。Liao 等(2019)研究发现,企业管理者宗教信仰对企业生态创新具有重要影响。东方宗教信仰管理者任职对企业渐进式生态创新具有促进作用,但对激进式生态创新具有阻碍效应。与此类似,Chen 等(2020)也认为,宗教信仰在促进企业环境责任履行表现方面发挥了积极作用。胡珺等(2017)则基于家乡认同视角,研究发现当企业董事长和总经理在家乡地任职工作时,企业的环境投资相对更多,证实了高管家乡认同对环境投资行为具有推动作用。

在产权性质方面,部分文献认为国有企业较其他企业具有相对更差的环境表现。如黄冬娅等(2016)以我国大型国有石化企业为例,研究认为在环境规制过程中,国有企业作为国家内部人能够利用其地位直接影响标准的制定,甚至使用法外规则。与非国有企业相比,国有企业与政府之间的博弈更加政治化,进而影响到规制机构的独立性,阻碍企业绿色转型与环境绩效的改善(徐佳 等,2020)。与此同时,也有部分文献强调国有产权性质对企业环境责任履行具有正向影响。私营企业主受利润最大化目标驱动,更易出现规避环境规制的行为,而国有企业在环境治理方面呈现出更强的社会责任承担意愿(Earnhart et al.,2007)。基于制造业的经验研究发现,国有企业和集体企业比较集中的产业污染排放强度较低,而私营企业比较集中的产业污染排放强度相对较高(李智超 等,2021)。

在投资者治理方面,由于受到社会规范和道德约束等的影响,机构投资者往往倾向于投资信用良好、社会责任感较高的企业以及绿色债券市场,在提升企业环境治理积极性和社会责任感方面具有积极作用(赵阳 等,2019)。在政府强调绿色可持续发展背景下,机构投资者也逐渐规避或减少对污染企业的投资,"倒逼"污染企业向清洁生产方向转型(李培功 等,2011)。而机构投资者的这种环境倾向也通过多种渠道影响企业绿色转型(Krueger et al.,2020;姜广省 等,2021)。彭斌等(2017)研究发现,在污染企业进入清洁化改革的过程中,绿色投资者对企业初期成本产生的负面作用逐渐转变为清洁化改革后的积极作用,从而有利于企业绿色转型。此外,姜广省等(2023)也研究发现,绿色投资者通过缓解融资约束、抑制管理者短视、强化规范作用渠道等促进了企业绿色创新活动。

此外,企业自身能力如环境议价能力、融资能力等特征也会影响企业绿色转型。李鹏升等(2019)研究认为,污染企业的工业产值与纳税额度越高,其对当地经济增长与官员绩效考核的贡献就越大,在环境政策实施过程中的议价能力就越强,从而越阻碍企业绿色转型。于连超等(2021)认为在环境政策实施过程中,融资约束程度的提高会弱化其对重污染企业绿色转型的促进作用。

3.3.3 企业绿色转型的经济后果

已有关于企业绿色转型经济后果的研究文献主要集中在环境绩效、财务绩效与市场绩效三个方面。

在环境绩效方面,众多学者从不同角度对企业绿色转型行为是否能够提升企业环境绩效这一问题进行探讨,基本形成了较为一致的观点,即以绿色创新为代表的实质性绿色转型能够显著提升企业环境绩效。如王耀中等(2024)基于因果森林算法模型,对于绿色创新对企业环境绩效的影响进行测度,研究认为企业绿色创新可以降低运营成本和排污费用支出,从而提升环境绩效。李婉红等(2023)以高能耗企业为研究对象,实证检验了绿色创新对高耗能企业碳减排绩效的影响效应,认为绿色创新可显著提升高耗能企业碳减排绩效水平。而周键等(2021)则以创业企业为研究对象对这一问题进行了分析,最终也得出类似结论。进一步,部分学者研究认为,虽然以绿色创新为代表的实质性绿色转型能够显著提升企业环境绩效,但不同绿色创新途径所产生的环境绩效存在显著差异,绿色工艺创新相比绿色产品创新能够带来更显著的环境绩效(解学梅 等,2021)。企业 ESG(环境、社会和公司治理)绩效包括企业在环境、社会和公司治理三个方面的表现和成就,也一定程度上体现了企业环境绩效表现。郑元桢(2023)研究认为总体上企业绿色技术创新能够显著促进企业 ESG 绩效表现,但具体到不同类型绿色技术创新,其影响效应仍存在显著差异,实用新型绿色技术创新对 ESG 的促进作用大于发明型绿色技术创新的促进作用。此外,部分学者围绕企业环境表现与环境信息披露的关系进行了研究,但已有研究结论尚存在较大分歧。部分研究认为环境表现与环境信息披露水平呈正相关关系。例如,Tuwaijri(2004)等将废物产生总量的回收率作为企业环境表现变量,研究发现环境表现与环境信息披露水平存在正相关关系。与此类似,Clarkson(2008)等通过将有毒物质排放强度作为环境表现变量,对两者关系进行研究也得出类似结论。但另有部分学者却对这一结论持不同观点,认为环境表现差的企业更倾向于披露更多的环境信息(Rockness,1985)。然而,沈洪涛等(2014)研究认为,企业环境表现与企业环境信息披露之间呈现 U 形关系,在企业环境表现水平处于较低阶段时,企业环境表现越差,就越倾向于披露更少环境信息以应对外部合法性压力,在企业环境表现水平处于较高阶段时,企业环境表现越好,则越倾向于披露更多环境信息以获得更多竞争优势。进一步,企业环境表现与环境信息披露的方式与内容存在密切关联,企业环境表现越好,就越倾向于采取单独披露的方式披露环境信息,在信息属性上也更偏向于提供定量信息而非定性信息(朱炜 等,2019)。

在财务绩效方面,学术界针对企业绿色转型与其财务绩效之间关系的研究较为丰富,但至今仍然没有得出一致的研究结论。一种观点认为企业绿色转型能带来更好的环境表现,从而有利于提高企业的财务绩效,其原因在于环境绩效的提高增强了企业组织合法性、企业内外部信息披露水平及市场主体正面预期,降低企业规制风险,从而促进企业财务绩效的提升(Kim et al.,2012;Arslan-Ayaydin et al.,2016;徐

建中 等,2018;赵树宽 等,2022;车德欣,2023;赵颖岚 等,2023;陈爱珍 等,2023)。另一种观点则认为企业提高环境表现会使得私人成本增加,从而导致企业财务绩效下降(Albertini,2013;Feng et al.,2018)。进一步,部分学者考虑了企业实施绿色创新的情景因素,并研究其对企业财务绩效的影响,发现集团成员企业的绿色创新能够显著提升其财务绩效,供应商整合对两者之间的关系存在显著的正向调节作用,但客户整合却对两者关系起到负向调节作用(林赛燕 等,2021)。另外,企业绿色创新与财务绩效之间的关系还会受到绿色转型方式的影响。由于绿色转型必然伴随着大量资金、人员及设备的投入,短期内会对企业利润带来负向影响(李维安 等,2019),但长期内却能够显著提升企业财务绩效(王馨 等,2021),且绿色产品创新相比绿色工艺创新更能提升企业财务绩效(曾江洪 等,2020;解学梅 等,2021)。作为企业财务活动的重要组成部分,企业融资也同样会受到绿色转型与环境绩效的影响。良好的环境表现不仅能够显著降低企业债务融资难度,获得较多且较为长期的银行贷款(沈洪涛 等,2014;Zhang,2021),同时也能够获得更低的权益资本成本(Ghoul et al.,2018)。而绿色投资者退出(Heinkel et al.,2001)、企业不境违法违规(刘星 等,2018)、污染事件的曝光(唐松 等,2019)、"$PM_{2.5}$"爆表事件(刘常建 等,2019)等环境不利因素都会增加企业的银行信贷资金获取难度,提高企业权益资本成本。相对于其他企业,环境信息披露质量较差和媒体关注水平较低的企业面临的银行贷款契约条件更为苛刻。

在市场绩效方面,威慑效应理论认为,个体投资者可以通过资本市场上的投资行为对企业环境信息进行反馈。个体投资者抛售发生环境负面事件企业或环境不友好企业的股票,导致该类企业股票市场超额收益率下降(Cormier et al.,1993;Blacconiere et al.,1994;Dasgupta et al.,2001;Lei et al.,2015)。Khanna 等(1998)分析发现,"有毒信息发布"(toxics release inventory,TRI)对企业股票回报带来了显著的负向影响。沈红波等(2012)进一步研究发现,A 股和 H 股市场能够对重大环境污染事件作出显著的负面反应,但 A 股市场无法对政府处罚、环境诉讼等负面环境事件作出有效反应。长期导向下,良好的企业环境绩效能够产生更高的超额回报(黎文靖 等,2015)。入选绿色领先股票指数、获得环境管理体系认证、绿色治理水平提升、绿色债券的发行等环境表现正向信息的传递也有助于企业获得更高的成长能力与企业价值,能够通过价值增长与市场关注双重机制提高公司股票超额收益率,其中发明专利授权和实用新型专利申请产生的市场溢价更加明显(方先明 等,2020)。

3.4 文献述评及本书研究的重点

国内外已有研究围绕环境规制的影响因素、环境规制的环境效应与经济效应、宏观环境及企业微观特征与企业生存风险、企业绿色转型的内外部驱动因素及经济后果等相关问题展开了大量的讨论,在理论和实证方面取得了较为丰富的成果,但在以下三个方面仍有待进一步完善和补充。

第一,既有研究对于环境规制微观经济后果的探讨尚有待进一步拓展与深化。在环境规制的经济效应领域,已有文献主要关注环境规制政策所带来的经济增长效应、产业结构效应等宏观经济效应及其资源配置效应、技术创新与生产率效应、成本利润效应、市场契约关系调节效应等微观经济效应,仅有极少数文献关注了环境规制与企业主动风险承担行为的关系,忽视了环境规制政策所引发的企业客观生存风险。因此,基于企业生存视阈,以高碳企业为研究对象,围绕强制命令型、市场激励型与自愿参与型三种主要环境规制手段对高碳企业生存风险的影响效应与影响渠道展开深入分析,从企业生存视阈拓展与深化环境规制政策的微观经济后果,这是本研究所要进一步拓展的重要内容。

第二,既有研究对于生存风险如何影响企业绿色转型仍缺乏深入的探讨。已有关于生存风险的文献仅讨论了宏观环境、企业微观特征与决策行为对企业生存风险的影响,而关于企业绿色转型的相关文献主要围绕企业绿色转型的外部和内部驱动因素及绿色转型的经济后果三个方面展开,其中在内部驱动因素方面,仅关注了高管特质、产权性质、投资者治理、企业能力等方面因素,却忽视了环境规制下生存风险对高碳企业绿色转型意愿以及绿色转型行为的影响。因此,明确企业生存风险与高碳企业绿色转型之间的关系也是目前学术界尚未解决的关键问题,而这一问题能够为当前我国高碳企业绿色转型困境的形成逻辑及纾困策略提供新的研究视角与理论解释,也为本书的研究提供了重要方向。

第三,既有研究缺乏对不同类型环境规制政策的异质性效应的对比分析。已有文献多围绕单一环境规制政策的效果展开分析,缺乏对于不同类型环境规制政策对企业生存风险影响效应与影响渠道异质性的对比研究。因此,将强制命令型、市场激励型与自愿参与型三种不同类型环境规制政策纳入统一分析框架,并研究其对企业生存风险的影响效应、影响机制以及政策的异质性效应十分必要。这不仅能够为高碳企业更好地应对环境政策风险、制定绿色转型战略提供理论支撑,同时能为政府部门科学评估绿色转型风险、推动高碳企业绿色转型提供决策参考,这也是本书将要进一步拓展的重要方面。

综上所述,在经济社会发展全面绿色转型的背景下,本书将基于企业生存视阈对环境规制与高碳企业绿色转型问题进行研究。在对相关理论与文献综述进行系统梳理的基础上,本书主要围绕环境规制政策的演进,高碳企业生存风险与绿色转型特征事实,强制命令型、市场激励型与自愿参与型环境规制对高碳企业生存风险的影响机制与影响效应,生存风险对高碳企业绿色转型意愿与绿色转型行为的影响等问题进行研究,这不仅拓展与深化了环境规制政策微观经济后果与企业生存的相关研究,并且为相关决策部门科学评估环境规制政策与绿色转型风险,设计创新型环境政策与市场机制,引导并激励高碳企业主动绿色转型提供了新的思路,从而更好地实现高碳企业生存发展与绿色转型之间的平衡,确保碳达峰、碳中和目标的顺利实现。

3.5　本章小结

　　本章对环境规制、企业生存及绿色转型等相关文献进行系统性梳理与总结，为后文理论分析与实证分析提供了坚实的理论基础。通过对已有文献的梳理发现，尽管国内外学者围绕环境规制的影响因素、环境规制的环境效应与经济效应、宏观环境及企业微观特征与企业生存风险、企业绿色转型的内外部驱动因素及经济后果等相关问题展开了大量的讨论，在理论和实证方面取得了一定的研究成果，为本书研究提供了有力支撑，但忽视了对环境规制政策实施过程中可能引发的企业生存风险、不同类型环境规制政策生存效应的差异性以及生存风险如何影响企业绿色转型等问题的相关研究，同时也缺乏对生存视阈下高碳企业绿色转型困境的纾解政策的系统性研究，这为本书的研究提供了重要思路及可拓展的方向。

4 环境规制、高碳企业生存风险与绿色转型的现实考察

生存是企业持续经营发展与绿色转型的重要基础保障,而高碳企业主要集中于传统制造业、能源及重工业领域,其生产模式以高能耗、高污染、高排放为主要特征,生产过程中的能源消耗及污染排放对自然生态环境带来了严重威胁。作为有效的环境治理的工具,尽管环境规制在环境保护实践中取得了显著成效,但其对微观企业经营以及实体经济发展所带来的负向冲击也不容忽视。在当前国家高度重视生态文明建设与严格环境规制的背景下,高碳企业面临着巨大的生存压力,进而影响到其绿色转型意愿与绿色转型行为。本章将系统梳理我国环境规制政策的演进与发展历程,并对高碳行业企业生存风险与绿色转型的特征事实进行描述与分析。

4.1 我国环境规制政策的演进与发展历程

纵观新中国成立 70 多年来的经济发展历程,我国经历了从计划经济体制向社会主义市场经济体制的重大转变,与此同时,工业化与城镇化进程加速推进并取得了举世瞩目的成就。经济体制改革带来了经济高速增长与产业结构调整,然而,对经济增长目标的持续追求却导致资源过度消耗、环境污染加剧以及生态环境破坏等一系列环境问题。面对日益凸显的经济增长与生态环境保护之间的矛盾,我国政府积极探索实现经济社会绿色转型与可持续发展的政策路径,建立了与不同经

济发展阶段相适应的环境政策体系并不断发展与完善。我国环境规制政策的演进与发展总体上可归纳为四个阶段：以工业污染防治为重心的初步探索阶段（1949—1977 年）；以预防为主、防治结合为特征的法治化开启阶段（1978—1991 年）；以污染防治、生态保护和环境管理并重为特征的完善发展阶段（1992—2011 年）；以生态文明建设为核心的深化发展阶段（2012 年以来）。

4.1.1 以工业污染防治为重心的初步探索阶段（1949—1977 年）

新中国成立以后，我国面临的最紧迫的任务是恢复国民经济发展，环境问题并未得到足够的重视，相关政府工作报告中也未明确提及环境保护的相关内容。随着工业化进程的不断推进，环境污染问题逐步凸显，国家陆续出台了一系列与环境卫生、工业污染防治、植树造林、节约资源等相关的政策。如 1953 年，卫生部设立了卫生监督机构并与国家建委、城建部等多个部门联合发布有关卫生监督管理标准，开展多次爱国卫生运动。1960 年以后，我国政府陆续提出了综合利用"工业废物"的发展方针、"变废为宝"的环保口号、"三废"处理与回收利用的行动指南，并在部分城市成立了"三废"治理办公室，负责督促、检查和管理"三废"治理工作。除环境卫生与工业污染防治措施以外，国家还开始重视资源节约与环境保护问题，围绕水土保护、植树造林、资源保护等出台了一系列政策规定，如 1957 年国务院第四十九次全体会议通过了《中华人民共和国水土保持暂行纲要》，1963 年国务院第一百三十一次会议通过了《森林保护条例》，1965 年国务院批转了地质矿产部制定的《矿产资源保护试行条例》，等等。上述环境政策虽然对工业化发展初期的污染治理起到了一定的积极作用，但政策内容过于分散，且仅限于环境卫生、工业生产中的污染治理等方面，并未形成关于环境保护与环境监管的整体框架以及完善的环境法律体系。随着全球各国对环境问题的日益关注，1972 年，人类历史上首次以环境问题为主题的联合国人类环境会议在瑞典首都斯德哥尔摩召开，在此背景下，我国成立了国务院环境保护领导小组，这也是新中国成立以来我国首个环境保护机构,并于 1973 年召开了首次全国环境保护会议,会议通过了《关于保护和改善环境的若干规定(试行草案)》,明确提出了"全面规划,合理布局,综合利用,化害为利,依靠群众,大家动手,保护环境,造福人民"的环境保护的"32 字方针",构建了我国环境保护法的基本框架,为后续环境保护法出台奠定了重要基础。

4.1.2　以预防为主、防治结合为特征的法治化开启阶段 （1978—1991 年）

1978 年后,随着我国改革开放步伐的加快,民营经济在国民经济中的占比不断提升并带动经济的快速发展。然而,民营企业普遍存在重视短期经济效益而忽视长期环境管理的问题,从而导致较为严重的环境污染。在此背景下,我国政府逐步出台一系列严格的环境法律法规,开启了以预防为主、防治结合为特征的法治化环境管理模式。1978年,《中华人民共和国宪法》首次将环境保护作为重要内容写入其中,这也体现了我国政府对环境保护工作的高度重视与环保法治化的决心。1979 年,第五届全国人大常委会第十一次会议颁布了《环境保护法(试行)》。1983 年,国务院召开第二次全国环境保护会议,会议将环境保护确立为基本国策。国家相继出台了《中华人民共和国海洋环境保护法》《中华人民共和国水污染防治法》《中华人民共和国大气污染防治法》等一系列与环境保护相关的法律法规,我国环境保护法律体系逐步建立。1987 年,党的第十三次全国代表大会首次将生态保护写入大会报告,同年颁布了我国第一部关于自然资源和环境保护的纲领性文件——《中国自然保护纲要》。1989 年,国务院召开第三次全国环境保护会议,会议提出"坚持预防为主、防治结合""谁污染谁治理""强化环境管理"三大环境保护政策,同时提出了五项新的制度和措施,形成了中国环境保护的"八项制度",即环境影响评价制度、"三同时"制度、征收排污费制度、城市环境综合整治定量考核制度、环境保护目标责任制度、排污申报登记和排污许可证制度、限期治理制度、污染集中控制制度。1989 年,第七届全国人大常委会第十一次会议通过了《中华人民共和国环境保护法》，标志着我国正式进入环境保护法治化管理新阶段，环境保护逐步成为我国国家治理体系的重要组成部分。

4.1.3 以污染防治、生态保护和环境管理并重为特征的完善发展阶段（1992—2011 年）

1992 年以来，伴随着社会主义市场经济体制改革目标的确立，我国经济发展也进入了高速增长阶段，经济增长所带来的资源消耗与环境污染问题越发凸显，对经济社会可持续发展带来了巨大挑战。在此背景下，构建并完善环境保护相关法律法规体系，将环境保护工作全面融入经济社会发展的长远规划之中，显得尤为重要且迫切。1992 年联合国环境与发展大会通过了《21 世纪议程》，我国政府向世界作出了履行该文件规定的庄严承诺。1994 年国务院第十六次常务会议审议通过的《中国 21 世纪议程》以及 1996 年的第九个五年计划纲要中明确将可持续发展作为经济发展的基本战略和指导方针。与此同时，第四次全国环境保护会议明确提出"坚持污染防治和生态保护并重"的环境保护思路，并逐步完善环境保护相关法律法规体系，如全国人大常委会先后通过或修订通过了《中华人民共和国大气污染防治法》（1995 年）、《中华人民共和国固体废物污染环境防治法》（1995 年）、《中华人民共和国水污染防治法》（1996 年）、《中华人民共和国环境噪声污染防治法》（1996 年）等多部法律规定等。同时，国务院陆续颁布了《建设项目环境保护管理条例》（1998 年）和《全国生态环境保护纲要》（2000 年）等多项行政法规和部门规章。1993 年，我国成立了负责研究制定环境保护政策的特定机构——环境保护委员会，随后，各地方政府与行业主管部门也陆续成立类似的职能机构。

进入 21 世纪以来，我国进一步强化了环境保护的国家战略地位，持续推进环境保护法律法规体系建设与环保机构改革。党的十六届五中全会明确提出"建设资源节约型、环境友好型社会"，并首次把建设资源节约型和环境友好型社会确定为国民经济和社会发展中长期规划的一项战略任务。党的十七大报告进一步要求"建设生态文明，基本形成节约能源资源和保护生态环境的产业结构、增长方式、消费模式"。在已有环境法律法规的基础上,全国人大常委会先后通过或修订了《中华人民共和国清洁生产促进法》(2002 年)、《中华人民共和国环境影响评价法》(2002 年)、《中华人民共和国固体废物污染环境防治法》(2004 年)、《中华人民共和国可再生能源法》(2005 年)等,不断丰富现有环境保护法律法规体系,同时在环境法规内容方面,也改变了原有的先污染后治理的环境管理模式,更加看重生产过程中污染物的控制和前期预防,这也标志着我国环境立法方向和环境管理方式的重大转变。

总体而言,在这一阶段,国家确立了可持续发展在国家发展战略中的重要地位,坚持污染防治、生态保护和环境管理并重的环境治理保护模式,持续推进环境保护法律法规体系建设,深化环保机构改革,基本形成了较为完善的环境保护法律法规与环境保护机构体系。

4.1.4 以生态文明建设为核心的深化发展阶段(2012 年以来)

党的十八大以来,党和政府高度重视环境保护问题,并将生态文明建设纳入国家发展总体布局中,进入了以生态文明建设为核心的深化发展新阶段。党的十八大站在历史和全局的战略高度,对推进新时代经济建设、政治建设、文化建设、社会建设和生态文明建设"五位一体"总体布局作出全面部署,强调了生态文明建设在党和国家事业发展全局中的重要地位。党的十九大报告进一步指出"建设生态文明是中华民族永续发展的千年大计。必须树立和践行绿水青山就是金山银山的理念,坚持节约资源和保护环境的基本国策"。在党的生态文明建设思想纲领的指引下,全国人大常委会于 2014 年修订了《中华人民共和国环境保护法》,该法确立了按日连续处罚、查封扣押、行政拘留等制度,被称为"史上最严环保法",进一步强调了环境保护的法律地位。2015 年,中共中央、国务院印发了《关于加快推进生态文明建设的意见》《生态文明体制改革总体方案》,明确了生态文明体制改革的总体目标、基本原则和重点任务,为生态文明建设提供了清晰的顶层设计与总体纲领。2016 年,第十二届全国人民代表大会常务委员会第二十五次会议通过了《中华人民共和国环境保护税法》，并于 2018 年 1 月起开始实施，旨在通过税收手段促使企业事业单位和其他生产经营者减少污染物排放，保护和改善环境。除了强制性法律规制外，我国开始尝试采用市场化环境规制手段引导企业环保行为。如 2012 年，中国银行业监督管理委员会颁布了《绿色信贷指引》，以利用创新型金融工具引导银行业金融机构加大对绿色经济、低碳经济、循环经济的支持力度，促进经济发展方式绿色转型和经济结构调整。2017 年国务院常务会议决定在浙江、江西、广东、贵州、新疆 5 省（区）选择部分地方，建设各有侧重、各具特色的绿色金融改革创新试验区，并于之后几年内不断进行试点地区扩容。同年底，中国启动碳排放权交易，北京、天津、上海、重庆、广东、湖北、深圳、福建等多个试点地区陆续开展碳排放权交易，该交易机制也是实现"双碳"目标的核心政策工具之一。2021 年，全国碳排放权交易正式启动。2018 年，第十三届全国人民代表大会第一次会议审议通过了《中华人民共和国宪法修正案》，生态文明建设被正式写入宪法，这将进一步提升生态文明建设的国家战略地位，推动经济社会可持续发展。

综上所述，我国环境规制政策的演进与发展经历了以工业污染防治为重心的初步探索阶段，以预防为主、防治结合为特征的法治化开启阶段，以污染防治、生态保护和环境管理并重为特征的完善发展阶段，以及以生态文明建设为核心的深化发展阶段。经过几十年的探索与实践，我国逐步形成了与当前经济发展阶段相适应的环境保护理念、环境技术标准、环境监管机构与环境政策体系，具体环境规制政策的演进与发展历程如表 4-1 所示。

表 4-1 新中国成立以来我国环境规制政策的演进与发展历程

发展阶段	年份	环境规制政策
阶段一：以工业污染防治为重心的初步探索阶段（1949—1977 年）	1953 年	设立卫生监督机构并与国家建委、城建部等多个部门联合发布有关卫生监督管理标准
	1957 年	发布《水土保持暂行纲要》
	1960 年	提出综合利用"工业废物"的发展方针、"变废为宝"的环保口号、"三废"处理与回收利用的行动指南；设立"三废"治理办公室
	1963 年	发布《森林保护条例》
	1965 年	国务院颁布《矿产资源保护试行条例》
	1972 年	成立国务院环境保护领导小组（1949 年以来我国首个环境保护机构）
	1973 年	召开首次全国环境保护会议；通过《关于保护和改善环境的若干规定（试行草案）》
阶段二：以预防为主、防治结合为特征的法治化开启阶段（1978—1991 年）	1978 年	环境保护首次写入《中华人民共和国宪法》
	1979 年	颁布《环境保护法（试行）》
	1983 年	国务院召开第二次全国环境保护会议，将环境保护确立为基本国策，相继出台《中华人民共和国海洋环境保护法》《中华人民共和国水污染防治法》《中华人民共和国大气污染防治法》
	1987 年	首次将生态保护写入党的第十三次全国代表大会报告；颁布《中国自然保护纲要》
	1989 年	召开第三次全国环境保护会议，提出中国环境保护的"八项制度"；通过《中华人民共和国环境保护法》

续表

发展阶段	年份	环境规制政策
阶段三：以污染防治、生态保护和环境管理并重为特征的完善发展阶段（1992—2011 年）	1992 年	我国政府向世界作出了履行《21 世纪议程》规定的庄严承诺
	1993 年	我国成立了负责研究制定环境保护政策的特定机构——环境保护委员会
	1994 年	通过《中国 21 世纪议程》
	1995 年	修订通过《中华人民共和国大气污染防治法》《中华人民共和国固体废物污染环境防治法》
	1996 年	明确将可持续发展作为经济发展的基本战略和指导方针及"坚持污染防治和生态保护并重"的环境保护思路；修订《中华人民共和国水污染防治法》《中华人民共和国环境噪声污染防治法》
	1998 年	颁布《建设项目环境保护管理条例》
	2000 年	发布《全国生态环境保护纲要》等多项行政法规
	2002 年	通过《中华人民共和国清洁生产促进法》《中华人民共和国环境影响评价法》
	2004 年	通过《中华人民共和国固体废物污染环境防治法》
	2005 年	首次把建设资源节约型和环境友好型社会确定为国民经济和社会发展中长期规划的一项战略任务；通过《中华人民共和国可再生能源法》
	2007 年	党的十七大报告提出"建设生态文明,基本形成节约能源资源和保护生态环境的产业结构、增长方式、消费模式"

续表

发展阶段	年份	环境规制政策
阶段四：以生态文明建设为核心的深化发展阶段（2012年以来）	2012年	党的十八大对推进新时代经济建设、政治建设、文化建设、社会建设和生态文明建设"五位一体"总体布局作出全面部署；中国银行业监督管理委员会颁布《绿色信贷指引》
	2014年	修订并实施新版《中华人民共和国环境保护法》，即"史上最严环保法"
	2015年	中共中央、国务院印发《关于加快推进生态文明建设的意见》《生态文明体制改革总体方案》，明确生态文明建设的顶层设计与总体纲领
	2016年	通过《中华人民共和国环境保护税法》，并于2018年1月起开始实施
	2017年	党的十九大报告指出"建设生态文明是中华民族永续发展的千年大计。必须树立和践行绿水青山就是金山银山的理念，坚持节约资源和保护环境的基本国策"；国务院常务会议决定建设绿色金融改革创新试验区；中国启动碳排放权交易
	2018年	审议通过《中华人民共和国宪法修正案》，生态文明建设被正式写入宪法
	2021年	全国碳排放权交易正式启动

4.2　高碳企业生存风险的特征事实

4.2.1　高碳企业生存风险的测度

为精确计算高碳企业生存风险，首先要对高碳行业进行明确界定。基于国家统计局发布的《国民经济行业分类》标准（该标准分别于2002年、2011年、2017年进行了修订，不同版本对工业行业的分类口径并不完全一致。为统一口径，本书对相似度较高的行业进行合并处理，如将旧分类中橡胶制品业和塑料制品业合并为橡胶和塑料制品业,将新分类中汽车制造业与铁路、船舶、航空航天和其他运输设备业合并为交通运输设备制造业),本书通过计算1997—2022年各行业碳排放量占碳排放总量的比重并从高到低进行排序(见表4-2),可以发现碳排放量占比位列前八位的行业分别为电力、热力生产和供应业,黑色金属冶炼及压延加工业,非金属矿物制品业,化学原料及化学制品制造业,石油加工、炼焦及核燃料加工业,煤炭开采和洗选业,有色金属冶炼及压延加工业,石油和天然气开采业,且以上八个行业碳排放量在碳排放总量中的占比高达94.87%。因此,根据各行业碳排放量占碳排放总量的比重,本书将以上八个行业界定为高碳行业。如某样本企业属于以上八个行业之一,则将其认定为高碳企业;反之,则将其认定为非高碳企业。

表 4-2　不同行业碳排放量占碳排放总量的比重及排序

行业名称	行业碳排放量占比/%	排名
电力、热力生产和供应业	50.77	1
黑色金属冶炼及压延加工业	20.67	2
非金属矿物制品业	15.59	3
化学原料及化学制品制造业	3.14	4
石油加工、炼焦及核燃料加工业	1.93	5
煤炭开采和洗选业	1.16	6
有色金属冶炼及压延加工业	0.90	7
石油和天然气开采业	0.71	8
以上行业加总	94.87	/

生存风险是指企业因受到外在宏观因素或微观个体因素的影响,发生不能够持续经营而退出市场的可能性。已有文献多基于中国工业企业数据库,并利用生存模型,选取企业在市场中存活的时间、企业存活率、企业存活状态虚拟变量等指标对企业生存风险进行度量。然而,基于给定数据库信息,利用生存模型计算企业在市场中的存活时间时,将面临数据左侧删失和右侧删失问题。左侧删失问题是指无法获知比样本数据时间更早年份的企业经营状态。例如,如果某个企业在1998

年正常经营,但实际上我们并不清楚该企业开始经营的确切年份;右侧删失问题是指无法获得样本期之后年份的企业经营状态信息,例如,如果某个企业在 2007 年正常经营,则我们无法知道企业在下一年是否仍然正常经营。考虑到数据库样本类型及年份限制,导致在对企业存活时间与企业存活率进行计算时产生偏差。另外,根据企业当期年份是否存活设定虚拟变量的做法则过于粗略,无法观测企业生存状况的连续状态。因此,考虑到以上度量指标存在的缺陷,本书拟参照 Altman (2000)的研究思路,采用 Altman-Z 分值衡量企业生存风险。Altman-Z 分值根据公司的盈利能力、杠杆、流动性、偿债能力和收入活动等来预测公司陷入财务困境及破产的可能性,该指标为衡量生存风险的负向指标,其分值越低,代表该公司陷入财务困境及破产的可能性越大,即公司面临更加严重的生存威胁和较高的生存风险。具体 Altman-Z 分值计算公式如下:

$$\text{Altman-Z} = 1.2A + 1.4B + 3.3C + 0.6D + 1.0E \tag{4-1}$$

其中,A=净营运资本/总资产=(流动资产－流动负债)/总资产,B=留存收益/总资产=(盈余公积＋未分配利润)/总资产,C=息税前利润/总资产=(净利润＋所得税＋利息)/总资产,D=股票市值/总负债,E=营业收入/总资产。

通过上述公式计算得出企业 Altman-Z 分值,若 Altman-Z 分值>3,则判定为企业处于安全区间,企业不存在破产风险与生存威胁;若 Altman-Z 分值<1.8,则判定为企业处于破产区间,面临破产风险与严重的生存威胁;若 1.8≤Altman-Z 分值≤2.99,则判定为企业处于灰色区间,其所面临的生存威胁随着取值的降低而增加。总体而言,Altman-Z 分值越高,企业面临的生存风险越小;反之,Altman-Z 分值越低,企业面临的生存风险越大。

4.2.2 高碳企业生存风险的时序特征分析

根据上述高碳企业的界定及企业生存风险的测度,本部分搜集

2009—2020 年高碳企业总资产、总负债、营业收入、留存收益等财务指标数据对高碳企业的 Altman-Z 分值进行测度，计算结果如表 4-3 所示。

表 4-3 2009—2020 年八大高碳行业企业 Altman-Z 分值测度结果

单位：分

年份	电力、热力生产和供应业	黑色金属冶炼及压延加工业	非金属矿物制品业	化学原料及化学制品制造业	石油加工、炼焦及核燃料加工业	煤炭开采和洗选业	有色金属冶炼及压延加工业	石油和天然气开采业
2009 年	2.089	1.979	3.492	4.897	1.705	3.214	3.247	2.320
2010 年	1.902	2.367	3.835	5.161	3.186	3.529	3.584	3.264
2011 年	1.115	2.224	3.460	4.288	2.166	2.887	3.358	2.871
2012 年	1.348	1.442	2.492	3.589	1.893	2.912	3.120	4.957
2013 年	1.927	1.506	2.597	3.713	1.714	1.917	3.315	3.315
2014 年	2.228	1.581	3.524	3.988	2.103	2.088	3.837	2.191
2015 年	1.876	1.391	4.830	5.471	1.955	1.426	5.480	1.797
2016 年	1.460	1.710	4.285	5.904	1.596	1.283	5.220	1.660
2017 年	1.440	2.519	4.701	4.704	2.154	2.027	5.223	1.866
2018 年	1.168	1.975	3.915	3.645	2.338	1.609	2.830	1.891
2019 年	1.194	2.039	4.327	4.158	2.369	1.448	3.106	1.405
2020 年	1.220	2.828	4.863	5.420	2.072	1.135	3.953	0.834

图 4-1 和图 4-2 显示了八大高碳行业 Altman-Z 分值均值的变化趋势与行业间的对比结果。

从总体趋势来看，2009—2013 年八大高碳行业企业 Altman-Z 分值均值呈现短暂上升趋势后不断下降，2014—2017 年呈现出上升趋势，2018 年出现短暂下降，之后则不断上升。总体企业生存风险水平呈现小幅波动。在考察区间内，Altman-Z 分值最低为 2.42，最高为 3.35，其中仅有少数年份处于大于 3 的安全区间内，高碳企业总体面临一定程度的生存风险。

图 4-1　2009—2020 年八大高碳行业 Altman-Z 分值均值变化趋势

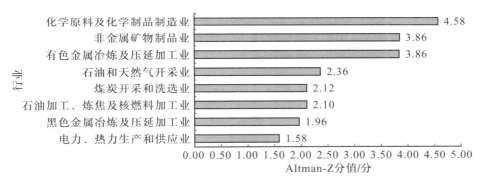

图 4-2　2009—2020 年八大高碳行业 Altman-Z 分值均值的横向比较

　　从分行业维度来看,2009—2020 年各行业 Altman-Z 分值均值从高到低依次为化学原料及化学制品制造业(4.58),非金属矿物制品业(3.86),有色金属冶炼及压延加工业(3.86),石油和天然气开采业(2.36),煤炭开采和洗选业(2.12),石油加工、炼焦及核燃料加工业(2.10),黑色金属冶炼及压延加工业(1.96),电力、热力生产和供应业(1.58)。其中,处于安全区间(Altman-Z 分值>3)的为化学原料及化学制品制造业、非金属矿物制品业、有色金属冶炼及压延加工业等 3 个行业,这些行业企业整体安全性较高,并未面临破产风险与生存威胁。处于灰色区间(1.8≤Altman-Z 分值≤2.99)的为石油和天然气开采业,煤炭开采和洗选业,石油加工、炼焦及核燃料加工业,黑色金属冶炼及压延加工业等 4 个行业,这些行业企业面临相对较高的生存风险。处于破产区间(Altman-Z 分值<1.8)的为电力、热力生产和供应业,该行业企业整体面临的生存风险最高。

图 4-3 显示了 2009—2020 年电力、热力生产和供应业企业整体 Altman-Z 分值变化趋势。结果显示:2009—2020 年电力、热力生产和供应业企业整体 Altman-Z 分值处于偏低水平,其中 2011 年分值最低为 1.12,2014 年分值最高为 2.23,大部分年份 Altman-Z 分值处于破产区间(Altman-Z 分值<1.8)内,说明电力、热力生产和供应业企业整体面临较高的生存风险。从总体变化趋势上看,2009—2011 年,Altman-Z 分值呈现快速大幅度下降趋势,由 2009 年的 2.09 下降为 2011 年的 1.12,下降幅度高达 46.41%。2012 年后 Altman-Z 分值则不断上升,到 2014 年达到了最高值,此后便呈现出持续下降趋势。从前文计算结果可以看出,电力、热力生产和供应业碳排放量占碳排放总量的比重超过 50%,在日益严苛的环境规制背景下,该行业面临着前所未有的减排压力,设备更新改造升级占用了企业大量资金,增加了企业运营成本。此外,环境规制还可能影响到上下游产业链供应链企业,从而给企业经营带来巨大的不确定性,加剧企业生存风险。

图 4-3 2009—2020 年电力、热力生产和供应业企业 Altman-Z 分值变化趋势

图 4-4 显示了 2009—2020 年黑色金属冶炼及压延加工业企业整体 Altman-Z 分值变化趋势。结果显示:2009—2020 年黑色金属冶炼及压延加工业企业整体 Altman-Z 分值处于偏低水平,其中 2015 年分值最低为 1.39,2020 年分值最高为 2.83,2012—2016 年 Altman-Z 分值均处

于破产区间(Altman-Z 分值<1.8)内,说明黑色金属冶炼及压延加工业企业整体也面临较高的生存风险。从总体变化趋势上看,2009—2012年除了 2010 年 Altman-Z 分值略有所上升以外,其他年份均呈现下降趋势,由 2010 年的 2.37 下降为 2012 年的 1.44,下降幅度高达 39.24%。2012—2014 年 Altman-Z 分值相对稳定变化不大,2015—2020 年则总体呈现持续上升趋势,并在 2020 年达到最高值。从前文计算结果可以看出,黑色金属冶炼及压延加工业碳排放量占碳排放总量的比重高达20% 左右,在所有行业中排名第二位,在日益严苛的环境规制背景下,该行业也同样面临着巨大的减排压力与生存风险。

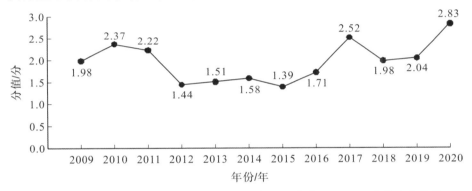

图 4-4　2009—2020 年黑色金属冶炼及压延加工业企业 Altman-Z 分值变化趋势

图 4-5 显示了 2009—2020 年非金属矿物制品业企业整体 Altman-Z 分值变化趋势。结果显示:2009—2020 年非金属矿物制品业企业整体 Altman-Z 分值处于较高水平,其中 2012 年分值最低为 2.49,2020年分值最高为 4.86,除 2012 年和 2013 年外,其他年份的 Altman-Z 分值均处于 Altman-Z 分值>3 的安全区间内,说明非金属矿物制品业企业整体面临较低的生存风险。从总体变化趋势上看,2009—2015 年Altman-Z 分值呈现出先下降后上升的变化趋势,尤其是由 2012 年的2.49 上升为 2015 年的 4.83,上升幅度高达 93.98%,对应的生存风险呈现先增加后降低的变化趋势。2015 年以后,Altman-Z 分值呈现小幅波动。

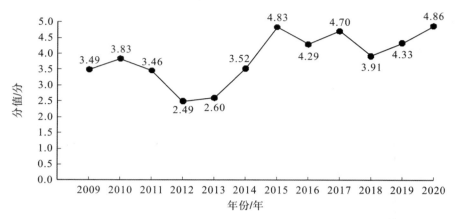

图 4-5　2009—2020 年非金属矿物制品业企业 Altman-Z 分值变化趋势

图 4-6 显示了 2009—2020 年化学原料及化学制品制造业企业整体 Altman-Z 分值变化趋势。结果显示：2009—2020 年化学原料及化学制品制造业企业整体 Altman-Z 分值处于较高水平，其中 2012 年分值最低为 3.59，2016 年分值最高为 5.90，考察期间内，所有年份的 Altman-Z 分值均处于 Altman-Z 分值＞3 的安全区间内，说明化学原料及化学制品制造业企业整体面临较低的生存风险。从总体变化趋势上看，2016 年 Altman-Z 分值达到最高点，该年份前后，Altman-Z 分值均呈现出先下降后上升的变化趋势，对应的生存风险呈现先增加后降低的变化趋势。

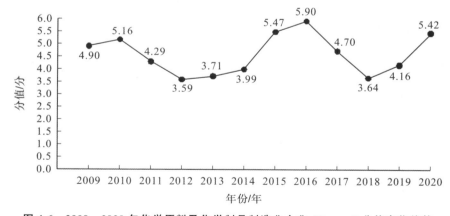

图 4-6　2009—2020 年化学原料及化学制品制造业企业 Altman-Z 分值变化趋势

图 4-7 显示了 2009—2020 年石油加工、炼焦及核燃料加工业企业整体 Altman-Z 分值变化趋势。结果显示:2009—2020 年石油加工、炼焦及核燃料加工业企业整体 Altman-Z 分值处于居中水平,除 2010 年 Altman-Z 分值＞3,2009 年、2013 年及 2016 年 Altman-Z 分值＜1.8 外,其他年份的 Altman—Z 分值均处于 1.8 至 2.99 的灰色区间内,说明石油加工、炼焦及核燃料加工业企业整体面临显著的生存风险,并且在 2009 年、2013 年及 2016 年企业整体生存风险尤为凸显。从总体变化趋势上看,2010—2013 年 Altman-Z 分值呈现较大幅度下降趋势,由 2010 年的 3.19 下降到 2013 年的 1.71,下降幅度高达 46.39％。2014 年以后,该行业整体 Altman-Z 分值变化较为平稳。

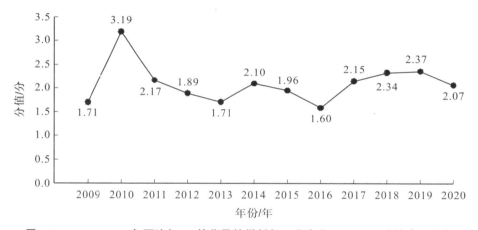

图 4-7　2009—2020 年石油加工、炼焦及核燃料加工业企业 Altman-Z 分值变化趋势

图 4-8 显示了 2009—2020 年煤炭开采和洗选业企业整体 Altman-Z 分值变化趋势。结果显示:2009—2020 年煤炭开采和洗选业企业整体 Altman-Z 分值呈现出显著下降趋势,其中 2020 年分值最低为 1.13,2010 年分值最高为 3.53,考察期间内,仅有 2009 年和 2010 年的 Altman-Z 分值处于大于 3 的安全区间内,而 2015—2020 年,Altman-Z 分值基本处于小于 1.8 的破产区间,说明煤炭开采和洗选业企业整体面临较高的生存风险,且其生存风险大体上逐年递增,尤其是 2015 年后更加凸显。

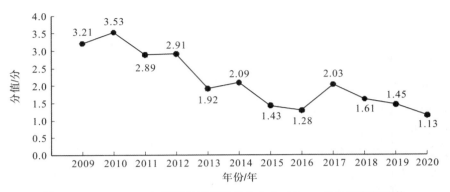

图 4-8 2009—2020 年煤炭开采和洗选业企业 Altman-Z 分值变化趋势

图 4-9 显示了 2009—2020 年有色金属冶炼及压延加工业企业整体 Altman-Z 分值变化趋势。结果显示:2009—2020 年有色金属冶炼及压延加工业企业整体 Altman-Z 分值处于较高水平,其中 2018 年分值最低为 2.83,2015 年分值最高为 5.48,除 2018 年外,其他年份的 Altman-Z 分值均处于大于 3 的安全区间内,说明有色金属冶炼及压延加工业企业整体面临较低的生存风险。从总体变化趋势上看,2009—2013 年 Altman-Z 分值整体波动不大,2014 年和 2015 年,Altman-Z 分值呈现快速上升态势,由 2013 年的 3.32 上升为 2015 年的 5.48,上升幅度高达 65.06%。2016 年和 2017 年 Altman-Z 分值变化基本保持平稳,但在 2018 年又急剧下跌至最低点后(下跌幅度高达 45.79%),后缓慢上升。

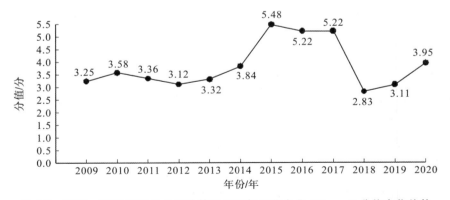

图 4-9 2009—2020 年有色金属冶炼及压延加工业企业 Altman-Z 分值变化趋势

图 4-10 显示了 2009—2020 年石油和天然气开采业企业整体 Altman-Z 分值变化趋势。结果显示:2009—2020 年石油和天然气开采业企业整体 Altman-Z 分值呈现出较大幅度的波动,其中 2020 年分值最低为 0.83,2012 年分值最高为 4.96。2009—2012 年,石油和天然气开采业企业整体 Altman-Z 分值呈现快速波动上升趋势,并在 2012 年达到最高点 4.96,该时间段内整体 Altman-Z 分值处于较高水平,说明石油和天然气开采业企业面临较低的生存风险。2012 年以后,Altman-Z 分值则呈现持续下降趋势,尤其是在 2012—2015 年,Altman-Z 分值由 2012 年的最高点 4.96 下降到 2015 年的 1.80,下降幅度高达 63.71%。2015 年以后,Altman-Z 分值依然保持缓慢下降的变化趋势,并在 2020 年达到最低点 0.83,并且多个年份中 Altman-Z 分值处于小于 1.8 的破产区间内,说明该时间段内,石油和天然气开采业企业整体面临较高的生存风险。

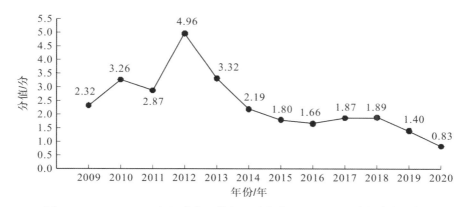

图 4-10 2009—2020 年石油和天然气开采业企业 Altman-Z 分值变化趋势

4.2.3 高碳企业生存风险的空间特征分析

为客观反映我国不同区域高碳企业生存风险的空间特征,本部分首先按照经济特征将 31 个省(自治区、直辖市)划分为东部地区、中部地区和西部地区。进一步,根据高碳企业所在省(区、市)对企业样本进行划分,将高碳企业划分为东部地区企业组、中部地区企业组和西部地区企业组,计算各地区企业 Altman-Z 分值的均值并进行比较。

从图 4-11 可以看出,东部地区、中部地区与西部地区八大高碳行业企业整体 Altman-Z 分值分别为 3.01、2.49 和 2.64,呈现出显著的差异,其中,东部地区的高碳企业 Altman-Z 分值最高,取值处于大于 3 的安全区间内,西部地区次之,中部地区最低,且中西部地区高碳企业 Altman-Z 分值均处于 1.8 至 2.99 的灰色区间内,这也反映了在当前严格的环境规制背景下,中西部地区高碳企业面临的财务压力与生存风险显著大于东部地区。

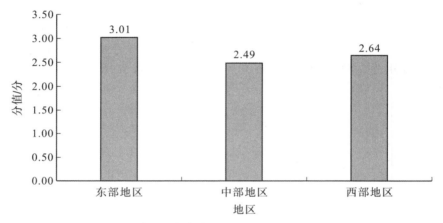

图 4-11 不同地区八大高碳行业企业 Altman-Z 分值均值比较

可能的原因在于:一方面,东部地区经济发展水平远高于中西部地区,产业结构中第三产业、先进制造业及高新技术产业占比相对较高,在环境规制日益严格的背景下,东部地区企业更容易通过技术创新和产业升级实现减污降碳与企业竞争力提升的双重目标,从而能够抵消因环境规制带来的额外成本,改善企业财务状况并降低其生存风险。另一方面,东部地区经济发展与市场化程度均高于中西部地区,政府在实施严格环境规制的同时,能够灵活运用各种市场机制对高碳企业进行积极引导,如对企业提供环保补贴、税收优惠,引导企业积极参与碳排放权交易,等等,从而有利于东部地区高碳企业改善财务状况并降低其生存风险。此外,东部地区拥有较为发达的金融市场,相对于中西部地区高碳企业而言,东部地区高碳企业拥有更多的融资渠道与更低的融资成本,从而能缓解其所面临的融资约束,提升高碳企业财务稳定性并降低其生存风险。

4.3 高碳企业绿色转型的特征事实

4.3.1 高碳企业绿色转型的测度

根据前文对高碳企业的界定,本节从绿色转型意愿和绿色转型行为两个维度对高碳企业绿色转型进行测度。

在绿色转型意愿测度方面,借鉴 Loughran 等(2011)、李哲等(2021)、解学梅等(2021)、万攀兵等(2021)、周阔等(2024)的研究,本节利用企业年报中披露的与绿色转型相关的文本信息构建企业绿色转型注意力(绿色转型意愿)指标,用该指标度量企业绿色转型意愿,企业年报中披露的与绿色转型相关的文本信息越多,说明其对绿色转型越关注,其绿色转型意愿就越强烈。具体而言,根据国民经济和社会发展五年规划、《中华人民共和国环境保护法》《企业环境行为评价技术指南》《绿色制造标准化白皮书》等政策文件,从宣传倡议、战略理念、技术创新、排污治理和监测管理 5 个方面,选取 113 个企业绿色化转型关键词,进而统计各个关键词在上市企业年报文本中出现的频率,用该词频数加 1 取自然对数刻画企业绿色化转型注意力,绿色化转型关键词词频数量越高,则表示上市企业对绿色转型的关注度越高,其实施绿色转型的意愿越强烈。选择上市企业年报作为文本分析的基础,一方面能够通过公开的信息披露获取更为广泛的企业绿色转型相关信息,提高获取数据的可行性;另一方面,按照监管机构的要求,上市企业年报属于强制性信息披露的范畴,有着标准的格式规范和内容要求,在进行文本分析过程中能够更加精准地识别绿色转型相关的关键词,从而提高获取数据的精确性。

在绿色转型行为测度方面,本节采用碳排放强度对高碳企业绿色转型行为进行度量,其中,碳排放强度＝高碳企业年度碳排放总量/营业收入,因此,企业年度碳排放总量是精确计算碳排放强度的关键。由于部分企业并未对外公开其碳排放数据,因此,借鉴王浩等(2022)的研究思路,对未充分披露其碳排放数据的企业,本节主要根据企业社会责任报告、可持续发展报告以及环境报告中所披露的化石能源消耗量、用电量、用热量等数据,并根据生态环境部发布的针对不同行业的《企业温室气体排放核算与报告指南》分别计算其所规定的范围一和范围二的碳排放量,并对范围一和范围二的碳排放量进行加总,得到企业年度碳排放总量。其中,范围一是指直接温室气体排放,主要包括企业拥有或控制的排放源,例如企业拥有或控制的锅炉、熔炉、车辆等产生的燃烧排放,拥有或控制的工艺设备进行化工生产所产生的排放。范围二是指企业所消耗的外购电力和热力产生的间接温室气体排放。具体而言,企业碳排放量来自四个方面:燃烧和能源燃料排放(包括化石燃料燃烧排放、生物质燃料燃烧排放、原料开采逃逸排放、石油和天然气系统逃逸排放、电力调入调出间接碳排放)、生产过程的碳排放、固体废弃物焚烧和污水处理导致的碳排放、土地利用方式转变的碳排放。主要数据来源于企业社会责任报告、企业可持续发展报告以及企业环境报告等。

4.3.2 高碳企业绿色转型的时序特征分析

根据上述高碳企业的界定及绿色转型的测度,本部分通过统计2009—2020 年高碳企业绿色转型关键词在企业年报文本中出现的频率,形成绿色化转型词频数,用该词频数加 1 取自然对数刻画企业绿色化转型注意力,绿色化转型关键词词频数量越高,则表示上市企业对绿色转型的关注度越高,其实施绿色转型的意愿越强烈。绿色转型注意力的计算结果如表 4-4 所示。

表 4-4　2009—2020 年八大高碳行业企业绿色转型注意力测度结果

年份	电力、热力生产和供应业	黑色金属冶炼及压延加工业	非金属矿物制品业	化学原料及化学制品制造业	石油加工、炼焦及核燃料加工业	煤炭开采和洗选业	有色金属冶炼及压延加工业	石油和天然气开采业
2009 年	1.851	1.798	1.697	1.828	1.748	1.771	1.758	2.078
2010 年	1.930	2.001	1.943	1.943	1.861	1.971	1.956	1.993
2011 年	2.075	2.151	2.253	2.261	2.125	2.173	2.352	2.324
2012 年	2.471	2.549	2.422	2.410	2.224	2.441	2.317	2.288
2013 年	2.525	2.415	2.672	2.634	2.571	2.527	2.644	2.642
2014 年	2.824	2.558	2.831	2.827	2.743	2.996	2.826	2.996
2015 年	3.149	3.014	3.010	3.034	3.303	2.741	3.002	2.653
2016 年	3.099	3.368	3.202	3.213	3.673	3.377	3.168	3.266
2017 年	3.325	3.275	3.336	3.460	3.336	3.105	3.308	3.260
2018 年	3.631	3.450	3.473	3.651	3.966	3.736	3.592	3.424
2019 年	3.729	3.698	3.730	3.826	3.841	3.792	3.767	4.040
2020 年	3.826	3.811	4.021	3.978	3.623	4.013	4.110	3.926

　　图 4-12 和图 4-13 显示了八大高碳行业绿色转型注意力均值的变化趋势与行业间的对比结果。

图 4-12　2009—2020 年八大高碳行业绿色转型注意力均值变化趋势

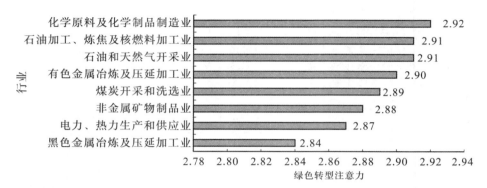

图 4-13　2009—2020 年八大高碳行业绿色转型注意力均值的横向比较

从总体趋势来看,2009—2020 年八大高碳行业企业绿色注意力均值呈现出显著的稳定上升趋势,绿色注意力最低值为 1.82,最高值为 3.91,说明在环境规制日益趋紧的背景下,高碳行业企业面临着前所未有的绿色转型压力,高碳企业对绿色转型的关注度日益提升,其实施绿色转型的意愿也在不断增加。高碳行业企业绿色转型注意力的持续上升也意味着企业对当前环境规制的积极应对态度。

从分行业维度来看,2009—2020 年各行业绿色注意力均值从高到低依次为化学原料及化学制品制造业(2.92),石油加工、炼焦及核燃料加工业(2.91),石油和天然气开采业(2.91),有色金属冶炼及压延加工业(2.90),煤炭开采和洗选业(2.89),非金属矿物制品业(2.88),电力、热力生产和供应业(2.87),黑色金属冶炼及压延加工业(2.84)。考察期间内,八大高碳行业企业对绿色转型的关注度整体差别不大。

图 4-14 至图 4-21 分别显示了 2009—2020 年八大高碳行业企业绿色转型注意力的变化趋势。从各行业绿色转型注意力随时间的变化趋势看,除了在个别年份出现绿色转型注意力小幅下降之外,各行业整体上对绿色转型的关注度在逐年提升。近年来,随着全球环境问题日益严峻,全面绿色转型正逐步成为各行业关注的焦点。首先,环境规制政策是驱动各行业企业尤其是高碳行业企业绿色注意力提升的首要因素。政府相继出台的一系列环境保护法律法规使得高碳企业面临更大的环保压力与环境违规成本,从而倒逼高碳行业企业对绿色转型关注

度的不断提升。其次,随着公众环保意识的提升,持续增长的绿色产品需求对高碳企业绿色转型带来激励效应,促使其不断创新企业生产模式与产品类型,提升对绿色转型的关注度,进而实现从被动遵循环保法律法规到主动探索绿色转型路径的战略转变。最后,技术创新也正逐步成为高碳行业企业绿色转型的核心驱动力。清洁能源技术、节能减排技术、生态环保技术以及循环利用技术等绿色技术创新的不断涌现,极大拓宽了高碳企业绿色转型的实现路径,增加了技术方案,从而促使高碳企业对绿色转型的关注度不断提升。

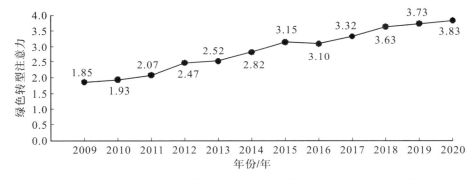

图 4-14　2009—2020 年电力、热力生产和供应业企业绿色转型注意力变化趋势

图 4-15　2009—2020 年黑色金属冶炼及压延加工业企业绿色转型注意力变化趋势

图 4-16   2009—2020 年非金属矿物制品业企业绿色转型注意力变化趋势

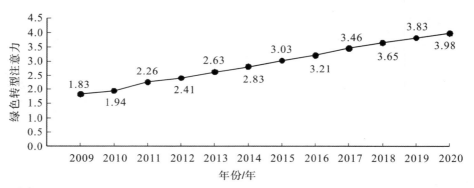

图 4-17   2009—2020 年化学原料及化学制品制造业企业绿色转型注意力变化趋势

图 4-18   2009—2020 年石油加工、炼焦及核燃料加工业企业绿色转型注意力变化趋势

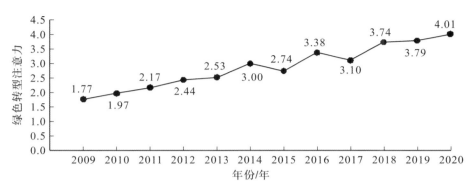

图 4-19 2009—2020 年煤炭开采和洗选业企业绿色转型注意力变化趋势

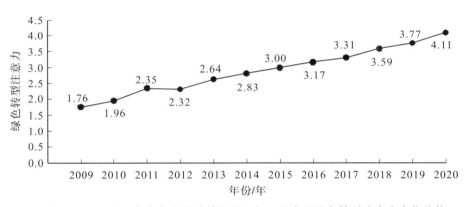

图 4-20 2009—2020 年有色金属冶炼及压延加工业企业绿色转型注意力变化趋势

图 4-21 2009—2020 年石油和天然气开采业企业绿色转型注意力变化趋势

进一步,根据生态环境部发布的针对不同行业的《企业温室气体排放核算与报告指南》分别计算各部分碳排放量与碳排放总量,进而计算出高碳企业碳排放强度。计算结果如表 4-5 所示。

表 4-5　2009—2020 年八大高碳行业企业碳排放强度测度结果

单位:吨/千元

年份	电力、热力生产和供应业	黑色金属冶炼及压延加工业	非金属矿物制品业	化学原料及化学制品制造业	石油加工、炼焦及核燃料加工业	煤炭开采和洗选业	有色金属冶炼及压延加工业	石油和天然气开采业
2009 年	1.125	0.961	0.913	0.897	0.928	0.912	1.074	1.005
2010 年	1.972	0.999	1.126	0.919	1.042	0.883	0.916	0.809
2011 年	0.870	0.758	0.879	0.823	1.295	0.745	0.816	0.763
2012 年	0.919	0.783	1.103	0.988	0.839	0.849	0.912	1.130
2013 年	0.872	0.890	1.525	0.933	0.971	0.990	0.931	0.962
2014 年	1.093	0.754	0.965	0.880	1.014	0.772	0.847	0.728
2015 年	1.100	0.739	1.024	1.843	1.456	0.969	0.836	0.846
2016 年	0.952	1.186	1.031	1.287	1.273	1.188	1.024	0.986
2017 年	2.030	0.811	1.012	0.920	0.986	0.826	1.139	0.921
2018 年	0.811	0.899	0.952	0.896	0.807	0.826	0.896	0.979
2019 年	0.866	0.801	0.895	0.866	0.624	0.852	0.839	0.892
2020 年	0.920	0.889	1.037	1.058	1.031	0.848	0.962	0.863

图 4-22 和图 4-23 分别显示了八大高碳行业碳排放强度均值的变化趋势与行业间的对比结果。

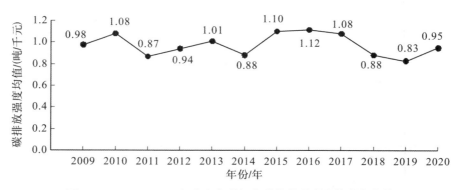

图 4-22　2009—2020 年八大高碳行业碳排放强度均值变化趋势

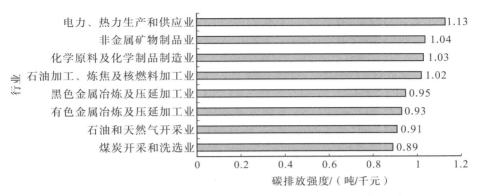

图 4-23   2009—2020 年八大高碳行业碳排放强度均值的横向比较

从总体趋势来看,2009—2014 年八大高碳行业企业碳排放强度均值呈现小幅波动,2015 年后上升,至 2016 年达到最高点 1.12,2016—2019 年呈现缓慢下降趋势。说明考察期间内,在环境规制日益趋紧的背景下,高碳行业企业绿色转型取得了一定成效,单位产值的碳排放量显著下降,但在部分年份,碳排放强度仍出现了反弹趋势,总体而言高碳行业仍面临较大的减排压力。高碳行业绿色转型不仅是应对气候变化的迫切需要,同时也是企业实现自身可持续发展的必然要求。从高能耗高污染的粗放型生产模式到清洁能源与低碳环保生产模式的转变,不仅能够显著降低企业碳排放强度,减少企业生产过程中对环境的破坏,同时也能够通过绿色技术创新实现成本节约与生产效率提升,从而实现环境效益与经济效益双赢。

从分行业维度来看,2009—2020 年各行业碳排放强度均值从高到低依次为电力、热力生产和供应业(1.13),非金属矿物制品业(1.04),化学原料及化学制品制造业(1.03),石油加工、炼焦及核燃料加工业(1.02),黑色金属冶炼及压延加工业(0.95),有色金属冶炼及压延加工业(0.93),石油和天然气开采业(0.91),煤炭开采和洗选业(0.89)。考察期间,八大行业中电力、热力生产和供应业碳排放强度明显高于其他行业,非金属矿物制品业,化学原料及化学制品制造业,石油加工、炼焦及核燃料加工业碳排放强度居中,黑色金属冶炼及压延加工业、有色金属冶炼及压延加工业、石油和天然气开采业、煤炭开采和洗选业相对较低。

图 4-24 至图 4-31 分别显示了 2009—2020 年八大高碳行业企业碳排放强度的变化趋势。2009—2020 年电力、热力生产和供应业企业整体碳排放强度呈现出较大幅度波动,2009—2010 年呈现出快速上升态势,增长幅度高达 75.89%,随后进入较为稳定阶段,直到 2016—2017 年又进入快速增长阶段,增长幅度高达 113.68%,2018 年以后碳排放强度显著降低。黑色金属冶炼及压延加工业企业整体碳排放强度较为稳定,除 2016 年碳排放强度快速上升以外,其他年份该行业碳排放强度总体上较为稳定。对于非金属矿物制品业企业而言,整体碳排放强度呈现出显著的阶段性特征,2009—2013 年该行业碳排放强度整体呈现上升趋势,2014 年开始快速下降并持续保持在较低水平。化学原料及化学制品制造业企业整体碳排放强度也呈现出较大幅度波动,2009—2014 年碳排放强度较为平稳,2015 年则快速上升至最高点后,急剧下降。对于石油加工、炼焦及核燃料加工业企业而言,整体碳排放强度呈现较大幅度波动,2015 年达到最高点,后急剧下降,并保持在较低水平,2020 年呈现回调趋势。煤炭开采和洗选业企业整体碳排放强度较为稳定,除 2016 年碳排放强度快速上升以外,其他年份该行业碳排放强度波动幅度相对较小。对于有色金属冶炼及压延加工业企业而言,2015 年之前碳排放强度整体呈现下降趋势,2016 年开始逐步上升并于 2017 年达到最高点,随后快速下降。对于石油和天然气开采业而言,2009—2012 年碳排放强度先下降后上升,2012 年达到最高点,2013—2020 年同样呈现出先下降后上升的变化趋势。

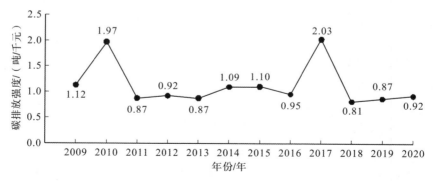

图 4-24 2009—2020 年电力、热力生产和供应业企业碳排放强度变化趋势

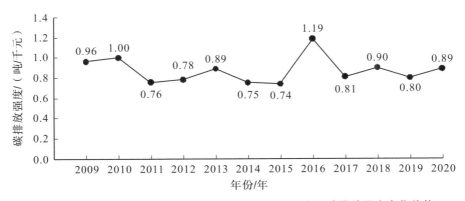

图 4-25　2009—2020 年黑色金属冶炼及压延加工业企业碳排放强度变化趋势

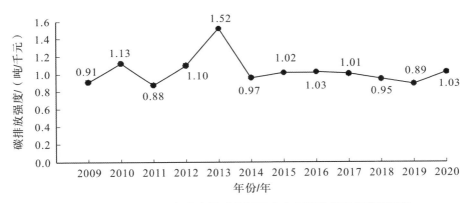

图 4-26　2009—2020 年非金属矿物制品业企业碳排放强度变化趋势

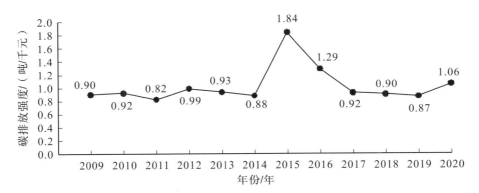

图 4-27　2009—2020 年化学原料及化学制品制造业企业碳排放强度变化趋势

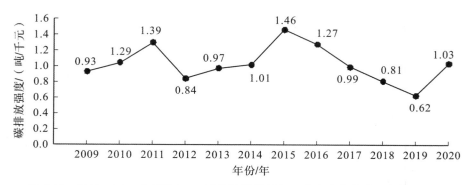

图 4-28　2009—2020 年石油加工、炼焦及核燃料加工业企业碳排放强度变化趋势

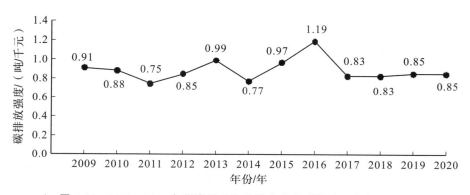

图 4-29　2009—2020 年煤炭开采和洗选业企业碳排放强度变化趋势

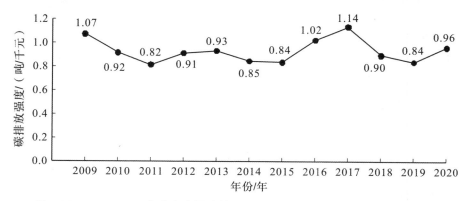

图 4-30　2009—2020 年有色金属冶炼及压延加工业企业碳排放强度变化趋势

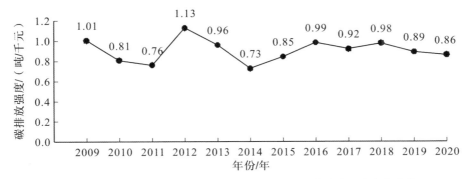

图 4-31　2009—2020 年石油和天然气开采业企业碳排放强度变化趋势

4.3.3　高碳企业绿色转型的空间特征分析

为客观反映我国不同区域高碳企业绿色转型的空间特征,与上节做法类似,本部分根据高碳企业所在省(区、市)对企业样本进行划分,将高碳企业划分为东部地区企业组、中部地区企业组和西部地区企业组,并对各地区企业绿色注意力和碳排放强度两个指标的均值进行比较。图 4-32 和图 4-33 分别显示了不同地区八大高碳行业企业绿色转型注意力和碳排放强度均值比较情况。

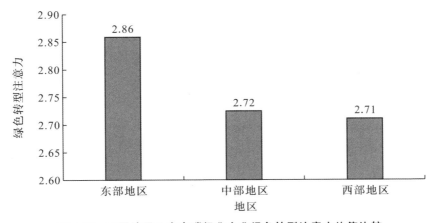

图 4-32　不同地区八大高碳行业企业绿色转型注意力均值比较

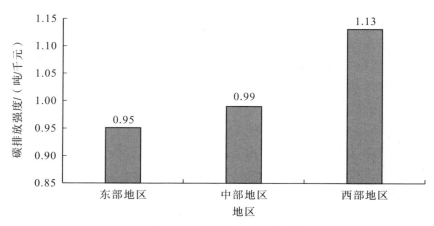

图 4-33　不同地区八大高碳行业企业碳排放强度均值比较

　　从绿色转型注意力指标来看,东部地区、中部地区与西部地区八大高碳行业企业整体绿色转型注意力分值分别为 2.86、2.72 和 2.71,东部地区显著高于中西部地区,中部地区和西部地区相差并不显著,说明东部地区高碳企业对绿色转型的关注度和绿色转型意愿明显高于中西部地区。相应地,从碳排放强度指标来看,三大地区高碳行业企业整体碳排放强度呈现出显著差异,东部地区最低,中部地区居中,西部地区最高,西部地区显著高于东部和中部地区,说明东部和中部地区高碳企业绿色转型实践效果显著优于西部地区。

　　可能的原因在于:首先,东部地区与中西部地区在经济发展水平与产业结构方面存在显著差异,东部地区经济发展水平较高,并且其产业结构中高端制造业与服务业等占比相对较大,这为东部地区高碳企业绿色转型奠定了良好的经济基础,提供了良好的产业条件。与之相反,中西部地区经济发展水平较为落后,传统制造业等高碳行业仍是其经济发展的重要支撑,这严重制约了该地区高碳企业绿色转型的意愿与绿色转型行为。其次,技术创新是企业绿色转型的重要驱动力,在技术创新与人才储备方面,东部地区相较于中西部地区占据明显优势。东部地区拥有优越的地理和环境优势、较多的就业机会,这些更有利于吸引国内外高层次创新人才,从而为区域经济发展与绿色技术创新提供了强有力的智力支持,再加上其雄厚的经济基础、高开放度的市场环境及较为完善的技术创新体系,进一步为东部地区高碳企业绿色转型提供了资金保障与技术支持。而中西部地区则面临地理区位偏远、经济发展水平较低、技术创新基础薄弱等不利因素,严重制约了区域内企业绿色转型意愿和绿色转型行为。最后,东部地区与中西部地区在绿色转型政策及其执行效率方面存在显著的差异。东部地区作为我国经济最为发达的区域,其支持企业绿色转型的政策体系更加完善。除强制性环境法律法规之外,其地方政府更加倾向于通过财政补贴、税收优惠等政策激励高碳企业进行绿色研发投入与绿色技术创新,通过科技创新推动产业结构绿色化转型,具有较高的绿色转型政策执行效率。而中西部地区高污染的资源型产业占比相对较大,其地方政府在绿色转型政策方面则更加倾向于通过强制性的环境法律法规来实现环境保护目标,但当前经济增长依然是地方政府政绩考核的重要目标,在经济增长与环境保护双重压力下,地方政府往往会出现通过放松环境监管换取经济增长的短视行为,从而使得环境法律法规的执行效率大打折扣。

4.4 本章小结

本章系统梳理了我国环境规制政策的演进与发展历程,并对高碳行业企业生存风险与绿色转型的特征事实进行描述与分析,这为后文考察不同类型环境规制政策对高碳企业生存风险及绿色转型的影响提供了可靠的现实基础。本章主要研究结论如下:

(1)新中国成立以来,我国政府积极探索实现经济社会绿色转型与可持续发展的政策路径,建立了与不同经济发展阶段相适应的环境政策体系并不断发展与完善。总体上,我国环境规制政策的演进与发展可归纳为四个阶段:以工业污染防治为重心的初步探索阶段(1949—1977 年),以预防为主、防治结合为特征的法治化开启阶段(1978—

1991 年),以污染防治、生态保护和环境管理并重为特征的完善发展阶段(1992—2011 年),以生态文明建设为核心的深化发展阶段(2012 年以来)。

(2)高碳企业生存风险的特征事实表明,八大高碳行业企业生存风险水平整体呈现小幅波动。从分行业维度来看,化学原料及化学制品制造业、非金属矿物制品业、有色金属冶炼及压延加工业等 3 个行业企业整体安全性较高,但石油和天然气开采业,煤炭开采和洗选业,石油加工、炼焦及核燃料加工业,黑色金属冶炼及压延加工业,电力、热力生产和供应业等 5 个行业企业面临着较高的生存风险,尤其是电力、热力生产和供应业整体处于破产区间(Altman-Z 分值<1.8)内,面临较高的生存风险。近年来,石油和天然气开采业,石油加工、炼焦及核燃料加工业,电力、热力生产和供应业的 Altman-Z 分值大体上呈现下降趋势,即生存风险大体上呈现上升趋势。从空间特征来看,东部、中部和西部地区的高碳行业企业在 Altman-Z 分值上也呈现出显著的差异,东部地区最高,西部地区次之,中部地区最低,即中西部地区的高碳企业面临的财务压力与生存风险显著大于东部地区。

(3)高碳企业绿色转型的特征事实表明,八大高碳行业企业绿色转型意愿(绿色转型注意力)整体呈现出稳定上升趋势。从分行业维度来看,八大行业高碳企业绿色转型注意力整体差别不大。除了在个别年份出现绿色转型注意力小幅下降之外,石油加工、炼焦及核燃料加工业,石油和天然气开采业,煤炭开采和洗选业,黑色金属冶炼及压延加工业等大体上绿色转型注意力呈上升趋势,其他行业如化学原料及化学制品制造业,有色金属冶炼及压延加工业,非金属矿物制品业,电力、热力生产和供应业等对绿色转型的关注度大体上均呈现稳步上升趋势。从空间特征来看,东部地区高碳企业绿色转型意愿明显高于中西部地区。此外,从八大高碳行业企业绿色转型行为来看,八大高碳行业企业碳排放强度均值呈现小幅波动,总体上高碳行业仍面临较大的减排压力。从分行业维度来看,电力、热力生产和供应业碳排放强度明显高于其他行业,非金属矿物制品业,化学原料及化学制品制造业,石油加工、炼焦及核燃料加工业碳排放强度居中,黑色金属冶炼及压延加工业、有色金属冶炼及压延加工业、石油和天然气开采业、煤炭开采和洗选业相对较低。从空间特征来看,三大地区高碳行业企业整体碳排放强度呈现出显著差异,西部地区碳排放强度显著高于东部和中部地区,即东部和中部地区高碳企业绿色转型行为实施效果显著高于西部地区。

5 强制命令型环境规制对高碳企业生存风险的影响

  强制命令型环境规制以行政命令和法律颁布实施为主要特征,通过环境立法、强制性环保督察等方式对企业环境行为或政府环境责任履行进行约束,具有强制性与政府直接干预的特征。1979 年 9 月,我国颁布了第一部环境保护法律——《中华人民共和国环境保护法(试行)》,该法律的颁布标志着我国环境保护进入法治化管理阶段,也是我国强制命令型环境规制的开始。1989 年 12 月,第七届全国人大常委会第十一次会议通过了《中华人民共和国环境保护法》。但随着环境问题的日益凸显,该法律的环保理念与制度规定已无法满足经济发展与环境管理的现实需求,尤其是法律责任规定不明确、环境标准设置过低、环境违法行为处罚过轻、环境执法不严等问题的存在,严重影响了环境法律法规的执行效率与环境治理效果。为此,2014 年 4 月,第十二届全国人大常委会第八次会议修订通过了新《中华人民共和国环境保护法》(以下简称新《环保法》),并于 2015 年 1 月正式实施。2014 年底,环境保护部等发布《环境保护主管部门实施按日连续处罚办法》《环境保护主管部门实施查封、扣押办法》《环境保护主管部门实施限制生产、停产整治办法》《企业事业单位环境信息公开办法》《行政主管部门移送适用行政拘留环境违法案件暂行办法》等 5 个配套的环境管理办法。新《环保法》既规定了针对企业的按日计罚、查封扣押、限制生产、停产整治、移送拘留等严格的环境规制措施,同时也进一步强化行政监管部门的环境责任,被称为"史上最严环保法"。

  作为立法层面的强制命令型环境规制,新《环保法》中所涉及的具体规定的解释权依然归属于地方政府,环境法律的实际执行也由地方政府主导。但已有研究表明,地方政府在环境执法中普遍存在"非完全执行"现象,出于经济增长目标偏好,地方政府可能会对管辖区域内企业污染行为采取默许甚至包庇行为(Wang et al.,2003;郭峰 等,2017)。因此,2015 年 7 月,中央全面深化改革领导小组第十四次会议审议通过《环境保护督察方案(试行)》,并于 2016 年 1 月起,分四个批次对 31 个省、自治区和直辖市依次开展环保督察工作。中央生态环境保护督察由中央主导进行,强调"党政同责、一岗双责",将地方党委与政府一并作为督察对象,并将地区环境绩效与政府官员业绩考核直接挂钩。作为新《环保法》的重要补充,中央生态环境保护督察从执法层面强化了企业与地方政府履行环境责任的行为动机。这些强制命令型环境规制的实施极大提高了企业环境违规成本,从而约束企业的环境行为,同时也可能对企业生存带来影响。

随着近年来经济下行压力不断增强,强制命令型环境规制政策对实体经济的不利影响也逐步凸显,尤其是部分地区为了达到能耗与污染物排放的控制目标,甚至对部分企业采取拉闸限电、强制停产等极端措施,直接影响了企业正常的生产运营,给企业带来极大的生存风险。然而,现有文献大多数只关注强制命令型环境规制对企业环境行为(柳建华 等,2023)、技术创新(李志斌 等,2021;杨友才 等,2021)、绿色转型(崔广慧 等,2019;柳建华 等,2023)、自然环境(徐嘉祺 等,2023)等方面的影响,而忽视了其对企业运营尤其是企业生存所带来的负面冲击。

本章围绕强制命令型环境规制对高碳企业生存风险的影响展开理论与实证分析。首先,通过构建理论模型系统阐释强制命令型环境规制影响高碳企业生存风险的内在机制,基于此,分别以新《环保法》实施(立法层面)与中央生态环境保护督察(执法层面)作为切入点,实证检验强制命令型环境规制对高碳企业生存风险的影响效应、影响机制以及异质性效应。

5.1 强制命令型环境规制对高碳企业
生存风险的影响机制分析

作为环境保护强有力的政策工具,强制命令型环境规制会对高碳企业生存风险及其绿色转型产生重要影响。以新《环保法》及中央生态环境保护督察为典型代表,这类强制型环境规制通过明确的法律条文与严格的环境监管,构建了环境保护的刚性框架。新《环保法》不仅明确了政府、企业及公民在环境保护中的责任与义务,还设立了一系列制度措施以保障法律的执行,其对高能耗、高污染、高排放企业的环境行为构成了直接且强制性约束,迫使企业调整其生产行为,减少环境污染。而中央生态环境保护督察则是强化环境监管、推动环境政策落地的关键举措。中央生态环境保护督察通过自上而下的监督机制,对地方政府与污染企业实施全面严格的环境督察,能够有效提升环境规制政策法规的执行效率,促使环境质量提升。

然而,强制命令型环境规制在带来正向环境绩效的同时,也会给企业尤其是高碳企业的正常生产经营带来负向影响。一方面,这类强制命令型环境规制措施对企业提出了严格的排放标准要求,这将迫使高碳企业投入更多资源以满足环保部门的监管要求,企业一旦无法达到强制性环保标准,将面临来自政府或环保部门的严厉处罚,这些都会显著提升高碳企业生产运营成本及其所面临的生存风险。另一方面,强制命令型环境规制倒逼企业不断进行技术创新以提高生产效率,通过技术创新来实现经济效益与环境效益双赢,从而影响企业生存风险与绿色转型。

具体而言,以新《环保法》和中央生态环境保护督察等为代表的强制命令型环境规制主要通过运营成本与技术创新两种机制影响高碳企业生存风险。

在运营成本机制方面,新古典经济学派认为,强环境规制条件下,一方面环境标准未达标企业将会面临法律诉讼、违规处罚、被征收环保税等多种环境风险,给企业尤其是高碳企业带来额外的运营成本负担,从而不利于企业经营绩效提升与企业生存(Gollop et al.,1983;Testa et al.,2011;Kneller et al.,2012)。另一方面,强制命令型环境规制迫使高碳企业将更多的生产要素投入环境治理项目,使得企业将大量人力、物力和财力资源用于减排及污染物无害化处理,这将挤占企业正常的生产经营与投资资源,增加企业的运营成本,即产生显著的"遵循成本"效应,从而加剧企业生存风险。此外,强制命令型环境规制所引致的"遵循成本"会进一步挤占企业创新活动的资源投入,抑制企业创新活动的开展(Gray et al.,1998;Wagner,2007)。在强制性环境规制实施背景下,这种对创新活动的挤占会大大削弱企业长期竞争力,从而不利于企业生存。

在技术创新机制方面,波特假说认为,当政府对企业实施强度适当的环境规制时,能够促使企业增加研发和创新投入,从而降低企业生产成本并提升企业竞争力。企业通过工艺创新、产品创新与技术创新,能够一定程度上抵消环境规制所带来的成本增加的负向效应,进而在满足环境规制要求的同时提升企业竞争力(Porter et al.,1995;王班班等,2016)。已有文献研究表明,创新活动具有长周期、高度不确定性的特点,强制命令型环境规制所引致的创新活动增加在短期内可能会加剧企业生存风险(鲍宗客,2016)。此外,强制命令型环境规制要求企业加大绿色技术方向的技术创新,而高碳企业多数具有高能耗高污染等生产特征,高度缺乏绿色技术相关知识基础,这种研发方向的调整也会在短期内分散高碳企业研发资源配置,降低创新效率,增加创新失败风险,进而加剧企业生存风险。然而,在长期维度下,创新活动的开展则有助于提升企业市场竞争力并降低企业生存风险(鲍宗客,2016)。

与此同时,在强制命令型环境规制的不同阶段,企业也往往会采用差异化应对策略。在完善立法阶段,国家环保政策执行动态和强度尚不明确,企业未来面临着较大的环境政策不确定性,因此,企业在环保行为方面更加倾向于选择相对消极保守与被动的防御策略,主要表现为通过增加简单的污染物处理设备、缩减生产规模或停产等"治标式"行为满足当前的环保监管要求,这种"短视"行为虽然在短期内能够满足环境监管要求,但长期却会提高企业环境遵循成本,加剧企业生存风险。随着环境规制进入强制执法阶段,明确的政策信号将促使企业放弃观望态度,在环保行为方面则更加倾向于选择积极进取的主动策略,如通过加大研发投入进行技术创新,尤其是能够实现环境绩效和生产效率提升双重目标的绿色技术创新,以获得创新补偿优势,从而提高企业长期竞争力与生存概率。

基于此,本部分提出研究假设 H_1、H_2 和 H_3:

假设 H_1:新《环保法》实施总体上加剧了高碳企业生存风险。

假设 H_2:中央生态环境保护督察总体上降低了高碳企业生存风险。

假设 H_3:强制命令型环境规制通过运营成本机制和技术创新机制影响企业生存风险。

5.2 强制命令型环境规制对高碳企业生存风险影响的理论模型

5.2.1 消费者行为

根据 Khandelwal 等(2013)的相关研究,消费者的效用函数主要受到两种因素的影响:所消费产品的数量与产品的质量。假设不同类型产品之间的替代弹性是固定的,并将其记为 σ 且 $\sigma>0$,则消费者的效用函数可以表述为

$$U = \left[\int (q_i x_i)^{\frac{\sigma-1}{\sigma}} \mathrm{d}i \right]^{\frac{\sigma}{\sigma-1}} \tag{5-1}$$

其中,U 表示消费者的总效用,x_i 表示第 i 种产品的消费数量,q_i 表示第 i 种消费产品的质量。基于以上效用函数的基本设定,假设消费者均对消费产品存在绿色偏好,且某种消费产品绿色化程度越高,其带给消费者的效用就越高。假设用 θ_i 表示产品 i 的绿色化程度系数,且 $\theta_i>0$,考

虑到消费者对产品的绿色偏好,可以将消费者效用函数拓展为

$$U = \left[\int (\theta_i q_i x_i)^{\frac{\sigma-1}{\sigma}} \mathrm{d}i \right]^{\frac{\sigma}{\sigma-1}} \tag{5-2}$$

基于此,在消费者效用最大化条件下,消费者均衡消费数量(即需求曲线)可以表示为

$$x_i = \frac{p_i^{-\sigma} Y}{P^{1-\sigma} \theta_i^{1-\sigma} q_i^{1-\sigma}} \tag{5-3}$$

其中,与前文一致,x_i 表示第 i 种产品的消费数量或需求数量,p_i 表示第 i 种产品的市场价格,q_i 表示第 i 种消费产品的质量。此外,Y 表示消费者的总支出,P 表示所有产品的总体价格水平,且可以表示为

$$P = \left[\int p_i^{1-\sigma} \mathrm{d}i \right]^{\frac{1}{1-\sigma}} \tag{5-4}$$

5.2.2　生产者行为

基于马野青等(2023)的相关研究,企业生产某种产品的边际成本可以表示为

$$\mathrm{mc}_i = \frac{kc_i\tau_i}{\varphi} \tag{5-5}$$

其中,mc_i 表示生产第 i 种产品的边际成本,k 为常数项系数,c_i 表示生产一个单位的第 i 种产品所需要的各种生产要素成本,τ_i 表示销售每单位 i 产品产生的运输成本。除以上可变成本外,企业在生产与销售过程中会产生一系列固定成本,将其记作 F_i。因此,企业生产第 i 种产品所产生的经营利润可以表示为

$$\pi_i = p_i x_i - \mathrm{mc}_i x_i - F_i \tag{5-6}$$

进一步,考虑到企业在生产产品 i 的过程中因融资所产生的利息费用,用 r_i 表示企业借贷的利率水平,L_i 表示企业借贷的融资规模,则可以

将企业生产第 i 种产品所产生的经营利润进一步表示为

$$\pi_i = p_i x_i - \mathrm{mc}_i x_i - F_i - r_i L_i \tag{5-7}$$

根据市场均衡条件下产品的需求曲线及企业利润最大化的经营目标,令 $\dfrac{\partial \pi_i}{\partial p_i} = 0$,可以得出市场均衡条件下产品 i 的定价为

$$p_i = \frac{\sigma}{\sigma - 1}\left(\frac{kc_i\tau_i}{\varphi}\right) \tag{5-8}$$

因此,将公式(5-3)和公式(5-8)代入公式(5-7),可以得到市场均衡条件下企业生产销售第 i 种商品的利润函数为

$$\pi_i = (\sigma - 1)^{\sigma - 1}\sigma^{-\sigma}\left(\frac{\varphi q_i \theta_i P}{k\tau_i c_i}\right)^{\sigma - 1} Y - F_i - r_i L_i \tag{5-9}$$

为计算方便,令 $\delta = (\sigma - 1)^{\sigma - 1}\sigma^{-\sigma}$,则公式(5-9)可以简化为

$$\pi_i = \delta\left(\frac{\varphi q_i \theta_i P}{k\tau_i c_i}\right)^{\sigma - 1} Y - F_i - r_i L_i \tag{5-10}$$

5.2.3 高碳企业生存风险

随着各国政府对环境保护关注度的日益提升,高碳企业生存风险逐步增加。高碳企业不仅要面临产品市场的激烈竞争与市场波动风险,还要承担来自政府环境规制政策所带来的压力,使得高碳企业运营过程中需要承担更多污染治理、碳排放权购买以及环境违规处罚等额外的环境成本,这将直接压缩高碳企业的利润空间,而利润状况是高碳企业生存的决定性因素。随着经营利润的逐步下降,高碳企业面临的市场退出风险也将逐步提升,只有在企业利润超过生存的期望临界值的情况下,高碳企业才能在市场上得以生存。

基于此,本部分假定高碳企业面临的随机退出因素为 α,且该变量服从正态分布 $N(0, \zeta^2)$。该正态分布意味着 α 的取值可能大于、小于或等于零。正常情况下 $\alpha > 0$,即维持高碳企业生存要求有正的企业利

润;但也可能存在 $\alpha < 0$ 的特殊情况,如企业出于长期战略发展需求可能接受短暂的利润亏损。因此,高碳企业的生存概率 η_i^* 可以表示为

$$\eta_i^* = \Pr\{\pi_i - \alpha \geqslant 0\} = \Pr\{\pi_i \geqslant \alpha\} = \varphi(\pi_i) \tag{5-11}$$

其中,$\varphi(\pi_i)$ 为正态分布函数,其取值取决于企业利润 π_i 的大小。$\varphi(\pi_i)$ 表示高碳企业生存概率,其取值越大则表示企业面临的生存风险越低。结合公式(5-10)和公式(5-11),可将高碳企业生存概率 η_i^* 表示为

$$
\begin{aligned}
\eta_i^* &= \frac{1}{\sqrt{2\pi}\,\zeta} \int_{-\infty}^{\pi_i} \exp\left(-\frac{\pi_i^2}{2\zeta^2}\right) \mathrm{d}\pi_i \\
&= \frac{\delta Y}{2\pi\zeta} \int_{-\infty}^{\delta\left(\frac{\varphi q_i\theta_i P}{k\tau_i c_i}\right)^{\sigma-1} Y - F_i - r_i L_i} \exp\left\{-\frac{\left[\delta\left(\frac{\varphi q_i\theta_i P}{k\tau_i c_i}\right)^{\sigma-1} Y - F_i - r_i L_i\right]^2}{2\zeta^2}\right\} \mathrm{d}\left(\frac{\varphi q_i\theta_i P}{k\tau_i c_i}\right)^{\sigma-1}
\end{aligned}
\tag{5-12}
$$

通过对公式(5-12)中高碳企业生存概率与生产者、消费者行为的各相关变量分析可以得出:$\frac{\partial \eta_i^*}{\partial \varphi} > 0$,$\frac{\partial \eta_i^*}{\partial q_i} > 0$,且 $\frac{\partial \eta_i^*}{\partial \mathrm{mc}_i} < 0$,$\frac{\partial \eta_i^*}{\partial F_i} < 0$,$\frac{\partial \eta_i^*}{\partial r_i L_i} < 0$。由此可得,高碳企业生存概率会随着企业生产率与企业产品质量的提升而增加,且随着企业生产成本与融资成本的提升而下降,即生产率与产品质量提升会降低高碳企业生存风险,而生产成本与融资成本的上升则会加剧高碳企业生存风险。

5.2.4 强制命令型环境规制与高碳企业生存风险

根据前文的理论分析,强制命令型环境规制通过运营成本效应加剧了高碳企业生存风险,且通过创新补偿效应降低了高碳企业生存风险。为更加清晰地阐释强制命令型环境规制与高碳企业生存风险的关联机制,将强制命令型环境规制记作 mcer_i,基于此,本部分通过理论模型分析强制命令型环境规制对高碳企业生存风险的影响。

首先,强制命令型环境规制会导致高碳企业遵循成本上升,进而带来企业生产过程中的边际可变成本与固定成本增加,即 $\dfrac{\partial mc_i}{\partial mcer_i} > 0$,

$\dfrac{\partial F_i}{\partial mcer_i} > 0$。通过前文分析可知,$\dfrac{\partial \eta_i^*}{\partial mc_i} < 0$,$\dfrac{\partial \eta_i^*}{\partial F_i} < 0$,因此有 $\left(\dfrac{\partial \eta_i^*}{\partial mc_i}\right) \times$

$\left(\dfrac{\partial mc_i}{\partial mcer_i}\right) < 0$,$\left(\dfrac{\partial \eta_i^*}{\partial F_i}\right) \times \left(\dfrac{\partial F_i}{\partial mcer_i}\right) < 0$,即强制命令型环境规制会通过运营成本效应,引起边际成本与固定成本上升,从而导致高碳企业生存概率下降,加剧高碳企业生存风险。

其次,强制命令型环境规制还会带来创新补偿效应,促使高碳企业通过技术创新带来产品质量与生产率提升,以此抵消环境规制的负向影响,即 $\dfrac{\partial \varphi_i}{\partial mcer_i} > 0$,$\dfrac{\partial q_i}{\partial mcer_i} > 0$。通过前文分析可知,$\dfrac{\partial \eta_i^*}{\partial \varphi} > 0$,$\dfrac{\partial \eta_i^*}{\partial q_i} > 0$,

因此可得,$\left(\dfrac{\partial \eta_i^*}{\partial \varphi_i}\right) \times \left(\dfrac{\partial \varphi_i}{\partial mcer_i}\right) > 0$,$\left(\dfrac{\partial \eta_i^*}{\partial q_i}\right) \times \left(\dfrac{\partial q_i}{\partial mcer_i}\right) > 0$,即强制命令型环境规制会倒逼高碳企业进行技术创新,通过创新补偿效应提升企业生产率、企业产品质量与市场竞争力,从而提高高碳企业生存概率,降低高碳企业生存风险。

5.3 新《环保法》实施对高碳企业 生存风险影响的实证分析

本节基于 2015 年新《环保法》实施这一准自然实验,通过收集 2009—2020 年沪深两市上市公司样本的相关数据,围绕新《环保法》实施对高碳企业生存风险的影响展开实证分析。首先,本节检验了新《环保法》实施对高碳企业生存风险的影响效应。在此基础上,利用中介效应模型,对新《环保法》实施影响高碳企业生存风险的运营成本机制与技术创新机制进行检验。最后,从产权异质性、企业经济影响力及地方政府环境关注度等多个维度进行异质性效应检验。

5.3.1 研究数据与研究设计

5.3.1.1 样本选择与数据来源

由于新《环保法》实施的时间为 2015 年,为研究该法律实施对高碳企业生存风险的影响,本节选取 2009—2020 年沪深两市非金融上市企业为初始样本,在此基础上,剔除了考察期内被 ST、*ST、PT 及大量数据缺失的企业样本,最终获得 16236 个年度观测值。为了避免极端值对实证结果的干扰,本节对所有连续性变量在 1% 和 99% 分位水平上进行缩尾处理。各指标数据主要来自国泰安数据库(CSMAR)与万得数据库(WIND)。

5.3.1.2 变量定义

(1)被解释变量:企业生存风险(Srisk)

生存风险是指企业因受到外在宏观因素或微观个体因素的影响,发生不能够持续经营而退出市场的可能性。已有文献多基于中国工业企业数据库,利用生存模型,选取企业在市场中存活的时间、企业存活率、企业存活状态虚拟变量等指标对企业生存风险进行度量,然而,基于给定数据库信息,利用生存模型计算企业在市场中的存活时间时,将面临数据左侧删失和右侧删失问题。左侧删失指无法获知比样本数据时间更早年份的企业经营状态,例如,如果某个企业在 1998 年正常经营,但实际上我们并不清楚该企业开始经营的确切年份。右侧删失指无法获得样本期之后年份的企业经营状态信息,例如,如果某个企业在 2007 年正常经营,我们则无法知道企业在下一年是否仍然正常经营。考虑到数据库样本类型及年份限制,导致对企业存活时间与企业存活率计算结果产生偏差。另外,根据企业当期年份是否存活设定虚拟变量的做法则过于粗略,无法观测企业生存状况的连续状态。因此,考虑到以上度量指标存在的缺陷,本节拟参照 Altman(2000)的研究思路,采用 Altman-Z 分值衡量企业生存风险。Altman-Z 分值根据公司的盈利能力、杠杆、流动性、偿债能力和收入活动等来预测公司陷入财务困境及破产的可能性。该指标为衡量生存风险的负向指标,其分值越低,代表该公司陷入财务困境及破产的可能性越大,即公司面临更加严重的生存威胁和较高的生存风险。为了更好地理解环境规制的实施对高碳企业生存风险的影响,本节将 Altman-Z 值取负值转换为度量企业生存风险的正向指标 Srisk,即该指标越大,表示企业面临的生存风险越高。

(2)解释变量:2015 年新《环保法》实施(Treat×Post)

2015 年 1 月 1 日起施行的《中华人民共和国环境保护法》进一步明确了政府对环境保护的监督管理职责,完善了生态保护红线、污染物总量控制等制度,强化了企业的污染防治责任,加大了对环境违法行为的法律制裁,被称为"史上最严环保法"。2008 年 6 月环保部印发的《上市公司环保核查行业分类管理名录》将火电、钢铁、水泥、电解铝、煤炭、冶金、建材、采矿、化工、石化、制药、轻工、纺织、制革等 14 个行业列为重污染行业,并作为环保核查的重点对象。与此同时,在前文 4.2 节中,基于国家统计局发布的《国民经济行业分类》标准,本书计算了 1997—2022 年各行业碳排放量占碳排放总量的比重,并从高到低进行排序,发现碳排放量占比位列前八位的行业分别为电力、热力生产和供应业,黑色金属冶炼及压延加工业,非金属矿物制品业,化学原料及化学制品制造业,石油加工、炼焦及核燃料加工业,煤炭开采和洗选业,有色金属冶炼及压延加工业,石油和天然气开采业,且以上八个行业碳排放量在碳排放总量中的占比高达 94.87%,因此,本研究将以上八个行业界定为高碳行业。通过对《上市公司环保核查行业分类管理名录》中规定的重污染行业和基于《国民经济行业分类》标准划分的八大高碳行业进行对比发现,以上八大高碳行业均属于重污染行业范畴。考虑到新《环保法》的实施对重污染行业企业、高碳行业企业的环境行为均产生直接的规制效应,为保证研究结果的可靠性,本部分依次将上市公司样本划分为重污染企业组和非重污染企业组、高碳企业组和非高碳企业组进行实证分析。

本部分首先设定组别虚拟变量 Treat,如果样本企业属于重污染行业或八大高碳行业,则该变量取值为 1;相反,如果该企业不属于重污染行业或八大高碳行业,则该变量取值为 0。其次,设定政策虚拟变量 Post。新《环保法》实施的时间为 2015 年 1 月 1 日,该变量在 2015 年之前赋值为 0,2015 年及之后赋值为 1。

（3）控制变量

除上述变量以外,借鉴许家云等（2016）、张小茜等（2017）的做法,本节从企业微观特征及所处行业特征选取若干控制变量,考察新《环保法》实施对高碳企业生存风险的影响效应。

①企业规模（Lnsize）。企业规模包括企业拥有员工数量、企业资产规模等,是企业经营规模和资金实力的最直接体现,也是企业开拓市场与创造利润的基础。一方面,规模较大的企业与规模较小的企业相比,更加容易实现生产过程中的规模经济,从而降低单位生产运营成本,提高企业的盈利能力;另一方面,大规模制造企业通常拥有较多的固定资产,使其在银行贷款过程中更容易获得信贷融资,从而缓解企业融资约束,减少企业生产运营过程中资金链断裂风险,提高企业生存概率。另外,大规模企业更容易与客户之间建立信任关系,从而有利于企业拓展市场规模,有利于企业长期生存。本书将对样本公司总资产规模取对数后的值作为企业规模的度量指标。

②杠杆率（Lev）。企业融资包括内源融资和外源融资两种渠道,杠杆率是衡量企业资本结构的重要指标。较高的杠杆率意味着在企业资金来源中负债比例较高,企业在未来将面临较大的还本付息压力,虽然合理地使用杠杆有利于企业为新增投资进行融资,从而扩大生产规模,同时,债务利息也能够通过税收抵扣提高企业价值,但是当外部宏观环境或市场环境发生波动时,也会增加企业未来偿债压力以及现金流断裂风险,从而加剧外部冲击下企业生存风险。本书选取资产负债率指标衡量企业杠杆率。

③企业盈利能力（Roe）。盈利是企业经营的重要目标,也是企业选择进入或退出市场的重要驱动力。如果企业在经营过程中出现盈利状况不佳甚至持续亏损,则将导致企业面临严重的生存威胁。本书选取净资产收益率指标衡量企业盈利能力。

④资本密集度（Capital）。资本密集度用于衡量企业在生产过程中

资本投入的比重。通常情况下，需要大量资本投入的重工业和高新技术企业拥有较高的资本密集度，而需要大量人力资本投入的轻工业和服务业企业拥有较低的资本密集度。较高的资本密集度意味着企业需要大量的资本性投入，同时也能够提高企业生产效率和市场竞争力，减少企业运营过程中面临的生存风险。本书选取企业固定资产与企业员工人数的比值来度量资本密集度。

⑤全要素生产率（TFP）。全要素生产率是指在一定时间内企业的产出与资本、劳动、能源等综合要素投入之比，反映了企业资源配置状况、生产的技术水平、生产的组织管理水平、劳动者对生产经营活动的积极性，以及经济制度与各种社会因素对生产活动的影响程度。全要素生产率提高意味着企业单位投入的产出量增加与市场竞争力提升，企业生存风险降低。关于全要素生产率的计算，最常用的方法有索洛余值法、LP 估计法、OP 估计法等。索洛余值法假设条件太过理想化且数据处理过程简单，内生性和选择性偏差等问题会导致全要素生产率计算偏误，而 LP 估计法和 OP 估计法等半参数方法能够较好地解决内生性和样本选择问题。在实践中，对投资的估算具有一定的困难，且投资与生产率之间可能并不满足单调性条件，导致 OP 法并不满足一致性条件。本书选择采用 LP 估计法的计算结果来度量企业全要素生产率。

⑥现金流状况（Cflow）。现金流反映了企业运营过程中资金流入和流出状况，是企业生存与发展的重要财务基础与保障，也是企业市场价值的直接体现。现金流出现问题可能会导致企业因资金链断裂而陷入财务困境，直接威胁到企业的生存。本书采用企业经营活动产生的现金流净额除以总资产计算得到的现金流量比率衡量企业现金流状况。

⑦企业成长性（Growth）。成长性是企业实现经营利润和持续发展的重要基础，是企业附加值不断增加、企业不断增值的能力。高成长性有助于企业未来获得更强的市场竞争力，从而提高企业生存概率。本书选取企业营业收入增长率度量企业成长性。

⑧企业年龄（Age）。企业年龄是企业发展的重要指标，反映企业

的发展历史、稳定性和成熟度。但并非企业年龄越大,生存风险就越低,部分企业可能成立时间不长,但其因拥有技术优势而发展迅速,而部分企业可能成立时间较早,但其因发展策略保守而增长缓慢。本书通过当年年份减去企业成立年份的差值加 1 取对数来计算企业年龄。

⑨公司治理结构(Top1)。公司治理结构是指由所有者、董事会和高级经理人员三者组成的一种组织结构,也是所有者即股东对企业的经营管理和绩效进行监督与控制的相关制度安排。良好的公司治理结构能够有效协调企业内部各相关利益主体之间的关系,有助于企业实现资源优化配置和效率提升,提高企业的经营业绩与核心竞争力,增强企业自身的抗风险能力,从而有利于企业生存。本书采用样本公司第一大股东的持股比重来度量公司治理结构。

⑩企业产权性质(Govcon)。国有企业与非国有企业除了产权性质的差别外,在经营目标、管理方式以及投融资活动等方面也都存在明显的差异。相较于民营企业,一方面,国有企业因其有国家信用作为担保,在其经营过程中面临的融资约束及资金链断裂风险相对较小;另一方面,国有企业在经营过程中往往受到政府行政干预,使其更加偏向于稳健的投资与发展策略,从而降低企业生存风险。本书通过设置虚拟变量度量企业产权性质。

⑪行业竞争状况(HHI)。行业竞争状况直接关系到企业的生存与发展。一方面,激烈的行业竞争增加了企业运营成本,提高了企业拓展市场的难度,也可能导致企业内部流动性不足而陷入生存困境;另一方面,市场竞争也会倒逼企业更加关注市场变化,通过产品和服务创新提升企业生产效率和市场竞争力,从而增加企业市场存活概率。本书选取赫芬达尔-赫希曼指数(HHI)度量企业所处行业的竞争状况。HHI指数通过计算一个产业内各个企业市场份额的平方和来评估市场集中度和行业竞争度,当市场上有更多的企业且规模相近时,HHI值较小,表明市场集中度较低,市场竞争越激烈;相反,当市场集中于少数几家大型企业时,HHI值较大,表明市场集中度较高,市场竞争度较弱。

上述变量及相关说明详见表 5-1。

表 5-1　新《环保法》与高碳企业生存风险的相关变量说明

变量类型	变量名称	变量符号	变量的含义与说明
被解释变量	企业生存风险	Srisk	将 Altman-Z 值取负值作为度量企业生存风险的正向指标,该指标越大,表示企业面临的生存风险越高
解释变量	组别虚拟变量	Treat	如果该企业属于重污染或高碳企业,则该值为 1,相反,如果该企业不属于重污染或高碳企业,则该值为 0
	政策虚拟变量	Post	根据新《环保法》实施的时间进行划分,政策实施前即 2015 年之前该值为 0,2015 年及之后该值为 1
	组别虚拟变量与政策虚拟变量的交互项	Treat×Post	如果样本属于重污染或高碳行业且在 2015 年及之后,该值为 1,其他情况均为 0
控制变量	企业规模	Lnsize	企业总资产取自然对数
	杠杆率	Lev	资产负债率=总负债/总资产
	盈利能力	Roe	净资产收益率=企业净利润/企业净资产
	资本密集度	Capital	资本密集度=企业固定资产/企业员工人数
	全要素生产率	TFP	根据 LP 法计算的全要素生产率
	现金流状况	Cflow	现金流量比率=企业经营活动产生的现金流净额/总资产
	企业成长性	Growth	营业收入增长率=(当年营业收入-上年营业收入)/上年营业收入
	企业年龄	Age	当年年份减去企业成立年份的差值加 1 后取自然对数
	公司治理结构	Top1	公司第一大股东的持股占比
	企业产权性质	Govcon	根据是否属于国有企业设置,国有企业为 1,非国有企业为 0
	行业竞争	HHI	HHI 指数

5.3.1.3 模型的构建

本书利用新《环保法》实施这一准自然实验,使用双重差分法(DID)对强制命令型环境规制对高碳企业生存风险的影响进行研究。新《环保法》实施对于重污染企业与高碳企业而言具有很强的独立性,是一个典型的外生事件冲击。通过设置《环保法》实施前后的政策虚拟变量与组别虚拟变量,能够清晰地比较政策实施对实验组和对照组样本企业生存风险影响的净效应,从而科学客观地评价该法律的实施对重污染企业与高碳企业的影响。同时,双重差分法能够有效克服反向因果、遗漏变量等带来的内生性问题,增加估计的精确性与可靠性。本章的具体双重差分(DID)模型设定如下:

$$Srisk_{it} = \beta_0 + \beta_1 Treat_i + \beta_2 (Treat_i \times Post_t) + \beta_3 Post_t +$$
$$\sum Controls_{it} + \varepsilon_{it} \qquad (5\text{-}13)$$

式中,i 表示企业个体;t 表示年份;Srisk 表示企业 i 在 t 时刻的生存风险;Treat 表示组别虚拟变量,标识企业是否属于实验组,当样本企业属于实验组时该变量取值为 1,相反,当样本企业属于对照组时该变量取值为 0;Post 表示政策虚拟变量,标识时间在新《环保法》实施之前还是之后,当样本观测值处于新《环保法》实施之前,该变量取值为 0,当样本观测值处于新《环保法》实施当年及之后年份,该变量取值为 1;Controls 表示一系列控制变量,具体包括企业规模(Lnsize)、杠杆率(Lev)、净资产收益率(Roe)、资本密集度(Capital)、全要素生产率(TFP)、现金流状况(Cflow)、企业成长性(Growth)、企业年龄(Age)、公司治理结构(Top1)、企业产权性质(Govcon)、行业竞争(HHI)等;ε 表示随机干扰项。本章节主要关注交叉项 Treat×Post 的回归系数 β_2,该系数表示新《环保法》实施对企业生存风险影响的净效应,即如果交叉项 Treat×Post 的回归系数 β_2 为正,则表示新《环保法》实施显著加剧了重污染企业与高碳企业的生存风险。

基于以上模型设定,本部分依次进行了如下实证检验。首先,分别以《上市公司环保核查行业分类管理名录》与碳排放占比为分组标准,划分实验组和对照组；其次，根据公式（5-13）中的双重差分模型，在控制行业固定效应、时间固定效应与地区固定效应的基础上，系统检验新《环保法》实施对重污染企业与高碳企业生存风险的影响效应与影响机制，并从多个维度对基准回归结果进行稳健性检验；最后，对新《环保法》实施对高碳企业生存风险影响的异质性效应进行检验。

5.3.2 新《环保法》实施对高碳企业生存风险的影响效应检验

新《环保法》实施对重污染企业与高碳企业生存风险的影响效应检验结果列示于表5-2。

表 5-2　新《环保法》实施对重污染企业与高碳企业生存风险的影响效应检验

变量	（1）重污染企业	（2）高碳企业
	Srisk	Srisk
Treat×Post	0.605*	0.448***
	(1.956)	(2.641)
Lnsize	1.568***	1.537***
	(12.436)	(12.550)
Lev	14.301***	14.360***
	(29.575)	(29.271)
Roe	−1.920***	−2.051***
	(−5.980)	(−6.516)
Capital	−0.512***	−0.504***
	(−5.722)	(−5.700)
TFP	−1.539***	−1.547***
	(−8.258)	(−8.533)
Cflow	−7.307***	−7.414***
	(−9.270)	(−9.360)
Growth	0.103	0.115
	(1.151)	(1.331)

续表

变量	(1)重污染企业 Srisk	(2)高碳企业 Srisk
Age	−0.816***	−0.812***
	(−7.663)	(−7.707)
Top1	−0.006	−0.006
	(−1.366)	(−1.384)
Govcon	−0.191	−0.171
	(−1.223)	(−1.095)
HHI	−0.576	−1.048**
	(−1.202)	(−2.116)
Constant	−21.397***	−20.562***
	(−13.849)	(−13.469)
Industry FE	是	是
Year FE	是	是
Regional FE	是	是
Observations	16236	16236
R-squared	0.476	0.478

注:括号中数值为 t 值,***、** 和 * 分别表示在 1%、5% 和 10% 的水平上显著。后文相同符号含义相同,不再逐一说明。

表 5-2 回归结果显示,在列(1)和列(2),无论是按照《上市公司环保核查行业分类管理名录》划分的重污染企业与非重污染企业组,还是按照《国民经济行业分类》标准与碳排放占比划分的高碳企业组与非高碳企业组,其交叉项 Treat×Post 的回归系数均显著为正,而 Srisk 为经调整后的度量企业生存风险的正向指标,说明新《环保法》的实施显著加剧了重污染企业与高碳企业的生存风险,从而验证了假设 H₁ 的观点。作为"史上最严"的环境法律法规,2015 年新《环保法》于 2015 年 1 月 1 日起正式实施。然而,新《环保法》实施在显著改善环境绩效的同时,也会直接影响重污染企业与高碳企业的正常生产经营。一方面,严格的污染物排放标准迫使污染企业与高碳企业加大环保设施投入与污

染治理支出,从而提高了企业生产运营成本,对于环境未达标企业而言,则将面临来自政府或环保部门的高额罚金,甚至导致企业生产经营中断等经营风险,这些都会显著提升这类企业生产运营成本及其所面临的生存风险。

另一方面,在新《环保法》实施的完善立法阶段,企业在环保行为方面更加倾向于选择增加污染物处理设备、缩减生产规模等相对消极保守的应对策略,其行为往往具有明显的"短视"特征,进行长期技术创新的行为动机不足,该法律的实施也使得重污染与高碳企业面临更大的市场竞争压力,面临因无法适应新的市场需求而被淘汰的风险。此外,部分地方政府为了达到环境考核目标,不考虑污染企业与高碳企业性质、生产活动重要性等,对管辖区域内企业采取拉闸限电、强制停产等极端粗暴的"一刀切"式管理措施,直接干扰了企业正常的生产运营,增加企业的沉没成本,导致订单无法按时交付、供应链与资金链断裂等问题,给企业带来极大的生存风险。如 2018 年 8 月,陕西省宝鸡市部分县区对刚刚排查列入"散乱污"清单的企业,全部实施停产整治,并对部分企业强行拉闸断电。2019 年 9 月,山东省临沂市兰山区及部分街镇为减少空气污染,要求辖区 400 余家板材企业集中停产。因此,生态环境部陆续印发《关于进一步强化生态环境保护监管执法的意见》《禁止环保"一刀切"工作意见》等文件,明确提出严格禁止"一律关停""先停再说"等懒政做法,坚决避免以生态环境保护为借口紧急停工、停业、停产等简单粗暴行为所带来的企业生存风险。

5.3.3 新《环保法》实施对高碳企业生存风险的影响机制检验

表 5-2 的基准回归结果显示,总体而言,新《环保法》实施显著加剧了高碳企业生存风险。那么新《环保法》实施对高碳企业生存风险的影响机制是什么?根据 5.1 节与 5.2 节中关于强制命令型环境规制对高碳企业生存风险的影响机制分析及理论模型可知,强制命令型环境规制能够通过激励技术创新降低高碳企业生存风险,以及通过增加高碳企业运营成本导致企业生存风险上升。本部分将通过中介效应模型对

以上两种影响机制进行实证检验。具体模型形式设定如下：

$$\text{Inter}_{it} = \alpha_0 + \alpha_1 \text{Treat}_i + \alpha_2 (\text{Treat}_i \times \text{Post}_t) + \alpha_3 \text{Post}_t +$$
$$\sum \text{Controls}_{it} + \varepsilon_{it} \tag{5-14}$$

$$\text{Srisk}_{it} = \delta_0 + \delta_1 \text{Treat}_i + \delta_2 (\text{Treat}_i \times \text{Post}_t) + \delta_3 \text{Inter}_{it} +$$
$$\delta_4 \text{Post}_t + \sum \text{Controls}_{it} + \varepsilon_{it} \tag{5-15}$$

式中，Inter 表示影响企业生存风险的中介变量——企业运营成本或企业技术创新，其他变量含义与前文模型(5-13)中的一致。与前文类似，本部分主要关注模型(5-14)、(5-15)中交互项 Treat×Post 的回归系数 α_2 与中介变量 Inter 的回归系数 δ_3。若回归系数 α_2 显著为正，则说明新《环保法》实施对中介变量存在显著的正向影响；反之，若回归系数 α_2 显著为负，则说明该政策对中介变量存在显著的负向影响。若回归系数 δ_3 显著为正，则说明中介变量对企业生存风险存在显著的正向影响；反之，若回归系数 δ_3 显著为负，则说明中介变量对企业生存风险存在显著的负向影响。

5.3.3.1 运营成本机制检验

根据前文 5.1 节和 5.2 节中的理论分析可知，强制命令型环境规制一定程度上提高了高碳企业的运营成本。为满足环境法律法规关于高碳企业节能减排的相关要求，企业需要投入更多资金购买符合环保标准的设备以及进行技术改造，减少化石能源的使用，增加清洁能源的使用，加强污染治理等。另外，企业还将面临更重的与环保相关的税费负担，如排污费、环境税等，这些都会增加企业的固定成本和可变成本，从而降低高碳企业利润，增加其生存风险。本部分分别用企业生产成本占总资产的比重(Pro_cost)、企业营业成本占总资产的比重(Op_cost)来衡量企业运营成本，检验新《环保法》实施是否通过增加运营成本而加剧高碳企业生存风险。表 5-3 列示了运营成本机制的检验结果。

表 5-3　新《环保法》与高碳企业生存风险:运营成本机制的检验

变量	(1)生产成本	(2)生存风险	(3)营业成本	(4)生存风险
	Pro_cost	Srisk	Op_cost	Srisk
Treat×Post	0.009*	0.243	0.025***	0.406**
	(1.716)	(1.370)	(4.455)	(2.398)
Pro_cost		1.089*		
		(1.718)		
Op_cost				1.750***
				(2.961)
Lnsize	−0.137***	1.693***	−0.133***	1.774***
	(−34.778)	(11.284)	(−31.908)	(13.306)
Lev	0.144***	14.093***	0.148***	14.091***
	(11.422)	(28.070)	(11.865)	(29.694)
Roe	−0.122***	−1.783***	−0.091***	−1.883***
	(−10.957)	(−5.241)	(−8.302)	(−5.842)
Capital	−0.014***	−0.498***	−0.012***	−0.486***
	(−5.047)	(−5.155)	(−4.840)	(−5.291)
TFP	0.250***	−1.834***	0.245***	−1.982***
	(38.914)	(−7.410)	(35.508)	(−8.874)
Cflow	0.017	−6.965***	0.041*	−7.495***
	(0.713)	(−8.499)	(1.685)	(−9.414)
Growth	−0.007**	0.078	−0.020***	0.151*
	(−2.377)	(0.926)	(−6.561)	(1.747)
Age	0.008**	−0.710***	0.013***	−0.834***
	(2.267)	(−6.077)	(3.961)	(−7.915)
Top1	0.000**	−0.008*	0.000***	−0.007
	(2.542)	(−1.684)	(3.019)	(−1.581)
Govcon	0.011**	−0.195	0.021***	−0.206
	(2.241)	(−1.211)	(3.834)	(−1.315)

续表

变量	(1)生产成本	(2)生存风险	(3)营业成本	(4)生存风险
	Pro_cost	Srisk	Op_cost	Srisk
HHI	0.046***	−0.803	−0.015	−1.027**
	(3.200)	(−1.629)	(−1.085)	(−2.056)
Constant	0.091**	−20.840***	−0.040	−20.491***
	(2.005)	(−13.138)	(−0.861)	(−13.390)
Industry FE	是	是	是	是
Year FE	是	是	是	是
Regional FE	是	是	是	是
Observations	16326	16326	16326	16326
R-squared	0.794	0.480	0.778	0.479

表 5-3 中列(1)和列(3)分别显示了新《环保法》实施对高碳企业生产成本与营业成本影响的估计结果,回归结果显示,交叉项 Treat×Post 的回归系数分别为 0.009、0.025,且在 10% 与 1% 水平上显著为正,说明新《环保法》的实施显著提高了高碳企业运营成本,从而对企业利润带来负向冲击。表 5-3 中列(2)和列(4)分别显示了企业生产成本与营业成本对高碳企业生存风险影响的估计结果,回归结果显示,变量 Pro_cost 与 Op_cost 的回归系数分别为 1.089、1.750,且在 10% 与 1% 水平上显著为正,说明运营成本增加显著降低了企业盈利能力与生存概率,从而加剧了高碳企业生存风险。由此可见,新《环保法》实施显著提高了高碳企业运营成本,进而加剧其生存风险,假设 H_3 中新《环保法》实施影响高碳企业生存风险的运营成本机制得到验证。

5.3.3.2 技术创新机制检验

根据前文 5.1 节和 5.2 节中的理论分析可知,环境规制具有显著的"波特效应",即适当的环境规制政策能够激励企业技术创新活动的开展并提高生产力,从而抵消由环境规制带来的额外成本,甚至为企业带来更多盈利的可能。强制命令型环境规制背景下,高碳企业为了降低生产成本、提高生产效率并满足环保要求,可能会通过加大研发投入,推动低碳技术和绿色产品的开发。而技术创新能够提升企业的生产效率和产品质量,有助于高碳企业开拓新的市场领域,从而增强企业的市场竞争力。而竞争力的提升则有助于企业在市场中获得更大的份额和更高的利润,进而降低生存风险。本部分分别用企业研发投入在营业收入中的占比(Innov_ratio)、年度专利申请总数(Innov_apply)、绿色专利数量(Green_apply)来衡量企业技术创新活动的创新投入、创新产出及创新方向,检验新《环保法》实施是否通过促进技术创新而降低高碳企业生存风险。表 5-4 列示了技术创新机制的检验结果。

表 5-4 新《环保法》与高碳企业生存风险:技术创新机制的检验

变量	(1) 研发投入 Innov_ratio	(2) 生存风险 Srisk	(3) 专利总数 Innov_apply	(4) 生存风险 Srisk	(5) 绿色专利 Green_apply	(6) 生存风险 Srisk
Treat×Post	0.421*	0.185	0.215*	0.236	0.068*	0.328*
	(1.952)	(0.963)	(1.789)	(0.867)	(1.853)	(1.844)
Innov_ratio		−18.403***				
		(−6.951)				
Innov_apply				−0.060**		
				(−2.137)		
Green_apply						−0.122**
						(−2.272)
Lnsize	0.083*	1.439***	0.612***	1.718***	0.193***	1.593***
	(1.860)	(10.987)	(9.435)	(8.470)	(9.702)	(12.628)
Lev	0.105	14.071***	−0.594***	15.510***	0.065	14.313***
	(0.469)	(27.769)	(−2.874)	(24.204)	(1.017)	(29.319)
Roe	0.080	−2.062***	0.290	−2.678***	0.165***	−1.929***
	(0.212)	(−5.807)	(1.424)	(−4.648)	(3.956)	(−6.041)
Capital	0.078	−0.392***	−0.125***	−0.739***	−0.006	−0.506***
	(0.797)	(−3.579)	(−3.207)	(−4.255)	(−1.147)	(−5.776)

续表

变量	（1） 研发投入 Innov_ratio	（2） 生存风险 Srisk	（3） 专利总数 Innov_apply	（4） 生存风险 Srisk	（5） 绿色专利 Green_apply	（6） 生存风险 Srisk
TFP	−0.037	−1.483***	−0.122	−1.848***	0.038*	−1.532***
	(−0.508)	(−6.835)	(−1.330)	(−5.613)	(1.668)	(−8.344)
Cflow	−1.338	−8.374***	0.876**	−10.079***	0.275**	−7.219***
	(−0.998)	(−9.152)	(2.115)	(−8.175)	(2.459)	(−9.206)
Growth	0.006	0.097	−0.155***	0.189	−0.083***	0.089
	(0.171)	(1.057)	(−2.677)	(1.552)	(−6.634)	(1.025)
Age	−0.084	−0.804***	0.012	−0.631***	−0.124***	−0.829***
	(−0.665)	(−7.308)	(0.207)	(−4.877)	(−6.794)	(−7.740)
Top1	−0.003	−0.009*	0.004	0.003	−0.002**	−0.006
	(−1.003)	(−1.787)	(1.394)	(0.477)	(−2.454)	(−1.306)
Govcon	0.008	−0.364**	0.427***	−0.627***	0.081**	−0.183
	(0.041)	(−2.148)	(4.117)	(−2.638)	(2.403)	(−1.175)
HHI	−0.252	−0.549	0.124	0.329	−0.014	−0.682
	(−1.184)	(−0.888)	(0.469)	(0.606)	(−0.217)	(−1.411)
Constant	−1.057	−18.439***	−9.593***	−21.088***	−4.061***	−21.956***
	(−0.863)	(−10.942)	(−10.627)	(−9.869)	(−10.941)	(−13.957)
Industry FE	是	是	是	是	是	是
Year FE	是	是	是	是	是	是
Regional FE	是	是	是	是	是	是
Observations	16236	16236	16236	16236	16236	16236
R-squared	0.006	0.489	0.181	0.489	0.239	0.476

表 5-4 中列（1）显示了新《环保法》实施对高碳企业研发投入影响的估计结果，回归结果显示，交叉项 Treat×Post 的回归系数为 0.421，且在 10％水平上显著为正，说明新《环保法》的实施显著促进了高碳企业研发投入在营业收入中占比的提升，有效激励了高碳企业技术创新活动的开展。列（2）显示了研发投入对高碳企业生存风险影响的估计结

果,回归结果显示,变量 Innov_ratio 的回归系数为 -18.403,且在 1% 水平上显著为负,说明通过加大研发投入,能够显著降低高碳企业生存风险。

列(3)显示了新《环保法》实施对高碳企业创新产出影响的估计结果,回归结果显示,交叉项 Treat×Post 的回归系数为 0.215,且在 10% 水平上显著为正,说明新《环保法》的实施显著促进了高碳企业专利申请数量的提升,有利于高碳企业技术创新产出的增加。列(4)显示了专利申请数量对高碳企业生存风险影响的估计结果,回归结果显示,变量 Innov_apply 的回归系数为 -0.060,且在 5% 水平上显著为负,说明创新产出的增加有效提升了企业生产运营效率,从而显著降低高碳企业生存风险。综上所述,新《环保法》实施通过促进高碳企业创新投入与创新产出,进而降低其生存风险,假设 H_3 中新《环保法》实施影响高碳企业生存风险的技术创新机制得到验证。

列(5)显示了新《环保法》实施对高碳企业绿色技术创新影响的估计结果,回归结果显示,交叉项 Treat×Post 的回归系数为 0.068,且在 10% 水平上显著为正,说明新《环保法》的实施显著提升了高碳企业绿色专利的数量,有效激励了高碳企业绿色技术创新活动的开展。列(6)显示了绿色技术创新对高碳企业生存风险影响的估计结果,回归结果显示,变量 Green_apply 的回归系数为 -0.122,且在 5% 的水平上显著为负,说明绿色技术创新有效提升了企业生产效率与环境效率,显著降低了高碳企业生存风险。因此,新《环保法》实施显著促进高碳企业创新方向绿色化,进而降低其生存风险,假设 H_3 中新《环保法》实施影响高碳企业生存风险的技术创新机制再次得到验证。

综上所述,新《环保法》的实施总体上显著加剧了高碳企业生存风险。在影响机制方面,该法律的实施通过提高运营成本加剧了高碳企业生存风险,同时,通过促进高碳企业研发投入、创新产出及创新方向绿色化,降低了高碳企业生存风险,总体上企业运营成本增加带来的负向效应大于技术创新能力提升带来的正向效应。这也说明在强制命令型环境规制的完善立法阶段,企业在环保行为方面更加倾向于选择相对消极保守的应对策略,如通过增加简单污染物处理设备、缩减生产规模或停产等方式满足当前环保监管要求,该环保短视行为导致企业环境遵循成本增加,从而使得环境规制的运营成本效应大于技术创新效应,从而加剧高碳企业生存风险。

5.3.4 新《环保法》实施对高碳企业生存风险影响的稳健性检验

5.3.4.1 平行趋势检验

使用双重差分模型(DID)的一个重要前提条件是实验组和对照组满足"共同趋势假设",即在新《环保法》实施之前,实验组和对照组企业的生存风险状况相似。本书参考 Beck 等(2010)的研究思路,以 2015年新《环保法》实施为时间分界点,增加在新《环保法》实施前 4 年和实施后 3 年的组别虚拟变量和时间虚拟变量的交互项进行平行趋势检验。其中,Post 在表示对应年份时取值为 1,否则取值为 0,其他指标含义与公式(5-13)中相同。具体模型形式设定如下:

$$\text{Srisk}_{it} = \beta_0 + \sum_{t=-4}^{t=3} \beta_j (\text{Treat}_i \times \text{Post}_t) + \sum \beta \text{Control}_{it} + \varepsilon_{it}$$

$$(5\text{-}16)$$

图 5-1 显示了新《环保法》实施与企业生存风险的平行趋势检验结果。结果显示,在 2015 年之前,实验组与对照组企业生存风险并没有显著差异,而在 2015 年之后,实验组与对照组企业生存风险出现显著差异。同时,估计系数的显著性也表明,在 2015 年之前,政策虚拟变量与组别虚拟变量之间交叉项的估计系数并不显著,但在 2015 年及之后3 年通过了 10% 的显著性水平检验,这一结论表明平行趋势假设成立,从而保证了回归结果的稳健性。

5.3.4.2 安慰剂检验

实验组与对照组企业在生存风险方面的差异也可能是由其他不可观测的微观企业特征造成的。本部分参照 Chetty 等(2009)的做法,采用随机生成高碳企业实验组的方法进行安慰剂试验。首先,随机生成

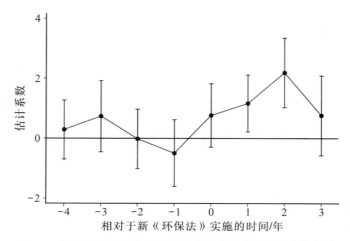

图 5-1　新《环保法》实施与高碳企业生存风险的平行趋势检验

高碳企业组,并为变量 Treat 赋值,然后使用虚拟实验组对基准模型进行估计并重复试验 500 次。测试结果如图 5-2 所示。从图中可以看出,核心估计系数的平均值接近于 0,且大部分估计系数未能通过显著性检验。这一结论表明,不可观测的企业微观特征并不影响新《环保法》政策的实施效果,从而回归结果的稳健性得到验证。

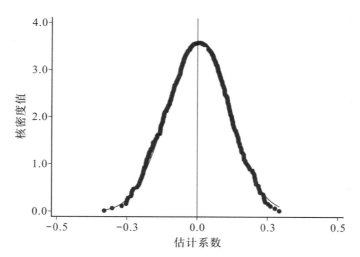

图 5-2　新《环保法》实施与高碳企业生存风险的安慰剂检验

5.3.4.3 采用替代指标后的回归结果

ROA(总资产收益率)波动率是指企业总资产利润率指标在一定时间内的波动程度,是衡量企业盈利稳定性的重要指标。ROA 波动率越高,说明企业在该时间段内盈利能力的波动越大,盈利稳定性较差,企业在该时间段内面临的生存风险越高。相反,ROA 波动率越低,则说明企业盈利能力的波动较小,盈利稳定性较好,企业在该时间段内面临的生存风险越低。企业特质风险承担是指企业在经营活动中因企业规模、行业特征、战略选择、管理决策、创新能力等自身特定因素所承担的风险,一定程度上反映了企业经营风险程度和财务风险程度的高低。

为保证回归结果的稳健性,本部分参考 Bernile(2018)、李俊成等(2022)的做法,分别选取企业近三年 ROA 波动率标准差(ROA_sd)、企业近三年 ROA 波动率极差(ROA_er)、企业特质风险承担水平(Idiosyn_risk)三个指标作为被解释变量企业生存风险 Srisk 的替代指标,重新对回归方程进行估计。采用替代指标后的回归结果列示于表 5-5。回归结果显示,当分别选取企业近三年 ROA 波动率标准差(ROA_sd)、企业近三年 ROA 波动率极差(ROA_er)、企业特质风险承担水平(Idiosyn_risk)三个指标作为被解释变量企业生存风险 Srisk 的替代指标时,交叉项 Treat×Post 的回归系数分别为 0.929、2.498、0.022,且分别通过了 5%、10% 的显著性检验,回归结果与表 5-2 中基准回归结论保持一致,进一步验证了假设 H_1 的观点,即新《环保法》的实施显著加剧了高碳企业生存风险。

表 5-5　新《环保法》与高碳企业生存风险:采用替代指标的稳健性检验

变量	(1) ROA 标准差 ROA_sd	(2) ROA 极差 ROA_er	(3) 特质风险承担水平 Idiosyn_risk
Treat×Post	0.929**	2.498**	0.022*
	(2.391)	(2.352)	(1.842)
Lnsize	−0.838***	−3.603**	−0.098***
	(−4.346)	(−2.238)	(−21.951)

续表

变量	(1) ROA 标准差 ROA_sd	(2) ROA 极差 ROA_er	(3) 特质风险承担水平 Idiosyn_risk
Lev	1.690 **	10.488 *	0.239 ***
	(2.411)	(1.921)	(14.522)
Roe	−15.399 ***	−28.457 ***	−0.064 ***
	(−13.790)	(−4.544)	(−4.261)
Capital	0.195 **	1.459	0.009 ***
	(2.052)	(1.249)	(3.938)
TFP	0.951 ***	3.616 *	0.014 **
	(3.009)	(1.938)	(2.255)
Cflow	3.266 **	7.449	−0.017
	(2.257)	(1.293)	(−0.493)
Growth	0.329	−0.259	0.085 ***
	(1.608)	(−0.295)	(16.839)
Age	0.603 ***	1.684 ***	−0.044 ***
	(3.755)	(3.806)	(−10.487)
Top1	−0.013 **	−0.026 *	0.000
	(−2.004)	(−1.747)	(0.422)
Govcon	−0.979 ***	−2.620 ***	−0.014 *
	(−3.953)	(−3.614)	(−1.936)
HHI	3.262 ***	7.899 ***	−0.003
	(3.197)	(3.259)	(−0.197)
Constant	8.955 ***	30.475 ***	3.658 ***
	(4.095)	(2.940)	(61.804)
Industry FE	是	是	是
Year FE	是	是	是
Regional FE	是	是	是
Observations	16236	16236	16236
R-squared	0.181	0.087	0.468

5.3.4.4 剔除直辖市区域内样本的影响

考虑到直辖市通常具有较高的政治经济地位,城市的环境质量对全国其他城市起到重要的示范与引领作用,因此,其在环境规制方面也往往设置更加严格的环境标准,更具有前瞻性和创新性,也更能够直观反映中央政府在环保政策方面的要求,而非直辖市地区在制定和实施环境政策时,往往要结合当地具体经济发展水平、产业结构特征等多重因素。为消除样本企业所处不同地区的规制环境差异带来的影响,本部分在剔除了位于直辖市的企业样本后,重新对模型进行回归。回归结果列示于表 5-6。回归结果显示,在剔除直辖市区域内样本企业后,无论是选择 Srisk 度量企业生存风险,还是选择企业近三年 ROA 波动率标准差(ROA_sd)、企业近三年 ROA 波动率极差(ROA_er)作为企业生存风险的替代指标,其交叉项 Treat×Post 的回归系数均在 1% 水平上显著为正,说明在剔除直辖市区域内企业样本后,新《环保法》的实施依然显著加剧了高碳企业生存风险。该结论与表 5-2 中基准回归结果保持一致。

表 5-6　新《环保法》与高碳企业生存风险:剔除直辖市样本的稳健性检验

变量	(1) 生存风险	(2) ROA 标准差	(3) ROA 极差
	Srisk	ROA_sd	ROA_er
Treat×Post	0.578***	1.416***	2.539***
	(3.310)	(3.023)	(3.133)
Lnsize	1.601***	−1.566***	−2.701***
	(10.724)	(−7.190)	(−7.268)
Lev	13.872***	1.193	2.249*
	(25.762)	(1.550)	(1.685)
Roe	−2.227***	−15.759***	−26.465***
	(−6.390)	(−14.376)	(−14.362)
Capital	−0.451***	0.432***	0.751***
	(−4.242)	(3.962)	(4.010)

续表

变量	(1) 生存风险 Srisk	(2) ROA 标准差 ROA_sd	(3) ROA 极差 ROA_er
TFP	−1.472***	1.724***	2.864***
	(−6.963)	(5.132)	(5.001)
Cflow	−7.006***	1.821	3.023
	(−8.436)	(1.117)	(1.084)
Growth	0.144	0.371	0.665
	(1.487)	(1.526)	(1.590)
Age	−0.934***	0.928***	1.644***
	(−7.860)	(4.969)	(5.113)
Top1	−0.009*	−0.009	−0.016
	(−1.895)	(−1.157)	(−1.253)
Govcon	−0.126	−0.948***	−1.584***
	(−0.743)	(−3.513)	(−3.401)
HHI	−0.799	−5.181***	−8.944***
	(−1.537)	(−4.093)	(−4.116)
Constant	−22.522***	15.932***	29.016***
	(−12.059)	(6.101)	(6.421)
Industry FE	是	是	是
Year FE	是	是	是
Regional FE	是	是	是
Observations	13023	13023	13023
R-squared	0.476	0.183	0.187

5.3.4.5 控制宏观因素后的稳健性检验

企业所处地区的宏观环境因素在基准模型中并未控制,这些遗漏变量也可能会导致基准回归结果偏差。因此,本部分在基准模型中进一步引入地区经济发展水平(LnGDP)、财政收入水平(Lnrev)、地区与年份交互变量等地区层面宏观因素变量,在控制地区宏观因素的基础上对基准模型重新进行回归,回归结果列示于表5-7。第(1)至(2)列显示了依次加入地区经济增长水平、财政收入水平后的回归结果;第(3)列显示了同时加入地区经济增长水平与财政收入水平后的回归结果;第(4)列显示了加入地区与年份交互变量后的回归结果。结果显示,在控制地区宏观因素与宏观系统性因素后,交叉项 Treat×Post 的回归系数分别在1%水平上与5%水平上显著为正,回归结果依然稳健。

表5-7　新《环保法》与高碳企业生存风险:控制宏观因素的稳健性检验

变量	(1) 生存风险 Srisk	(2) 生存风险 Srisk	(3) 生存风险 Srisk	(4) 生存风险 Srisk
Treat×Post	0.438***	0.439***	0.423**	0.439**
	(2.593)	(2.592)	(2.491)	(2.539)
Lnsize	1.540***	1.540***	1.530***	1.528***
	(12.538)	(12.506)	(12.479)	(12.570)
Lev	14.367***	14.367***	14.294***	14.303***
	(29.213)	(29.274)	(29.456)	(28.806)
Roe	−2.060***	−2.052***	−2.085***	−2.072***
	(−6.542)	(−6.517)	(−6.615)	(−6.488)
Capital	−0.500***	−0.504***	−0.493***	−0.485***
	(−5.709)	(−5.704)	(−5.680)	(−5.960)
TFP	−1.551***	−1.553***	−1.513***	−1.473***
	(−8.545)	(−8.551)	(−8.440)	(−8.435)
Cflow	−7.457***	−7.429***	−7.491***	−7.453***
	(−9.405)	(−9.379)	(−9.433)	(−9.373)
Growth	0.117	0.116	0.108	0.132
	(1.347)	(1.340)	(1.244)	(1.475)
Age	−0.797***	−0.805***	−0.806***	−0.835***
	(−7.566)	(−7.623)	(−7.663)	(−7.858)
Top1	−0.006	−0.006	−0.006	−0.006
	(−1.346)	(−1.384)	(−1.243)	(−1.367)

续表

变量	(1) 生存风险	(2) 生存风险	(3) 生存风险	(4) 生存风险
	Srisk	Srisk	Srisk	Srisk
Govcon	−0.158	−0.171	−0.144	−0.095
	(−1.013)	(−1.096)	(−0.918)	(−0.604)
HHI	−1.039**	−1.048**	−1.022**	−1.035**
	(−2.104)	(−2.117)	(−2.076)	(−2.095)
LnGDP	0.138		0.526**	
	(1.161)		(2.071)	
Lnrev		0.052	−0.429*	
		(0.441)	(−1.737)	
Constant	−22.080***	−20.982***	−22.844***	−21.346***
	(−10.656)	(−11.128)	(−10.995)	(−13.668)
Industry FE	是	是	是	是
Year FE	是	是	是	是
Regional FE	是	是	是	是
Observations	16236	16236	16236	16236
R-squared	0.478	0.478	0.478	0.489

5.3.5 新《环保法》实施对高碳企业生存风险影响的异质性 检验

新《环保法》实施对高碳企业生存风险的影响效应还依赖于企业与政府的关系、企业自身的经济实力以及企业所处区域地方政府对环保的关注程度等因素。首先,作为环境法律法规的制定者和执行者,政府更倾向于关注与自身关系紧密企业的环境表现,实际中这类企业往往承担着更多的环境社会责任,在企业经营过程中也更容易受到《环保法》规制的影响。其次,在环境法律法规执行过程中,拥有不同经济实力和行业地位的企业受到的规制程度也存在一定差异。另外,企业所处区域地方政府对环保的关注程度也直接关系到《环保法》的实际执行效率。因此,本部分进一步考察不同企业产权性质、经济影响力及地方政府环境关注度对于新《环保法》实施对高碳企业生存风险影响效应的异质性。

5.3.5.1 基于产权性质的异质性检验

首先,按照产权性质不同,将样本企业划分为国有企业组和非国有企业组,进而考察新《环保法》实施对高碳企业生存风险的影响效应在国有企业组和非国有企业组之间存在的差异。检验结果列示于表 5-8。

表 5-8　新《环保法》与高碳企业生存风险:产权性质的异质性检验

变量	(1)国有	(2)非国有	(3)国有	(4)非国有	(5)国有	(6)非国有
	Srisk		ROA_sd		ROA_er	
Treat×Post	0.450**	0.287	2.918***	0.202	5.235***	0.417
	(2.159)	(1.153)	(4.368)	(0.383)	(4.557)	(0.455)
Lnsize	1.113***	2.045***	−0.270	−1.105***	−0.452	−1.864***
	(8.141)	(11.743)	(−0.845)	(−4.409)	(−0.818)	(−4.419)
Lev	11.921***	15.724***	1.325	1.459	2.448	2.472
	(17.134)	(24.858)	(1.466)	(1.507)	(1.527)	(1.490)
Roe	−1.203***	−2.870***	−10.709***	−17.737***	−19.002***	−29.406***
	(−3.406)	(−6.382)	(−7.106)	(−12.117)	(−7.274)	(−12.310)
Capital	−0.353***	−0.570***	−0.130	0.298**	−0.253	0.534**
	(−3.961)	(−5.013)	(−0.828)	(2.393)	(−0.930)	(2.491)
TFP	−1.260***	−1.721***	−0.025	1.345***	−0.168	2.191***
	(−5.368)	(−7.118)	(−0.046)	(3.493)	(−0.177)	(3.361)
Cflow	−3.791***	−8.627***	5.130**	1.171	9.055**	1.649
	(−3.399)	(−8.524)	(2.027)	(0.665)	(2.074)	(0.551)
Growth	0.053	0.090	−0.225	0.519**	−0.403	0.915**
	(0.685)	(0.762)	(−0.613)	(2.057)	(−0.642)	(2.097)
Age	0.061	−1.360***	0.139	0.810***	0.285	1.446***
	(0.399)	(−9.492)	(0.379)	(4.243)	(0.451)	(4.427)

续表

变量	(1) 国有	(2) 非国有	(3) 国有	(4) 非国有	(5) 国有	(6) 非国有
	Srisk		ROA_sd		ROA_er	
Top1	0.006	−0.013**	−0.019*	−0.005	−0.032*	−0.009
	(1.006)	(−2.069)	(−1.770)	(−0.659)	(−1.711)	(−0.672)
HHI	−0.961**	−1.028	3.067*	2.935**	5.273	5.109**
	(−2.037)	(−1.561)	(1.683)	(2.371)	(1.641)	(2.395)
Constant	−17.025***	−28.381***	10.616***	8.959***	19.919***	16.259***
	(−8.408)	(−11.340)	(3.168)	(2.811)	(3.425)	(2.980)
Industry FE	是	是	是	是	是	是
Year FE	是	是	是	是	是	是
Regional FE	是	是	是	是	是	是
Observations	5875	10361	5875	10361	5875	10361
R-squared	0.522	0.478	0.201	0.204	0.205	0.207

表 5-8 的回归结果显示，当以调整后的企业生存风险（Srisk）、企业近三年 ROA 标准差（ROA_sd）、企业近三年 ROA 极差（ROA_er）作为被解释变量时，第（1）列、第（3）列和第（5）列中国有企业组交叉项 Treat×Post 的回归系数均显著为正，而第（2）列、第（4）列和第（6）列中非国有企业组交叉项 Treat×Post 的回归系数均未通过显著性检验，说明新《环保法》实施显著加剧了国有高碳企业的生存风险，而对于非国有高碳企业生存风险并未产生显著性影响。主要原因在于，相较于非国有企业，国有企业与政府的关系更为密切，在政府环境规制执行过程中往往受到庇护，在环保行为方面也更加倾向于选择污染物处理、缩减生产规模等相对消极保守的应对策略，而非以技术创新为主导的积极进取策略。在新《环保法》实施背景下，政府也会更加关注国有企业的环境表现，要求国有企业在践行环保法律政策方面积极发挥引领与示范作用。因此，国有企业在实际中往往承担着更多的环境社会责任，这会显著增加国有企业运营过程中的合规成本与财务压力，进而加剧其生存风险。而非国有企业在面临环境法律规制时则拥有更大的自主权去选

择更为经济有效的污染治理方案和转型升级路径,同时也会出于迎合地方政府的考虑,通过加大研发投入与技术创新满足环境监管要求,同时获得技术创新补偿优势。

5.3.5.2 基于企业经济影响力的异质性检验

其次,按照企业经济影响力的不同(企业经济影响力用其营业收入水平度量),将样本企业划分为高经济影响力企业组和低经济影响力企业组,进而考察新《环保法》实施对高碳企业生存风险的影响效应在不同经济影响力企业组之间存在的差异。检验结果列示于表 5-9。

表 5-9　新《环保法》与高碳企业生存风险:经济影响力的异质性检验

变量	(1)高经济影响力	(2)低经济影响力	(3)高经济影响力	(4)低经济影响力	(5)高经济影响力	(6)低经济影响力
	Srisk		ROA_sd		ROA_er	
Treat×Post	0.309**	0.334	2.457***	−0.419	4.372***	−0.624
	(2.125)	(0.854)	(4.857)	(−0.703)	(4.981)	(−0.601)
Lnsize	0.953***	3.136***	−0.495*	−1.191***	−0.819*	−2.056***
	(9.367)	(14.334)	(−1.852)	(−3.792)	(−1.784)	(−3.845)
Lev	10.222***	18.188***	1.412	1.626	2.433	3.022*
	(16.499)	(28.719)	(1.556)	(1.588)	(1.546)	(1.710)
Roe	−1.488***	−2.959***	−12.820***	−17.651***	−22.177***	−29.416***
	(−4.762)	(−5.484)	(−8.533)	(−10.615)	(−8.649)	(−10.885)
Capital	−0.428***	−0.473***	0.219	0.174	0.373	0.300
	(−3.361)	(−5.358)	(1.107)	(1.520)	(1.088)	(1.518)
TFP	−1.463***	−1.270***	0.682	1.022**	1.060	1.618**
	(−8.468)	(−4.651)	(1.404)	(2.298)	(1.267)	(2.131)
Cflow	−6.186***	−8.548***	2.216	3.861*	4.069	6.123*
	(−7.433)	(−7.122)	(1.074)	(1.919)	(1.144)	(1.791)
Growth	0.009	0.020	0.443	0.241	0.778*	0.422
	(0.120)	(0.124)	(1.628)	(0.721)	(1.668)	(0.734)
Age	−0.289***	−1.700***	0.109	1.026***	0.233	1.837***
	(−2.861)	(−10.452)	(0.538)	(3.860)	(0.665)	(4.034)

续表

变量	(1)高经济影响力	(2)低经济影响力	(3)高经济影响力	(4)低经济影响力	(5)高经济影响力	(6)低经济影响力
	Srisk		ROA_sd		ROA_er	
Top1	−0.005	−0.000	−0.011	−0.018*	−0.017	−0.032*
	(−1.027)	(−0.033)	(−1.281)	(−1.774)	(−1.200)	(−1.775)
Govcon	0.001	−0.027	−0.901***	−1.125***	−1.538***	−1.931***
	(0.006)	(−0.094)	(−2.833)	(−2.708)	(−2.817)	(−2.681)
HHI	−1.713**	0.098	1.852	3.904***	3.288	6.756***
	(−2.385)	(0.135)	(1.092)	(2.863)	(1.105)	(2.868)
Constant	−7.683***	−58.401***	5.832**	15.201***	10.962**	28.177***
	(−5.020)	(−16.356)	(1.968)	(3.029)	(2.140)	(3.259)
Industry FE	是	是	是	是	是	是
Year FE	是	是	是	是	是	是
Regional FE	是	是	是	是	是	是
Observations	8318	7918	8318	7918	8318	7918
R-squared	0.496	0.523	0.194	0.201	0.198	0.203

表 5-9 的回归结果显示，当以调整后的企业生存风险（Srisk）、企业近三年 ROA 标准差（ROA_sd）、企业近三年 ROA 极差（ROA_er）作为被解释变量时，第（1）列、第（3）列和第（5）列中高经济影响力企业组交叉项 Treat×Post 的回归系数均显著为正，而第（2）列、第（4）列和第（6）列中低经济影响力企业组交叉项 Treat×Post 的回归系数均未通过显著性检验，说明新《环保法》实施显著加剧了高经济影响力组的高碳企业生存风险，而对于低经济影响力组的高碳企业生存风险并未产生显著性影响。因此，企业经济影响力也是关系到环保法律影响效应的重要因素。新《环保法》在强化执法监督、加大环境违法行为处罚力度、强化环境信息披露等方面作出了严格规定，尤其是按日计罚、查封扣押、限制生产、停产整治、移送拘留等的具体措施使得高碳企业面临更为严苛的环保标准与环境监管。而具有较高经济影响力的高碳企业在行业中通常占据重要地位，这类企业在生产过程中所产生的各类污染物与

碳排放量远大于低经济影响力的企业,更容易成为环保部门监管的重点对象。由于其较大的生产规模和市场占有率,这类企业的环境表现也更容易受到公众、媒体及利益相关者的关注,使其在环境执法过程中面临更高的环境压力与生存压力。同时,较高经济影响力的高碳企业仍然是地区经济增长的重要支撑,在绿色转型过程中,高经济影响力的高碳企业需要在环保设备、绿色创新等方面投入更多资金,从而削弱了高碳企业技术创新的行为动机,使其面临更高的转型成本与财务压力,而地方政府出于地区经济增长目标的考虑,往往会要求这类企业在满足环保要求的同时保证其生产效率,这使得高经济影响力的高碳企业经营面临更大挑战。此外,对于较高经济影响力的高碳企业而言,品牌形象和市场份额与其环境表现密切相关,若因无法满足环境监管要求而受到环境处罚,也会导致其品牌形象受损、市场份额下降与生存风险上升。

5.3.5.3 基于地方政府环境关注度的异质性检验

最后,按照地方政府环境关注度的不同(地方政府环境关注度用政府工作报告中提及的环境规制相关词频数来度量),将样本企业划分为高环境关注度企业组和低环境关注度企业组,进而考察新《环保法》实施对高碳企业生存风险的影响效应在不同的地方政府环境关注度企业组之间存在的差异。检验结果列示于表 5-10。

表 5-10　新《环保法》与高碳企业生存风险:政府环境关注度的异质性检验

变量	(1)高环境关注度	(2)低环境关注度	(3)高环境关注度	(4)低环境关注度	(5)高环境关注度	(6)低环境关注度
	Srisk		ROA_sd		ROA_er	
Treat×Post	0.753***	0.221	2.390***	0.958**	4.159***	3.641***
	(3.140)	(0.960)	(3.958)	(2.072)	(4.020)	(4.078)
Lnsize	1.627***	1.495***	−1.410***	−0.678***	−2.362***	−2.269***
	(9.485)	(11.374)	(−4.898)	(−2.868)	(−4.808)	(−6.188)
Lev	14.952***	13.829***	1.440	2.093**	2.570	3.184**
	(22.632)	(25.610)	(1.386)	(2.552)	(1.440)	(2.036)

续表

变量	(1)高环境关注度	(2)低环境关注度	(3)高环境关注度	(4)低环境关注度	(5)高环境关注度	(6)低环境关注度
	Srisk		ROA_sd		ROA_er	
Roe	−2.280***	−1.874***	−14.840***	−15.340***	−25.124***	−25.741***
	(−5.011)	(−4.997)	(−10.789)	(−9.639)	(−10.774)	(−11.443)
Capital	−0.546***	−0.512***	0.361**	0.159	0.609**	0.495***
	(−4.818)	(−5.439)	(2.417)	(1.490)	(2.391)	(2.811)
TFP	−1.614***	−1.536***	1.698***	0.629	2.726***	2.170***
	(−6.914)	(−7.437)	(3.715)	(1.579)	(3.506)	(3.722)
Cflow	−7.790***	−7.211***	1.628	2.987	2.741	0.813
	(−7.484)	(−7.279)	(0.725)	(1.555)	(0.716)	(0.242)
Growth	0.365**	−0.112	−0.208	0.531*	−0.314	0.629
	(2.559)	(−1.100)	(−0.713)	(1.745)	(−0.629)	(1.183)
Age	−0.933***	−0.703***	1.080***	0.398**	1.891***	1.266***
	(−6.653)	(−5.896)	(4.210)	(2.144)	(4.311)	(3.851)
Top1	−0.004	−0.008	0.003	−0.024***	0.002	−0.010
	(−0.726)	(−1.455)	(0.267)	(−3.042)	(0.115)	(−0.661)
Govcon	−0.106	−0.246	−1.238***	−0.867***	−2.116***	−1.769***
	(−0.531)	(−1.340)	(−3.206)	(−2.871)	(−3.185)	(−3.374)
HHI	−1.019*	−0.978*	−5.377***	3.230***	−9.556***	−9.766***
	(−1.671)	(−1.847)	(−3.195)	(2.606)	(−3.294)	(−3.852)
Constant	−21.781***	−19.570***	12.589***	10.293***	23.217***	30.083***
	(−10.164)	(−11.468)	(3.534)	(3.903)	(3.799)	(6.730)
Industry FE	是	是	是	是	是	是
Year FE	是	是	是	是	是	是
Regional FE	是	是	是	是	是	是
Observations	7530	8706	7530	8706	7530	8706
R-squared	0.482	0.482	0.189	0.188	0.193	0.190

　　表 5-10 的回归结果显示,当以调整后的企业生存风险(Srisk)、企业近三年 ROA 标准差(ROA_sd)、企业近三年 ROA 极差(ROA_er)作为被解释变量时,第(1)列、第(3)列和第(5)列中高环境关注度企业组交叉项 Treat×Post 的回归系数均显著为正,且通过了 1% 水平上的显著性检验,而第(2)列中低环境关注度企业组交叉项 Treat×Post 的回归系数未通过显著性检验,第(4)列和第(6)列中低环境关注度企业组交叉项 Treat×Post 的回归系数均显著为正,但其系数取值明显小于第(3)列和第(5)列中高环境关注度企业组交叉项 Treat×Post 的回归系数,说明新《环保法》的实施显著加剧了高环境关注度组高碳企业的生存风险,而对于低环境关注度组高碳企业的生存风险影响较弱。因此,地方政府的环境关注度也会影响新《环保法》实施的企业生存效应。从实际执行情况来看,在环境关注度较高的地区,地方政府会积极贯彻实施新《环保法》理念,通过采取严格的环境规制措施迫使高碳企业加大环保投入以实现环境绩效目标,甚至对环境不达标的高碳企业实施限制生产、停产整治等高压管制,与此同时,在强制命令型环境规制的完善立法阶段,企业在环保行为方面更加倾向于选择相对消极保守的应对策略,如通过增加简单的污染物处理设备、缩减生产规模或停产等方式满足当前环保监管的要求,从而提高企业环境遵循成本,加剧高碳企业生存风险。而在环境关注度较低的地区,地方政府则更看重经济绩效而非环境绩效,其对管辖区域内高碳企业的环保要求相对较宽松,从而导致部分高碳企业放松对自身环保标准的要求,在短期内缓解了新《环保法》实施对企业生存风险的负面影响。

5.4　中央生态环境保护督察对高碳企业生存风险影响的实证分析

　　本节基于中央生态环境保护督察制度这一准自然实验,通过收集 2011—2020 年沪深两市上市公司样本的相关数据,围绕中央生态环境保护督察对高碳企业生存风险的影响展开实证分析。首先,本章检验了中央生态环境保护督察对高碳企业生存风险的影响效应。在此基础上,利用中介效应模型,对中央生态环境保护督察影响高碳企业生存风险的运营成本机制与技术创新机制进行检验。最后,从产权异质性、企业经济影响力及地方政府环境关注度等多个维度进行异质性效应检验。

5.4.1 研究数据与研究设计

5.4.1.1 样本选择与数据来源

第一轮中央生态环境保护督察从 2016 年 1 月以河北省为首个试点开始,依次在 2016 年 7 月、2016 年 11 月、2017 年 4 月和 2017 年 8 月分四批进行。为研究中央生态环境保护督察对高碳企业生存风险的影响,本节选取 2011—2020 年沪深两市非金融上市企业为初始样本,在此基础上,剔除了考察期内被 ST、*ST、PT 及大量数据缺失的企业样本,最终获得 13530 个年度观测值。为了避免极端值对实证结果的干扰,本部分对所有连续性变量在 1% 和 99% 分位水平上进行缩尾处理。各指标数据主要来自国泰安数据库(CSMAR)与万得数据库(WIND)。

5.4.1.2 变量定义

(1)被解释变量:企业生存风险(Srisk)

与 5.3.1.2 节相同,本节依然采用将 Altman-Z 值取负值转换后的指标度量企业生存风险,并将其记作 Srisk。该指标越大,表示企业面临的生存风险越高。

(2)解释变量:中央生态环境保护督察制度实施(Treat×Cepi)

本部分解释变量为中央生态环境保护督察制度实施(Treat × Cepi),即组别虚拟变量与时间虚拟变量的交互项。与前文类似,本部分选取高碳企业组作为实验组,非高碳企业组作为对照组,若样本企业所在行业属于高碳行业,则组别虚拟变量 Treat 取值为 1,否则,该变量取值为 0。由于中央生态环境保护督察第一轮巡查分为四批进行,每个省份被巡查到的时间节点各不相同,若样本企业所在省份在第 t 年属于被中央生态环境保护督察组巡查对象,则当年及之后年份时间虚拟变量 Cepi 取值为 1,否则,该变量取值为 0。

（3）控制变量

除上述变量以外,本章借鉴许家云等（2016）、张小茜等（2017）的研究,引入包括企业规模（Lnsize）、杠杆率（Lev）、企业盈利能力（Roe）、资本密集度（Capital）、全要素生产率（TFP）、现金流状况（Cflow）、企业成长性（Growth）、企业年龄（Age）、公司治理结构（Top1）、企业产权性质（Govcon）、行业竞争状况（HHI）等控制变量对影响企业生存风险的其他因素进行控制。

上述变量及相关说明详见表 5-11。

表 5-11　中央生态环境保护督察与高碳企业生存风险的相关变量说明

变量类型	变量名称	变量符号	变量的含义与说明
被解释变量	企业生存风险	Srisk	将 Altman-Z 值取负值作为度量企业生存风险的正向指标,该指标越大,表示企业面临的生存风险越高
解释变量	组别虚拟变量	Treat	如果该企业属于高碳企业,则该变量取值为 1,否则,该变量取值为 0
	时间虚拟变量	Cepi	若样本企业所在省份在第 t 年属于中央生态环境保护督察对象,则当年及之后年份取值为 1,否则,该变量取值为 0
	组别虚拟变量与政策虚拟变量的交互项	Treat× Cepi	如果样本属于高碳行业且在被中央生态环境保护督察年份及之后,该值为 1,其他情况均为 0
控制变量	与 5.3.1.2 节中的控制变量保持一致		

5.4.1.3 模型的构建

本节以中央生态环境保护督察政策作为准自然实验,使用双重差分法（DID）对强制命令型环境规制对高碳企业生存风险的影响进行研究。第一轮中央生态环境保护督察从 2016 年 1 月以河北省为首个试点,依次在 2016 年 7 月、2016 年 11 月、2017 年 4 月和 2017 年 8 月分四批进行,第一轮中央生态环境保护督察覆盖全国 31 个省份、自治区和直辖市,其中,第一批巡察包括河北、内蒙古、黑龙江、江苏、江西、河南、广西、云南、宁夏等 9 个省份,第二批巡察包括北京、上海、湖北、广东、重庆、陕西、甘肃等 7 个省份和城市,第三批巡察包括天津、山西、辽宁、安徽、福建、湖南、贵州等 7 个省份,第四批巡察包括吉林、浙江、山东、海南、四川、西藏、青海、新疆等 8 个省份和地区。中央生态环境保护督察是新《环保法》实施后的首次环保督察,且是由中央主导的自上而下、范围广泛的环保督察,且每批巡察均包含了环境污染严重和较轻的地区,对各地区企业来说均具有显著的突发性与外生性,这为考察强制命令型环境规制对高碳企业生存风险的影响提供了恰当的实验场景。通过中央生态环境保护督察实施前后的时间虚拟变量与组别虚拟变量,能够清晰地比较政策实施对于实验组和对照组样本企业生存风险影响的净效应。同时,双重差分法能够有效克服反向因果、遗漏变量等带来的内生性问题,增加估计的精确性与可靠性。本章的具体双重差分(DID)模型设定如下:

$$\mathrm{Srisk}_{it} = \beta_0 + \beta_1 \mathrm{Treat}_i + \beta_2 (\mathrm{Treat}_i \times \mathrm{Cepi}_t) + \beta_3 \mathrm{Cepi}_t + \sum \mathrm{Controls}_{it} + \varepsilon_{it} \tag{5-17}$$

式中,Cepi 表示时间虚拟变量,若样本企业所在省份在第 t 年属于中央生态环境保护督察对象,则当年及之后年份取值为 1,否则,该变量取值为 0。其他变量含义与前文 5.3.1.2 节保持一致。本研究主要关注交叉项 Treat×Cepi 的回归系数 β_2,该系数表示中央生态环境保护督察对企业生存风险影响的净效应。

5.4.2 中央生态环境保护督察对高碳企业生存风险的影响效应检验

中央生态环境保护督察对高碳企业生存风险影响效应的检验结果列示于表 5-12。

表 5-12　中央生态环境保护督察对高碳企业生存风险的影响效应检验

变量	生存风险
	Srisk
Treat×Cepi	−0.270*
	(−1.779)
Lnsize	1.603***
	(12.517)
Lev	14.171***
	(28.121)
Roe	−1.867***
	(−5.552)
Capital	−0.501***
	(−6.128)
TFP	−1.528***
	(−8.416)
Cflow	−7.225***
	(−8.822)
Growth	0.149
	(1.586)
Age	−0.865***
	(−8.085)
Top1	−0.008*
	(−1.808)
Govcon	−0.155
	(−0.971)
HHI	−1.220**
	(−2.127)
Constant	−21.918***
	(−13.560)
Industry FE	是
Year FE	是
Regional FE	是
Observations	14555
R-squared	0.477

125

表 5-12 回归结果显示,交叉项 Treat×Cepi 的回归系数显著为负,说明中央生态环境保护督察显著降低了高碳企业生存风险。这一结论验证了假设 H_2 的观点。根据前文 5.3 节中的研究结论,在新《环保法》实施的完善立法阶段,企业在环保行为方面更加倾向于选择增加污染物处理设备、缩减生产规模等相对消极保守的应对策略。此外,经济增长目标压力下,地方政府可能会对管辖区域内企业污染行为采取默许甚至包庇行为,这将进一步强化环保行为"短视"特征,弱化企业进行长期技术创新的行为动机。而作为新《环保法》的重要补充,中央生态环境保护督察强调"党政同责、一岗双责",并将地区环境绩效与政府官员业绩考核直接挂钩,从执法层面强化了企业与地方政府履行环境责任的行为动机。随着强制命令型环境规制进入强制执法阶段,企业将被迫放弃观望态度,在环保行为方面则更加倾向于选择积极进取的应对策略,如通过加大研发投入进行技术创新,尤其是能够实现环境绩效和生产效率提升双重目标的绿色技术创新,以获得创新补偿优势,从而提高企业长期竞争力与生存概率。

5.4.3 中央生态环境保护督察对高碳企业生存风险的影响机制检验

为验证 5.1 节与 5.2 节中的理论假设,本部分将通过中介效应模型对于中央生态环境保护督察对高碳企业生存风险的影响机制进行实证检验。具体模型形式设定如下:

$$\mathrm{Inter}_{it} = \alpha_0 + \alpha_1 \mathrm{Treat}_i + \alpha_2 (\mathrm{Treat}_i \times \mathrm{Cepi}_t) + \alpha_3 \mathrm{Cepi}_t + \sum \mathrm{Controls}_{it} + \varepsilon_{it} \tag{5-18}$$

$$\mathrm{Srisk}_{it} = \delta_0 + \delta_1 \mathrm{Treat}_i + \delta_2 (\mathrm{Treat}_i \times \mathrm{Cepi}_t) + \delta_3 \mathrm{Inter}_{it} + \delta_4 \mathrm{Cepi}_t + \sum \mathrm{Controls}_{it} + \varepsilon_{it} \tag{5-19}$$

式中,Cepi 表示中央生态环境保护督察,其他变量含义与模型(5-17)中的一致。同样地,本部分主要关注交互项 Treat×Cepi 的回归系数 α_2 与中介变量的回归系数 δ_3,该系数的含义解释与 5.3.3 节中的一致。

5.4.3.1 运营成本机制检验

与前文 5.3.3.1 节类似,本节分别用企业生产成本占总资产的比重 (Pro_cost)、企业营业成本占总资产的比重(Op_cost)来衡量企业运营成本,检验中央生态环境保护督察是否通过增加运营成本而加剧高碳企业生存风险。表 5-13 列示了运营成本机制的检验结果。

表 5-13 中央生态环境保护督察与高碳企业生存风险:运营成本机制的检验

变量	(1)生产成本 Pro_cost	(2)生存风险 Srisk	(3)营业成本 Op_cost	(4)生存风险 Srisk
Treat×Cepi	0.016***	−0.245	0.019***	−0.191
	(3.291)	(−1.619)	(3.824)	(−1.301)
Pro_cost		1.096*		
		(1.758)		
Op_cost				1.631***
				(2.671)
Lnsize	−0.135***	1.673***	−0.129***	1.778***
	(−33.034)	(11.450)	(−30.632)	(13.259)
Lev	0.143***	14.035***	0.143***	13.971***
	(11.168)	(26.687)	(11.146)	(28.430)
Roe	−0.129***	−1.807***	−0.090***	−1.851***
	(−11.505)	(−5.150)	(−8.143)	(−5.443)
Capital	−0.015***	−0.487***	−0.012***	−0.476***
	(−5.247)	(−5.445)	(−4.532)	(−5.592)
TFP	0.244***	−1.793***	0.242***	−1.904***
	(36.114)	(−7.779)	(34.443)	(−8.582)
Cflow	0.028	−7.060***	0.025	−7.277***
	(1.131)	(−8.107)	(0.955)	(−8.829)
Growth	−0.008**	0.158*	−0.023***	0.207**
	(−2.306)	(1.742)	(−6.866)	(2.218)

续表

变量	(1) 生产成本 Pro_cost	(2) 生存风险 Srisk	(3) 营业成本 Op_cost	(4) 生存风险 Srisk
Age	0.011***	−0.752***	0.012***	−0.886***
	(3.015)	(−6.349)	(3.671)	(−8.264)
Top1	0.001***	−0.011**	0.001***	−0.010**
	(3.552)	(−2.334)	(3.424)	(−2.122)
Govcon	0.012**	−0.147	0.024***	−0.158
	(2.209)	(−0.885)	(4.281)	(−0.974)
HHI	−0.013	−1.044*	−0.019	−0.848
	(−0.864)	(−1.858)	(−1.291)	(−1.601)
Constant	0.119**	−20.621***	−0.071	−21.325***
	(2.469)	(−12.386)	(−1.434)	(−13.030)
Industry FE	是	是	是	是
Year FE	是	是	是	是
Regional FE	是	是	是	是
Observations	14555	14555	14555	14555
R-squared	0.791	0.482	0.780	0.479

表 5-13 中列(1)和列(3)分别显示了中央生态环境保护督察对高碳企业生产成本与营业成本影响的估计结果,结果显示,交叉项 Treat×Cepi 的回归系数均在 1% 水平上显著为正,说明中央生态环境保护督察显著提高了高碳企业运营成本,从而对企业利润带来负向冲击。列(2)和列(4)分别显示了企业生产成本与营业成本对高碳企业生存风险影响的估计结果,变量 Pro_cost 与 Op_cost 的回归系数分别在 10% 与 1% 水平上显著为正,说明运营成本增加显著加剧了高碳企业生存风险。因此,假设 H_3 中中央生态环境保护督察影响高碳企业生存风险的运营成本机制得到验证。

5.4.3.2 技术创新机制检验

与前文 5.3.3.2 节类似,本节分别用企业研发投入在营业收入中的占比(Innov_ratio)来衡量企业创新投入,用年度专利申请数(Innov_apply)来衡量企业创新产出,用绿色专利申请数(Green_apply)来衡量企业创新方向,进而检验中央生态环境保护督察影响高碳企业生存风险的技术创新机制。表5-14列示了技术创新机制的检验结果。

表5-14　中央生态环境保护督察与高碳企业生存风险:技术创新机制的检验

变量	(1) 研发投入 Innov_ratio	(2) 生存风险 Srisk	(3) 专利总数 Innov_apply	(4) 生存风险 Srisk	(5) 绿色专利 Green_apply	(6) 生存风险 Srisk
Treat×Cepi	−0.003***	−0.236	0.342***	−0.169	0.064*	−0.262*
	(−3.106)	(−1.512)	(2.856)	(−0.786)	(1.771)	(−1.730)
Innov_ratio		−17.882***				
		(−6.935)				
Innov_apply				−0.050*		
				(−1.771)		
Green_apply						−0.127**
						(−2.266)
Lnsize	0.003***	1.421***	0.586***	1.752***	0.206***	1.631***
	(2.606)	(10.714)	(8.458)	(8.516)	(9.496)	(12.582)
Lev	−0.035***	13.819***	−0.589***	15.366***	0.099	14.183***
	(−9.722)	(27.041)	(−2.719)	(23.502)	(1.415)	(28.140)
Roe	−0.008**	−1.991***	0.324	−2.604***	0.173***	−1.844***
	(−2.426)	(−5.614)	(1.490)	(−4.485)	(3.706)	(−5.497)
Capital	0.004***	−0.374***	−0.120***	−0.716***	−0.005	−0.503***
	(5.194)	(−3.499)	(−2.915)	(−4.213)	(−0.765)	(−6.156)
TFP	−0.008***	−1.444***	−0.137	−1.775***	0.036	−1.524***
	(−4.723)	(−6.838)	(−1.429)	(−5.473)	(1.311)	(−8.420)
Cflow	0.026***	−7.765***	0.971**	−9.522***	0.324**	−7.196***
	(3.624)	(−8.730)	(2.176)	(−7.851)	(2.410)	(−8.782)
Growth	−0.002**	0.129	−0.164***	0.254**	−0.085***	0.137
	(−2.386)	(1.358)	(−2.616)	(1.976)	(−5.754)	(1.457)

续表

变量	(1) 研发投入 Innov_ratio	(2) 生存风险 Srisk	(3) 专利总数 Innov_apply	(4) 生存风险 Srisk	(5) 绿色专利 Green_apply	(6) 生存风险 Srisk
Age	−0.004***	−0.794***	0.043	−0.754***	−0.121***	−0.881***
	(−4.033)	(−7.427)	(0.713)	(−5.613)	(−6.027)	(−8.145)
Top1	−0.000***	−0.010**	0.003	−0.002	−0.002**	−0.009*
	(−3.506)	(−2.058)	(1.156)	(−0.360)	(−2.107)	(−1.861)
Govcon	0.001	−0.288*	0.491***	−0.513**	0.109***	−0.140
	(0.558)	(−1.726)	(4.353)	(−2.170)	(2.863)	(−0.876)
HHI	0.005	−1.030	0.223	0.205	0.033	−1.215**
	(1.119)	(−1.527)	(0.818)	(0.342)	(0.448)	(−2.121)
Constant	0.105***	−18.369***	−8.932***	−22.374***	−4.315***	−22.499***
	(8.510)	(−10.785)	(−9.341)	(−10.179)	(−11.160)	(−13.679)
Industry FE	是	是	是	是	是	是
Year FE	是	是	是	是	是	是
Regional FE	是	是	是	是	是	是
Observations	14555	14555	14555	14555	14555	14555
R-squared	0.467	0.489	0.186	0.493	0.248	0.477

表 5-14 中第(1)列显示了中央生态环境保护督察对高碳企业研发投入影响的回归结果,结果显示,交叉项 Treat×Cepi 的回归系数在 1% 的水平上显著为负,说明中央生态环境保护督察整体上显著抑制了高碳企业研发投入规模的增长。第(2)列显示了研发投入对高碳企业生存风险影响的估计结果,变量 Innov_ratio 的回归系数在 1% 的水平上显著为负,说明企业通过加大研发投入,能够显著降低高碳企业生存风险。第(3)列显示了中央生态环境保护督察对高碳企业专利申请数影响的估计结果,交叉项 Treat×Cepi 的回归系数在 1% 的水平上显著为正,说明中央生态环境保护督察显著促进了高碳企业创新产出的增加。第(4)列显示了专利申请数量对高碳企业生存风险影响的估计结果,变量 Innov_apply 的回归系数在 10% 的水平上显著为负,说明创新

产出有效提升了企业生产运营效率,从而显著降低了高碳企业生存风险。综上所述,中央生态环境保护督察整体上减少了高碳企业研发投入,但显著促进了其创新产出,提升了高碳企业研发效率,进而降低了其生存风险,假设 H_3 中的技术创新机制得到验证。第(5)列显示了中央生态环境保护督察对高碳企业绿色技术创新影响的估计结果,回归结果显示,交叉项 Treat×Cepi 的回归系数在 10% 的水平上显著为正,说明中央生态环境保护督察显著促进了高碳企业绿色技术创新。第(6)列显示了绿色技术创新对高碳企业生存风险影响的估计结果,结果显示,变量 Green_apply 的回归系数在 5% 的水平上显著为负,说明绿色技术创新有效提升了企业生产效率与环境效率,显著降低了高碳企业生存风险。综上所述,中央生态环境保护督察显著促进了高碳企业创新方向绿色化,进而降低了其生存风险,再次验证了假设 H_3 中的技术创新机制。

综上所述,中央生态环境保护督察总体上显著降低了高碳企业生存风险,在影响机制方面,该政策的实施通过提高运营成本加剧了高碳企业生存风险,同时,通过促进高碳企业研发效率和创新方向绿色化,降低了高碳企业生存风险,总体上企业技术创新提升所带来的正向效应大于运营成本增加带来的负向效应。这也说明随着强制命令型环境规制进入强制执法阶段,企业将被迫放弃观望态度,在环保行为方面则更加倾向于选择积极进取的应对策略,如通过加大研发投入进行技术创新,尤其是能够实现环境绩效和生产效率提升双重目标的绿色技术创新,以获得创新补偿优势,从而提高企业长期竞争力与生存概率。

5.4.4 中央生态环境保护督察对高碳企业生存风险影响的稳健性检验

5.4.4.1 平行趋势检验

使用双重差分(DID)模型的一个重要前提条件是实验组和对照组满足"共同趋势假设",即在中央生态环境保护督察之前,实验组和对照组企业的生存风险状况相似。本书参考 Jacobson 等(1993)、Beck 等 (2010)的研究思路进行平行趋势检验。其中,t 为负值表示中央生态环境保护督察之前的年份,t 为正值表示中央生态环境保护督察之后的年份,其他指标含义同公式(5-17)中的一致。具体模型形式设定如下:

$$\text{Srisk}_{it} = \beta_0 + \sum_{t=-3}^{t=3} \beta_j (\text{Treat}_i \times \text{Cepi}_t) + \sum \beta \text{Control}_{it} + \varepsilon_{it}$$

$$(5-19)$$

图 5-3 显示了中央生态环境保护督察与企业生存风险的平行趋势检验结果。结果显示,在中央生态环境保护督察政策之前,实验组与对照组企业生存风险并没有显著差异,而在中央生态环境保护督察政策之后,实验组与对照组企业生存风险出现显著差异。这一结论表明平行趋势假设成立,从而保证了回归结果的稳健性。

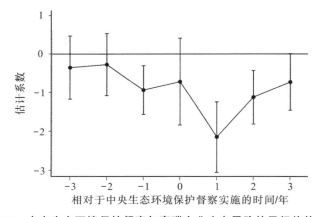

图 5-3　中央生态环境保护督察与高碳企业生存风险的平行趋势检验

5.4.4.2 安慰剂检验

实验组与对照组企业在生存风险方面的差异也可能是由其他不可观测的微观企业特征造成的。本节参照 Chetty 等(2009)的做法,采用随机生成高碳企业实验组并重复试验 500 次的方法进行安慰剂试验。测试结果如图 5-4 所示。从图中可以看出,核心估计系数的平均值接近于 0,且大部分估计系数未能通过显著性检验。这一结论表明,不可观测的企业微观特征并不影响中央生态环境保护督察政策的实施效果,从而保证回归结果的稳健性。

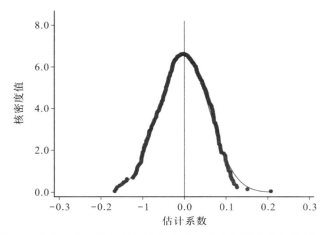

图 5-4 中央生态环境保护督察与高碳企业生存风险的安慰剂检验

5.4.4.3 调整估计区间后的回归结果

为保证回归结果的稳健性,本部分将考察时间区间调整为 2013—2018 年,重新对回归方程(5-17)进行估计。调整估计区间后的回归结果列示于表 5-15。回归结果显示,交叉项 Treat×Cepi 的回归系数为−0.743,且分别通过了 1% 水平的显著性检验,回归结果与表 5-12 中的基准回归结论保持一致。

表 5-15 中央生态环境保护督察与高碳企业生存风险:调整估计区间的稳健性检验

变量	生存风险
	Srisk
Treat×Cepi	−0.743***
	(−4.345)
Lnsize	1.806***
	(11.516)
Lev	15.070***
	(25.558)

续表

变量	生存风险
	Srisk
Roe	−1.392***
	(−3.178)
Capital	−0.509***
	(−5.615)
TFP	−1.579***
	(−7.503)
Cflow	−6.544***
	(−6.629)
Growth	0.217*
	(1.730)
Age	−0.921***
	(−7.240)
Top1	−0.012**
	(−2.288)
Govcon	−0.137
	(−0.730)
HHI	−2.661**
	(−2.355)
Constant	−25.892***
	(−13.386)
Industry FE	是
Year FE	是
Regional FE	是
Observations	9754
R-squared	0.490

5.4.4.4 控制宏观因素后的稳健性检验

本部分进一步引入地区经济发展水平（LnGDP）、财政收入水平（Lnrev）等地区层面宏观变量对基准模型进行重新回归，回归结果列示于表 5-16。第（1）列和第（2）列显示了依次加入地区经济增长水平、财政收入水平后的回归结果，第（3）列显示了同时加入地区经济增长水平与财政收入水平后的回归结果。在控制地区宏观因素后，交叉项 Treat × Cepi 的回归系数依然显著为正，回归结果依然稳健。

表 5-16　中央生态环境保护督察与高碳企业生存风险：控制宏观因素的稳健性检验

变量	（1）生存风险	（2）生存风险	（3）生存风险
	Srisk	Srisk	Srisk
Treat×Cepi	-0.278^*	-0.270^*	-0.274^*
	(-1.840)	(-1.788)	(-1.816)
Lnsize	1.603^{***}	1.603^{***}	1.604^{***}
	(12.516)	(12.519)	(12.522)
Lev	14.178^{***}	14.172^{***}	14.175^{***}
	(28.122)	(28.066)	(28.075)
Roe	-1.865^{***}	-1.866^{***}	-1.866^{***}
	(-5.542)	(-5.547)	(-5.544)
Capital	-0.502^{***}	-0.501^{***}	-0.502^{***}
	(-6.129)	(-6.127)	(-6.128)
TFP	-1.529^{***}	-1.528^{***}	-1.529^{***}
	(-8.421)	(-8.416)	(-8.424)
Cflow	-7.228^{***}	-7.225^{***}	-7.226^{***}
	(-8.827)	(-8.822)	(-8.825)
Growth	0.149	0.149	0.150
	(1.577)	(1.584)	(1.586)
Age	-0.866^{***}	-0.865^{***}	-0.866^{***}
	(-8.095)	(-8.074)	(-8.083)

续表

变量	(1)生存风险 Srisk	(2)生存风险 Srisk	(3)生存风险 Srisk
Top1	−0.008*	−0.008*	−0.008*
	(−1.803)	(−1.807)	(−1.808)
Govcon	−0.155	−0.155	−0.156
	(−0.968)	(−0.970)	(−0.973)
HHI	−1.216**	−1.220**	−1.214**
	(−2.117)	(−2.126)	(−2.115)
LnGDP	−0.546		−0.756
	(−1.107)		(−1.302)
lnrev		−0.023	0.316
		(−0.051)	(0.595)
Constant	−16.160***	−21.724***	−16.602***
	(−2.985)	(−5.259)	(−3.000)
Industry FE	是	是	是
Year FE	是	是	是
Regional FE	是	是	是
Observations	14555	14555	14555
R-squared	0.477	0.477	0.477

5.4.4.5 控制新《环保法》影响后的稳健性检验

新《环保法》正式实施时间为 2015 年 1 月,第一轮中央生态环境保护督察持续时间为 2016 年 1 月至 2017 年 8 月,两种环境规制政策实施距离只有一年时间,这可能产生政策叠加效应。为保证结果的稳健性,本节进一步控制了新《环保法》实施的影响后进行重新回归,回归结果列示于表 5-17。回归结果显示,在控制新《环保法》因素影响后,回归结果依然稳健。

表 5-17 中央生态环境保护督察与高碳企业生存风险:控制新《环保法》影响的稳健性检验

变量	生存风险
	Srisk
Treat×Post	0.969***
	(3.594)
Treat×Cepi	−0.919***
	(−4.049)
Lnsize	1.603***
	(12.513)
Lev	14.176***
	(28.124)
Roe	−1.862***
	(−5.547)
Capital	−0.500***
	(−6.117)
TFP	−1.525***
	(−8.401)
Cflow	−7.222***
	(−8.822)
Growth	0.159*
	(1.678)
Age	−0.867***
	(−8.100)
Top1	−0.008*
	(−1.822)
Govcon	−0.157
	(−0.983)
HHI	−1.307**
	(−2.280)
Constant	−21.970***
	(−13.576)

续表

变量	生存风险
	Srisk
Industry FE	是
Year FE	是
Regional FE	是
Observations	14555
R-squared	0.477

5.4.5 中央生态环境保护督察对高碳企业生存风险影响的异质性检验

进一步,本部分基于企业产权性质、经济影响力及地方政府环境关注度三个维度,考察中央生态环境保护督察对高碳企业生存风险影响的异质性效应。

5.4.5.1 基于产权性质的异质性检验

与5.3.5.1节类似,本节按照产权性质不同,将样本企业划分为国有企业组和非国有企业组,进而考察中央生态环境保护督察对高碳企业生存风险的影响效应在国有企业组和非国有企业组之间存在的差异。检验结果列示于表5-18。

表 5-18　中央生态环境保护督察与高碳企业生存风险:产权性质的异质性检验

变量	(1)国有	(2)非国有
	Srisk	Srisk
Treat×Cepi	−0.065	−0.451*
	(−0.373)	(−1.956)
Lnsize	1.078***	2.078***
	(7.594)	(11.683)
Lev	11.995***	15.430***
	(16.083)	(24.298)

续表

变量	(1)国有	(2)非国有
	Srisk	Srisk
Roe	−0.948**	−2.628***
	(−2.502)	(−5.758)
Capital	−0.340***	−0.560***
	(−3.908)	(−5.572)
TFP	−1.257***	−1.633***
	(−4.827)	(−7.034)
Cflow	−2.988***	−8.539***
	(−2.640)	(−8.357)
Growth	0.138	0.108
	(1.545)	(0.899)
Age	−0.046	−1.399***
	(−0.291)	(−9.786)
Top1	0.001	−0.014**
	(0.240)	(−2.223)
HHI	−0.161	−1.110
	(−0.193)	(−1.444)
Constant	−15.994***	−29.993***
	(−7.569)	(−11.716)
Industry FE	是	是
Year FE	是	是
Regional FE	是	是
Observations	4898	9657
R-squared	0.537	0.481

表 5-18 的回归结果显示,第(1)列中交叉项 Treat×Cepi 的回归系数未通过显著性检验,第(2)列中交叉项 Treat×Cepi 的回归系数在 10%的水平上显著为负,说明中央生态环境保护督察显著降低了非国有企业组高碳企业的生存风险,而对于国有企业组高碳企业生存风险

并未产生显著性影响。可能的原因在于，中央生态环境保护督察将地方党委与政府一并作为督察对象，并将地区环境绩效与政府官员业绩、考核与升迁直接挂钩，从执法层面强化了地方政府履行环境责任的行为动机。但相较于非国有企业，国有企业凭借其与政府的紧密关系，在政府环境规制执行过程中往往能够获得更大的政策缓冲空间，政企关系优势使得国有企业在环保行为方面也更加倾向于采取被动合规策略，如选择污染物处理、缩减生产规模等方式，缺乏开展实质性技术创新动力。相反，缺乏政府背景的非国有企业在环保督察过程中受到更加严格的环境监管和处罚，因此，为了迎合政府环境绩效考核的需求，非国有企业往往会更加积极地进行绿色技术创新，帮助政府完成环保考核目标，以维护良好的政企关系，获得更多自身发展所需的资源支持。因此，随着强制命令型环境规制进入强制执法阶段，非国有企业更倾向于通过绿色技术创新以获得创新补偿优势，同时实现效率目标和环保目标，提高企业长期竞争力与生存概率。

5.4.5.2 基于企业经济影响力的异质性检验

与 5.3.5.2 节类似，本节按照企业经济影响力不同，将样本企业划分为高经济影响力企业组和低经济影响力企业组，进而考察中央生态环境保护督察对高碳企业生存风险的影响效应在不同经济影响力企业组之间存在的差异。检验结果列示于表 5-19。

表 5-19　中央生态环境保护督察与高碳企业生存风险：经济影响力的异质性检验

变量	(1)高经济影响力	(2)低经济影响力
	Srisk	Srisk
Treat×Cepi	0.013	-0.524^{**}
	(0.112)	(-2.091)
Lnsize	0.855^{***}	2.936^{***}
	(7.669)	(10.307)
Lev	10.243^{***}	17.905^{***}
	(17.864)	(15.256)

续表

变量	(1)高经济影响力 Srisk	(2)低经济影响力 Srisk
Roe	−1.230***	−2.946***
	(−3.933)	(−5.229)
Capital	−0.365**	−0.365***
	(−2.497)	(−3.233)
TFP	−1.240***	−0.943**
	(−6.715)	(−2.477)
Cflow	−6.190***	−7.646***
	(−7.515)	(−5.194)
Growth	−0.049	0.151
	(−0.600)	(0.801)
Age	−0.273**	−1.691***
	(−2.571)	(−11.842)
Top1	−0.002	0.002
	(−0.466)	(0.333)
Govcon	−0.018	−0.138
	(−0.135)	(−0.661)
HHI	−2.265**	−0.993
	(−2.378)	(−0.817)
Constant	−8.626***	−58.347***
	(−6.394)	(−12.242)
Industry FE	是	是
Year FE	是	是
Regional FE	是	是
Observations	7412	7143
R-squared	0.578	0.560

表 5-19 的回归结果显示,第(1)列中高经济影响力企业组交叉项 Treat×Cepi 的回归系数未通过显著性检验,第(2)列中低经济影响力

企业组交叉项 Treat×Cepi 的回归系数在 5% 的水平上显著为负,说明中央生态环境保护督察显著降低了低经济影响力企业组高碳企业的生存风险,而对于高经济影响力企业组高碳企业的生存风险并未产生显著性影响。根据前文的分析,具有较高经济影响力的高碳企业在生产过程中所产生的各类污染物与碳排放量远大于低经济影响力的企业,更容易成为环保部门监管的重点对象。但随着中央生态环境保护督察将党委和政府一并作为督察对象,并将辖区内企业环境表现与政府官员业绩、考核与升迁直接挂钩,从执法层面强化了地方政府履行环境责任的行为动机,使其同时更加关注低经济影响力高碳企业的环境表现,这类企业面临的环境压力在督察过程中不断提升。同时,具有较高经济影响力的高碳企业也是地区经济增长的重要支撑,地方政府可能会出于经济增长目标的考虑而放松对这类企业的环境处罚,这将弱化该类企业进行长期技术创新的行为动机。而低经济影响力高碳企业在严格执法的高压下,更可能选择通过技术创新以获得创新补偿优势,从而提高企业长期竞争力与生存概率。

5.4.5.3 基于地方政府环境关注度的异质性检验

与 5.3.5.3 节类似,本节按照地方政府环境关注度的不同,将样本企业划分为高环境关注度企业组和低环境关注度企业组,进而考察中央生态环境保护督察对高碳企业生存风险的影响效应在不同的地方政府环境关注度企业组之间存在的差异。检验结果列示于表 5-20。

表 5-20　中央生态环境保护督察与高碳企业生存风险:政府环境关注度的异质性检验

变量	(1)高环境关注度	(2)低环境关注度
	Srisk	Srisk
Treat×Cepi	−0.112	−0.346*
	(−0.517)	(−1.734)
Lnsize	1.730***	1.522***
	(8.925)	(11.141)
Lev	14.882***	13.535***
	(21.177)	(24.431)

续表

变量	(1)高环境关注度	(2)低环境关注度
	Srisk	Srisk
Roe	−2.291***	−1.514***
	(−4.722)	(−3.789)
Capital	−0.549***	−0.506***
	(−5.064)	(−5.712)
TFP	−1.648***	−1.464***
	(−6.633)	(−7.062)
Cflow	−7.602***	−6.986***
	(−7.146)	(−6.573)
Growth	0.448***	−0.109
	(2.996)	(−0.975)
Age	−1.040***	−0.694***
	(−6.749)	(−5.854)
Top1	−0.009	−0.007
	(−1.407)	(−1.318)
Govcon	0.035	−0.357*
	(0.178)	(−1.771)
HHI	−2.047***	−0.418
	(−2.799)	(−0.559)
Constant	−22.966***	−21.086***
	(−9.711)	(−11.623)
Industry FE	是	是
Year FE	是	是
Regional FE	是	是
Observations	6790	7765
R-squared	0.485	0.481

表 5-20 的回归结果显示,第(1)列中高环境关注度企业组交叉项 Treat×Cepi 的回归系数未通过显著性检验,第(2)列中低环境关注度

企业组交叉项 Treat×Cepi 的回归系数在 10％的水平上显著为负,说明中央生态环境保护督察显著降低了低环境关注度企业组高碳企业的生存风险,而对于高环境关注度企业组高碳企业生存风险并未产生显著性影响。可能的原因在于,与高环境关注度地区相比,低环境关注度地区政府对辖区内企业缺乏足够的环境监管和环境处罚,而中央生态环境保护督察范围实现了全国 31 个省份、自治区和直辖市的全覆盖,并将党委和政府及其有关部门作为重要督察对象,强化了低环境关注度地区政府的环境意识和环境责任,促使其加大对辖区内高碳企业的环保监管力度,形成区域环境治理的长效机制,从而纠正低环境关注度地区高碳企业的消极环保行为,倒逼企业通过技术创新提升长期竞争力和生存概率。在高环境关注度地区,地方政府已经建立了相对完善且高效的环境监管体系,因此,中央生态环境保护督察的开展对该地区高碳企业的生存风险并未产生显著影响。

5.5 本章小结

本章围绕强制命令型环境规制对高碳企业生存风险的影响展开理论与实证分析。首先,深入剖析了强制命令型环境规制对高碳企业生存风险的影响机制并构建理论模型进行推演,在此基础上,分别以新《环保法》实施与中央生态环境保护督察作为切入点,从立法层面与执法层面对于强制命令型环境规制对高碳企业生存风险的影响效应、影响机制以及异质性效应进行实证检验。本章的主要研究结论如下:

(1)新《环保法》的实施总体上显著加剧了重污染企业与高碳企业的生存风险。机制检验结果表明,新《环保法》的实施通过运营成本机制和技术创新机制影响高碳企业生存风险。具体而言,该法律的实施通过提高运营成本加剧了高碳企业生存风险,同时,通过促进高碳企业研发投入、创新产出及创新方向绿色化降低了高碳企业生存风险。但总体上企业运营成本增加带来的负向效应大于技术创新能力提升带来的正向效应。这也说明在强制命令型环境规制的完善立法阶段,企业在环保行为方面更加倾向于选择相对消极保守的应对策略,从而使得环境规制的运营成本效应大于技术创新效应,加剧了高碳企业的生存风险。异质性检验结果表明,新《环保法》实施显著加剧了国有、高经济影响力以及高环境关注度地区的高碳企业生存风险,而对于非国有、低经济影响力以及低环境关注度地区的高碳企业生存风险的影响并不显著。

(2)中央生态环境保护督察政策总体上显著降低了高碳企业生存风险。机制检验结果表明,中央生态环境保护督察通过运营成本机制和技术创新机制影响高碳企业生存风险。具体而言,该政策的实施通过提高运营成本加剧了高碳企业生存风险,同时,通过促进高碳企业研发效率和创新方向绿色化降低了高碳企业生存风险。但总体上企业技术创新提升所带来的正向效应大于运营成本增加带来的负向效应。这也说明随着强制命令型环境规制进入强制执法阶段,企业将被迫放弃观望态度,在环保行为方面则更加倾向于选择积极进取的应对策略,以获得创新补偿优势,从而提高企业长期竞争力与生存概率。异质性检验结果表明,中央生态环境保护督察显著降低了非国有、低经济影响力以及低环境关注度地区的高碳企业生存风险,而对于国有、高经济影响力以及高环境关注度地区的高碳企业生存风险的影响并不显著。

(3)在新《环保法》实施的立法阶段和中央生态环境保护督察实施的强化执法阶段,强制命令型环境规制对高碳企业生存风险的影响呈现出显著差异,中央生态环境保护督察的实施建立了一套环境监管的长效机制,能够有效促进企业环保行为从消极保守策略到积极进取策略的转型,从而通过技术创新来获得创新补偿优势,在实现环境目标的同时提升企业长期竞争力与企业生存概率。

6 市场激励型环境规制对高碳企业生存风险的影响

市场激励型环境规制是以市场机制为核心的环境治理工具,其本质是将环境污染成本内部化,从而促使企业在实现利润最大化的同时主动减少污染排放。相较于传统强制命令型环境规制,市场激励型环境规制具有灵活性高、政府干预程度较低等特点。随着强制命令型环境规制在环境治理中出现了诸多问题,我国自 1990 年以后开始逐步尝试采用经济与市场化手段进行环境治理,如陆续推出《排污费征收使用管理条例》《超标环境噪声排污费征收标准》《超标污水排污费征收标准》等,这些政策成为早期市场激励型环境规制工具的重要组成部分。

近年来我国一直在积极探索市场激励型环境规制工具的创新。2007 年,国家环保总局、中国人民银行和中国银行业监督管理委员会共同出台了《关于落实环保政策法规防范信贷风险的意见》,明确要求金融机构在信贷审批过程中严格遵循环保政策要求。在该政策框架下,相关部门陆续出台了《绿色信贷指引》《关于构建绿色金融体系的指导意见》等一系列绿色信贷相关政策。其中,以中国银行业监督管理委员会 2012 年发布的《绿色信贷指引》最具代表性,它树立了银行业绿色信贷的具体标准和原则,被广泛视为现行中国绿色信贷制度体系的核心和纲领性文件。该指引要求金融机构充分承担环境社会责任,在信贷投放过程中限制对污染型项目和污染型企业的信贷投放,强化对清洁型项目和清洁型企业的信贷支持,从而实现贷款配置绿色化。在实践过程中,该指引的颁布和实施对商业银行等金融机构信贷投放的环境导向施加了硬约束。例如,2018 年平安银行因向环保不达标企业提供贷款被中国银行保险监督管理委员会天津监管局罚款 50 万元,处罚文件中就提到了《绿色信贷指引》。2021年11月,中国人民银行创新推出碳减排支持工具,通过向商业银行提供低成本再贷款资金,引导金融机构加大对碳减排重点领域的信贷支持。近年来,我国绿色信贷政策实施成效显著。截至2023年末,中国21家主要银行绿色信贷余额达到27.2万亿元,其规模位居世界第一。

2010年9月,国务院首次提出要建立和完善碳排放权交易制度。2011年10月,国家发展改革委办公厅印发了《关于开展碳排放权交易试点工作的通知》,批准北京市、天津市、上海市、重庆市、湖北省、广东省及深圳市开展碳排放权交易试点工作,2013年下半年及2014年上半年,7个试点碳市场陆续启动上线交易。2016年底,四川省和福建省2个非试点地区也相继启动碳市场交易。2017年12月,《全国碳排放权交易市场建设方案(发电行业)》印发实施,开启建设全国统一的碳市场。2021年7月,全国统一碳市场启动上线交易,标志着中国已建成全球最大的碳市场体系。

随着市场激励型环境规制工具的创新与发展,诸多学者围绕该类政策的实施效果进行研究。宏观层面上,主要关注市场激励型环境规制对经济增长(余萍 等,2020)、区域碳排放(Zhang et al.,2019;王道平 等,2024)、产业结构升级(刘满凤 等,2022)等方面的影响,微观层面上,主要关注市场激励型环境规制对企业污染行为(Caparrós et al.,2016;Sun et al., 2019;李荣华 等,2024)、环境信息披露(Xing et al.,2021)、投资和融资活动(Yao et al., 2021;Xie et al., 2023)、企业创新(胡珺 等,2020;Qi et al., 2021;谢乔昕 等,2021;Xie et al., 2022)、企业价值(Clarkson et al., 2015;沈洪涛 等,2019)等的影响方面,然而,鲜有文献涉及市场激励型环境规制与企业生存之间关系的研究。而市场激励型环境规制不仅对企业环境绩效产生直接影响,同时也通过改变企业融资环境与技术创新的资源支持而对企业生存带来深远的影响。

本章首先围绕市场激励型环境规制对高碳企业生存风险的影响展开理论分析,在此基础上,以《绿色信贷指引》实施与碳排放权交易试点作为切入点,对于市场激励型环境规制对高碳企业生存风险的影响效应、影响机制及异质性效应进行实证检验。

6.1 市场激励型环境规制对高碳企业生存风险的影响机制分析

　　相较于强制命令型环境规制,市场激励型环境规制对企业而言具有更高的灵活性,使企业能够以更符合长期利益的方式采取节能减排措施,实现绿色转型目标。市场激励型环境规制以《绿色信贷指引》、碳排放权交易、排污费制度等为典型代表,这些规制措施主要通过市场化运作机制对企业的环保行为进行相应的激励,同时对高能耗高污染企业的发展进行限制,从而实现环境保护目标。如通过对企业环保行为提供融资便利、税费优惠、碳排放权买卖等,激发企业参与环保投资的自主性与积极性,鼓励企业通过绿色技术创新提高能源使用效率,减少生产经营活动过程中污染物的排放,从而规避因环境违规所导致的行政处罚及法律诉讼等问题。

　　然而,市场激励型环境规制在改善环境绩效的同时,也会给高碳企业生存带来影响。一方面,市场激励型环境规制通过市场机制对高碳企业融资活动形成约束和限制。如绿色信贷政策的实施使得高碳企业在银行贷款等融资等环节面临更多障碍。我国以银行为主导的金融体系使得信贷融资成为企业获取外部资金的主要渠道。绿色信贷政策实施后,金融机构对高碳排放与高污染企业和项目的贷款变得更加谨慎,这使得我国高碳排放与高污染企业受到显著的政策冲击。在银行主导型金融结构下,绿色信贷政策对高碳企业带来的生存风险的影响更为显著。碳排放限额与碳排放权交易市场的推出也使得高碳企业需要花费额外支出购买碳排放权,或通过信号传递效应间接强化高碳企业融资约束,从而加剧了高碳企业的生存风险。另一方面,市场激励型环境规制能够通过经济激励与约束机制引导高碳企业技术创新,从而提高高碳企业市场竞争力,降低高碳企业的生存风险。

　　具体而言,以《绿色信贷指引》和碳排放权交易等为代表的市场激励型环境规制主要通过以下两种机制影响高碳企业生存风险:融资约束机制与技术创新机制。

在融资约束机制方面,市场激励型环境规制对高碳企业融资约束的影响包括直接融资效应与间接信号传递效应。首先,在直接效应方面,以《绿色信贷指引》实施为代表的市场激励型环境规制要求金融机构承担更多的环境社会责任,商业银行在发放贷款的过程中会充分考虑企业在能源消耗、污染排放及碳排放等方面的环境表现,这将严重限制商业银行对高碳企业的贷款规模,导致高碳企业信贷融资可得性下降,同时也会承担更高的利率水平以及提供更加苛刻的贷款担保,这些都会直接强化高碳企业融资约束。与此同时,目前以高碳企业低碳转型为目标的转型金融在我国的发展仍处于起步阶段,这更进一步加剧了环境规制下高碳企业的融资困境,进而不利于高碳企业生存。以碳排放权交易为代表的市场激励型环境规制,将碳排放权作为一种可以定价并在公开市场进行交易的资产,而高碳企业通常具有高能耗、高排放与高污染等特征,其碳排放量往往会超出政府给定的配额,需要花费额外支出购买碳排放权,通过环境外部性内部化增加了企业运营成本以及对外源融资的需求,强化了高碳企业融资约束,进而加剧了高碳企业的生存风险。其次,在间接信号传递效应方面,市场激励型环境规制增加了高碳企业的运营成本和合规风险,向金融市场传递出该类企业信用风险上升的信号,降低了金融机构为高碳企业提供信贷支持的行为意愿,进而强化其所面临的融资约束。同时,对供应链伙伴而言,市场激励型环境规制的实施也向市场传递出高碳企业信用风险上升的信号,一定程度上增强了供应链伙伴的议价能力并降低其为高碳企业提供商业信用的意愿,商业信用的紧缩也会进一步强化对高碳企业的融资约束。虽然随着企业绿色转型进程的推进,企业组织合法性风险降低,有助于缓解企业融资约束,但绿色转型需要较长周期,短期内市场激励型环境规制的实施仍然会显著强化企业外部融资约束,融资约束的上升会导致企业财务资源匮乏,引发企业财务风险,进而对高碳企业生存造成威胁。

在技术创新机制方面,波特假说强调适度环境规制的实施会激发企业开展技术创新的动力,以抵消环境规制导致的成本上升和竞争力下降(Porter et al.,1995;王班班 等,2016)。不同于强制命令型环境规制工具,市场激励型环境规制则通过经济激励手段引导高碳企业进行技术创新。具体而言,以绿色信贷为代表的市场激励型环境规制倾向于对开展生态环境保护的绿色环保企业提供贷款并给予优惠性贷款利率,同时对高碳企业项目投资贷款额度进行限制并实施惩罚性利率,通过融资渠道内生化企业环境成本,在信贷可得性以及贷款融资成本上使企业为其环境污染行为付出代价,压缩企业融资空间并抬高其债务融资成本,使得企业在市场竞争中处于不利地位,倒逼高碳企业进一步加大技术创新力度,通过绿色工艺与绿色产品研发、污染治理投入等绿色行为抵消环境规制带来的负向效应。因此,绿色信贷能够通过提高污染活动成本促进企业创新,即绿色信贷政策降低了高碳企业的信贷可得性并对其财务绩效产生负向影响,这将增强企业通过创新活动抵消污染活动成本与短期财务损失的动机。同时,绿色信贷政策通过强化环境规制预期影响企业技术创新。环境规制能否有效激励企业技术创新,取决于企业对未来环境规制政策变化的预期。当环境规制政策存在较大不确定性时,企业可能因为预期未来环境规制放松而缺乏创新动力。此外,环境规制强度不确定将导致环保技术方向的不确定性,这也将促使企业倾向于观望而非盲目开展创新活动以避免技术风险。《绿色信贷指引》的实施向企业传递了政府强化环境监管的明确信号,增强了企业对未来环境规制趋严的预期,这种政策预期效应能够降低技术研发方向的不确定性,从而提升企业开展技术创新尤其是绿色技术创新的积极性。因此从长期来看,这种市场奖惩机制的设计将成为高碳企业技术创新的重要动力来源,并引导高碳企业技术创新朝着绿色清洁方向演进,通过技术创新方向的转变减少温室气体与污染物排放。另外,以碳排放权交易为例,碳排放权交易构建了“总量限定、配额交易”的市场化减排制度。高碳企业往往因超出排放限额而需要支付额外成本购买碳排放额度,导致其生产成本的上升。此时,企业通过生产工艺创新降低碳排放水平,可以降低碳配额的外部购买成本,甚至可以通过向其他企业转让其节约的配额获取收益,从而对高碳企业技术创新形成激励。依循前述分析,技术创新虽然在短期内可能会加剧高碳企业生存风险,但从长期维度看,技术创新尤其是绿色技术创新则有利于企业提高生产效率,同时规避因环境违规所遭受的处罚和声誉损失,并有助于企业获得更多政策与资源支持,从而有助于提升企业竞争力,降低企业生存风险(鲍宗客,2016)。

基于此,本章提出研究假设 H₄和假设 H₅。

假设 H₄ₐ:市场激励型环境规制总体上加剧了高碳企业生存风险。

假设 H₄ᵦ:市场激励型环境规制总体上降低了高碳企业生存风险。

假设 H₅:市场激励型环境规制通过融资约束机制和技术创新机制影响企业生存风险。

6.2 市场激励型环境规制对高碳企业生存风险影响的理论模型

根据前文的理论分析,市场激励型环境规制通过融资约束效应加剧了高碳企业生存风险,且通过创新补偿效应降低了高碳企业生存风险。为更加清晰地阐释市场激励型环境规制与高碳企业生存风险的关联机制,将市场激励型环境规制记作 $mier_i$,基于此,本部分通过理论模型分析市场激励型环境规制对高碳企业生存风险的影响。

通过前文 5.2 节中公式(5-12)可知,高碳企业生存概率与生产者、消费者行为密切相关,高碳企业生存概率会随着企业生产率与企业产品质量的提升而增加,且随着企业生产成本与融资成本的提升而下降,即生产率与产品质量提升会降低高碳企业生存风险,而生产成本与融资成本的上升则会加剧高碳企业生存风险。该结论可用下式表示:

$$\frac{\partial \eta_i^*}{\partial \varphi}>0, \frac{\partial \eta_i^*}{\partial q_i}>0, 且\frac{\partial \eta_i^*}{\partial mc_i}<0, \frac{\partial \eta_i^*}{\partial F_i}<0, \frac{\partial \eta_i^*}{\partial r_i L_i}<0。$$

市场激励型环境规制会强化高碳企业融资约束,进而提高企业融资成本,即 $\frac{\partial r_i L_i}{\partial mier_i}>0$。通过前文分析可知 $\frac{\partial \eta_i^*}{\partial r_i L_i}<0$,因此有 $\left(\frac{\partial \eta_i^*}{\partial r_i L_i}\right) \times \left(\frac{\partial r_i L_i}{\partial mier_i}\right)<0$,即市场激励型环境规制会带来融资约束效应,使得高碳

企业面临更加强化的融资约束与更高的融资成本,从而导致高碳企业生存概率下降,加剧高碳企业生存风险。此外,市场激励型环境规制还会带来创新补偿效应,促使高碳企业通过技术创新带来产品质量与生产率提升,以此抵消环境规制的负向影响,即 $\dfrac{\partial \varphi_i}{\partial \operatorname{mier}_i} > 0$,$\dfrac{\partial q_i}{\partial \operatorname{mier}_i} > 0$。

通过前文分析可知,$\dfrac{\partial \eta_i^*}{\partial \varphi} > 0$,$\dfrac{\partial \eta_i^*}{\partial q_i} > 0$,因此可得,$\left(\dfrac{\partial \eta_i^*}{\partial \varphi_i}\right) \times \left(\dfrac{\partial \varphi_i}{\partial \operatorname{mier}_i}\right) > 0$,$\left(\dfrac{\partial \eta_i^*}{\partial q_i}\right) \times \left(\dfrac{\partial q_i}{\partial \operatorname{mier}_i}\right) > 0$,即市场激励型环境规制通过激励机制设计诱发高碳企业技术创新尤其是绿色技术创新,提升企业产品质量、企业生产率与市场竞争力,从而提高高碳企业生存概率,降低高碳企业生存风险。

6.3 《绿色信贷指引》对高碳企业 生存风险影响的实证分析

本节基于 2012 年《绿色信贷指引》实施这一准自然实验,通过收集 2009—2020 年沪深两市上市公司样本的相关数据,围绕《绿色信贷指引》对高碳企业生存风险的影响展开实证分析。首先,本节检验了《绿色信贷指引》实施对高碳企业生存风险的影响效应。在此基础上,利用中介效应模型,对《绿色信贷指引》实施影响高碳企业生存风险的融资约束机制与技术创新机制进行检验。最后,从产权异质性、企业经济影响力及地方政府环境关注度等多个维度进行异质性效应检验。

6.3.1 研究数据与研究设计

6.3.1.1 样本选择与数据来源

《绿色信贷指引》实施的时间为 2012 年,为了研究该指引出台对高碳企业生存风险的影响,本节选取 2009—2020 年沪深两市非金融上市企业为初始样本,在此基础上,剔除了考察期内被 ST、*ST、PT 及大量数据缺失的企业样本,最终获得 16236 个年度观测值。为了避免极端值对实证结果的干扰,本节对所有连续性变量在 1% 和 99% 分位水平上进行缩尾处理。各指标数据主要来自国泰安数据库(CSMAR)与万得数据库(WIND)。其中,高碳企业界定与划分依据与前文相同。

6.3.1.2 变量定义

(1)被解释变量:企业生存风险(Srisk)

与 5.3.1.2 节一致,本节依然采用将 Altman-Z 值取负值转换后的指标度量企业生存风险。

(2)解释变量:《绿色信贷指引》实施(Treat×Credit)

本部分解释变量为 2012 年《绿色信贷指引》实施(Treat×Credit),即组别虚拟变量与政策虚拟变量的交互项。与前文类似,本部分选取高碳企业组作为实验组,非高碳企业组作为对照组,若样本企业所在行业属于高碳行业,则组别虚拟变量 Treat 取值为 1,否则,该变量取值为 0。《绿色信贷指引》实施的时间是 2012 年,因此,政策虚拟变量即 Credit 变量在 2012 年之前赋值为 0,2012 年及之后赋值为 1。

(3)控制变量

控制变量与 5.3.1.2 节保持一致。

上述变量及相关说明详见表 6-1。

表 6-1 《绿色信贷指引》与高碳企业生存风险的相关变量说明

变量类型	变量名称	变量符号	变量的含义与说明
被解释变量	企业生存风险	Srisk	将 Altman-Z 值取负值作为度量企业生存风险的正向指标,该指标越大,表示企业面临的生存风险越高
解释变量	组别虚拟变量	Treat	如果该企业属于高碳企业,则该变量取值为 1,否则,该变量取值为 0
解释变量	政策虚拟变量	Credit	政策虚拟变量在 2012 年之前赋值为 0,2012 年及之后赋值为 1
解释变量	组别虚拟变量与政策虚拟变量的交互项	Treat×Credit	如果样本属于高碳行业且在《绿色信贷指引》实施年份及之后,该值为 1,其他情况均为 0
控制变量	与 5.3.1.2 节中的控制变量保持一致		

6.3.1.3 模型的构建

国家环境保护总局、中国人民银行和中国银行业监督管理委员会于 2007 年出台《关于落实环保政策法规防范信贷风险的意见》,要求金融机构在信贷投放时严格遵循环保政策要求,此后,相关部门陆续出台了一系列绿色信贷相关法律法规。在诸多法律法规中,以 2012 年 2 月出台的《绿色信贷指引》最具代表性,它树立了银行业绿色信贷的具体标准和原则,被广泛视为我国首部系统性的绿色信贷政策文件。在实际执行中,《绿色信贷指引》对促进绿色信贷规模扩张起到了关键作用。该指引的颁布对于高碳企业而言具有较强的独立性和外生性,为考察市场激励型环境规制对高碳企业生存风险的影响提供了合适的实验场景。本节以《绿色信贷指引》政策作为准自然实验,使用双重差分法(DID)对市场激励型环境规制对高碳企业生存风险的影响进行研究。具体双重差分(DID)模型设定如下:

$$\text{Srisk}_{it} = \beta_0 + \beta_1 \text{Treat}_i + \beta_2 (\text{Treat}_i \times \text{Credit}_t) + \beta_3 \text{Credit}_t + \sum \text{Controls}_{it} + \varepsilon_{it} \tag{6-1}$$

式中,Credit 表示政策虚拟变量,当样本观测值处于 2012 年之前,该变量取值为 0,在 2012 年当年及之后年份,该变量取值为 1。其他变量含义与前文 5.3.1.2 节保持一致。本研究主要关注交叉项 Treat×Credit 的回归系数 β_2,该系数表示《绿色信贷指引》对企业生存风险影响的净效应。

6.3.2 《绿色信贷指引》对高碳企业生存风险的影响效应检验

基于公式(6-1)中的模型设定,本节对于《绿色信贷指引》对高碳企业生存风险的影响效应进行检验,其结果如表 6-2 所示。结果显示,交叉项 Treat×Credit 的回归系数在 5% 的水平上显著为正,说明《绿色信贷指引》的实施总体上显著加剧了高碳企业生存风险,从而验证了假设 H_{4a} 的观点。在信息高度不对称条件下,商业银行往往难以准确识别高碳企业的信贷环境风险。在绿色信贷政策执行过程中,政府应避免对金融机构施加过度压力,并引导商业银行重点关注企业投资项目的环境风险评估。商业银行则应将收集和分析的项目环境信息作为发放贷款的重要依据,而非简单地以企业所属行业作为判断标准。在信息不对称条件下,为规避绿色信贷政策的风险,商业银行可能过度削减向高碳企业发放的贷款规模,即使该申请贷款项目本身并非污染项目。这种"一刀切"的做法可能导致高碳企业因资金短缺而面临巨大的生存压力,无法顺利实现绿色转型。然而,绿色信贷政策实施的初衷并非迫使高碳企业关停。因此,应通过加强银政信息协作,建立企业环境信息共享平台,避免商业银行对高碳企业采取"一刀切"的信贷政策,从而更有效地落实绿色信贷政策,最终实现绿色可持续发展目标。

表 6-2　《绿色信贷指引》对高碳企业生存风险的影响效应检验

变量	生存风险
	Srisk
Treat×Credit	0.432**
	(2.038)
Lnsize	1.559***
	(12.612)
Lev	14.255***
	(29.334)
Roe	−1.999***
	(−6.189)
Capital	−0.482***
	(−5.986)
TFP	−1.479***
	(−8.353)
Cflow	−7.329***
	(−9.435)
Growth	0.095
	(1.084)

续表

变量	生存风险
	Srisk
Age	-0.831^{***}
	(-7.916)
Top1	-0.006
	(-1.290)
Govcon	-0.123
	(-0.793)
HHI	-0.654
	(-1.351)
Constant	-22.059^{***}
	(-14.162)
Industry FE	是
Year FE	是
Regional FE	是
Observations	16231
R-squared	0.479

6.3.3 《绿色信贷指引》对高碳企业生存风险的影响机制检验

为验证 6.1 节中的理论假设，本部分将利用中介效应模型，对于
《绿色信贷指引》对高碳企业生存风险的影响机制进行实证检验。具体
模型形式设定如下：

$$\text{Inter}_{it} = \alpha_0 + \alpha_1 \text{Treat}_i + \alpha_2 (\text{Treat}_i \times \text{Credit}_t) + \alpha_3 \text{Credit}_t + \\ \sum \text{Controls}_{it} + \varepsilon_{it} \quad (6\text{-}2)$$

$$\text{Srisk}_{it} = \delta_0 + \delta_1 \text{Treat}_i + \delta_2 (\text{Treat}_i \times \text{Credit}_t) + \delta_3 \text{Inter}_{it} + \\ \delta_4 \text{Credit}_t + \sum \text{Controls}_{it} + \varepsilon_{it} \quad (6\text{-}3)$$

式中，Credit 表示《绿色信贷指引》实施，Inter 表示融资约束机制与技术

创新机制的中介变量,其他变量含义与前文模型(6-1)中的一致。同样地,本部分主要关注交互项 Treat×Credit 的回归系数 α_2 与中介变量的回归系数 δ_3,系数的含义解释与5.3.3节中的一致。

6.3.3.1 融资约束机制检验

根据前文6.1节和6.2节中的理论分析可知,市场激励型环境规制强化了高碳企业融资约束。本部分分别从融资规模和融资成本两方面考察《绿色信贷指引》对高碳企业融资约束的影响。其中融资规模指标包括企业总贷款规模占总资产的比重(Bank_loan)、企业长期贷款规模占总资产的比重(Bank_lloan)、企业短期贷款规模占总资产的比重(Bank_sloan),融资成本指标包括企业财务费用规模(Fin_scale)与财务费用率(Fin_ratio)。融资约束机制检验结果列示于表6-3和表6-4。

表6-3　《绿色信贷指引》与高碳企业生存风险:融资规模机制的检验

变量	(1) 总贷款 Bank_loan	(2) 生存风险 Srisk	(3) 长期贷款 Bank_lloan	(4) 生存风险 Srisk	(5) 短期贷款 Bank_sloan	(6) 生存风险 Srisk
Treat×Credit	-0.022***	0.360*	-0.021***	0.328	-0.001	0.340
	(-3.980)	(1.655)	(-3.951)	(1.494)	(-0.102)	(1.598)
Bank_loan		-0.409				
		(-0.819)				
Bank_lloan				-1.990***		
				(-3.039)		
Bank_sloan						0.937*
						(1.743)
Lnsize	0.029***	1.352***	0.027***	1.403***	-0.001	1.431***
	(11.356)	(12.448)	(15.306)	(12.531)	(-0.402)	(12.649)
Lev	0.500***	13.357***	0.133***	13.517***	0.354***	12.961***
	(49.348)	(22.417)	(21.154)	(26.418)	(38.479)	(25.014)
Roe	-0.011	-1.771***	0.011*	-1.843***	-0.027***	-1.924***
	(-1.289)	(-5.634)	(1.752)	(-5.778)	(-3.462)	(-6.559)

续表

变量	（1） 总贷款 Bank_loan	（2） 生存风险 Srisk	（3） 长期贷款 Bank_lloan	（4） 生存风险 Srisk	（5） 短期贷款 Bank_sloan	（6） 生存风险 Srisk
Capital	−0.010***	−0.389***	−0.001	−0.389***	−0.007***	−0.407***
	(−9.539)	(−5.407)	(−1.625)	(−5.331)	(−6.634)	(−5.352)
TFP	−0.060***	−1.389***	−0.038***	−1.446***	−0.018***	−1.339***
	(−16.429)	(−8.017)	(−15.038)	(−8.381)	(−5.239)	(−7.849)
Cflow	−0.205***	−7.036***	0.011	−6.979***	−0.206***	−6.629***
	(−12.738)	(−8.396)	(1.000)	(−8.537)	(−14.518)	(−8.673)
Growth	−0.001	0.137*	0.008***	0.168**	−0.008***	0.101
	(−0.472)	(1.648)	(6.081)	(2.008)	(−4.537)	(1.230)
Age	−0.008***	−0.638***	−0.002	−0.656***	−0.004**	−0.713***
	(−3.301)	(−6.096)	(−1.286)	(−6.219)	(−1.977)	(−7.275)
Top1	−0.000*	−0.002	−0.000	−0.002	−0.000	−0.004
	(−1.790)	(−0.352)	(−0.354)	(−0.475)	(−1.352)	(−1.004)
Govcon	−0.012***	−0.059	0.001	−0.065	−0.015***	−0.064
	(−2.873)	(−0.420)	(0.313)	(−0.468)	(−3.894)	(−0.464)
HHI	0.005	−0.582	−0.015**	−0.518	0.016*	−0.517
	(0.570)	(−1.241)	(−2.552)	(−1.154)	(1.915)	(−1.055)
Constant	0.174***	−19.055***	−0.103***	−19.411***	0.269***	−21.125***
	(4.400)	(−13.280)	(−4.109)	(−13.785)	(7.777)	(−14.586)
Industry FE	是	是	是	是	是	是
Year FE	是	是	是	是	是	是
Regional FE	是	是	是	是	是	是
Observations	16236	16236	16236	16236	16236	16236
R-squared	0.612	0.488	0.449	0.488	0.486	0.481

表 6-4 《绿色信贷指引》与高碳企业生存风险:融资成本机制的检验

变量	（1） 财务费用规模 Fin_scale	（2） 生存风险 Srisk	（3） 财务费用率 Fin_ratio	（4） 生存风险 Srisk
Treat×Credit	0.298***	0.146	0.005***	0.361*
	(5.423)	(1.044)	(3.389)	(1.693)
Fin_scale		0.174***		
		(4.900)		
Fin_ratio				16.338***
				(5.695)
Lnsize	1.064***	0.882***	0.006***	1.459***
	(43.948)	(11.719)	(7.972)	(12.729)
Lev	3.338***	8.710***	0.089***	12.845***
	(35.690)	(26.248)	(33.762)	(24.295)
Roe	−0.398***	−1.217***	−0.022***	−1.652***
	(−5.438)	(−5.710)	(−9.154)	(−5.239)
Capital	−0.051***	−0.171***	0.003***	−0.527***
	(−3.630)	(−4.387)	(4.498)	(−6.714)
TFP	−0.227***	−0.966***	−0.012***	−1.281***
	(−6.187)	(−9.344)	(−10.046)	(−7.745)
Cflow	0.612***	−4.226***	0.012***	−7.581***
	(3.575)	(−7.970)	(3.043)	(−9.773)
Growth	−0.086***	0.038	−0.002***	0.099
	(−3.824)	(0.576)	(−3.422)	(1.152)
Age	0.092***	−0.501***	0.002***	−0.860***
	(3.843)	(−8.228)	(3.445)	(−8.220)
Top1	−0.004***	−0.006**	−0.000***	−0.004
	(−3.787)	(−2.257)	(−3.151)	(−0.920)
Govcon	−0.163***	−0.033	−0.004***	−0.063
	(−4.545)	(−0.371)	(−4.141)	(−0.410)

续表

变量	（1） 财务费用规模	（2） 生存风险	（3） 财务费用率	（4） 生存风险
	Fin_scale	Srisk	Fin_ratio	Srisk
HHI	0.174**	−0.065	−0.004*	−0.599
	(2.046)	(−0.222)	(−1.667)	(−1.267)
Constant	−4.832***	−15.464***	0.002	−22.055***
	(−12.974)	(−16.118)	(0.212)	(−14.383)
Industry FE	是	是	是	是
Year FE	是	是	是	是
Regional FE	是	是	是	是
Observations	16236	16236	16236	16236
R-squared	0.761	0.464	0.518	0.484

表 6-3 中列（1）和列（3）结果显示，交叉项 Treat×Credit 的回归系数均在 1% 水平上显著为负，而第（5）列交叉项回归系数则未通过显著性检验。第（2）列中总贷款 Bank_loan 的回归系数为负但并不显著，第（4）列中长期贷款 Bank_lloan 回归系数在 1% 的水平上显著为负，第（6）列中短期贷款 Bank_sloan 的回归系数在 10% 的水平上显著为正。以上结果说明，《绿色信贷指引》的实施显著降低了高碳企业总贷款规模与长期贷款规模，而对其短期贷款规模的影响不显著，长期贷款规模的增加能够有效缓解高碳企业生存风险，而短期贷款规模的增加则加剧了高碳企业生存风险。总体而言，《绿色信贷指引》的实施显著降低了高碳企业长期贷款的可得性，从而加剧其所面临的生存风险。因此，假设 H_5 中的融资规模机制得到验证。

表 6-4 中列（1）和列（3）结果显示，交叉项 Treat×Credit 的回归系数均在 1% 水平上显著为正，列（2）和列（4）中财务费用规模 Fin_scale、财务费用率 Fin_ratio 的回归系数也均在 1% 的水平上显著为正。以上结果说明，《绿色信贷指引》的实施显著提高了高碳企业财务费用规模与财务费用比率，而财务成本的增加则显著加剧了高碳企业生存风险。因此，《绿色信贷指引》的实施通过提高高碳企业融资成本，强化其面临

的融资约束,从而加剧其所面临的生存风险。因此假设 H_5 中的融资成本机制得到验证。

从实际情况来看,中国金融体系具有较为典型的银行主导特征,银行债务融资在企业融资渠道中扮演着重要且难以替代的角色。《绿色信贷指引》的出台抬高了企业信贷融资的环境准入门槛,在绿色信贷框架下,高污染高排放企业难以从银行等金融部门获取所需的债务融资数额并需对其新增债务支付惩罚性高利息。鉴于债务融资在中国企业融资渠道中的重要地位,绿色信贷政策对高碳企业债务融资施加的约束显著增加了企业财务风险与生存风险。与其他行业相比,高碳行业大多具有较高的负债率和固定资产投资率,债务融资限制对这些行业企业的约束效应较其他行业更为明显。此外,绿色信贷政策的实施还会间接影响其他企业资金供给方(供应商、股东等)提供资金支持的意愿,强化了企业财务风险和生存压力。

6.3.3.2 技术创新机制检验

与前文 5.3.3.2 节类似,本节分别用企业研发投入在营业收入中的占比(Innov_ratio)、年度专利申请数(Innov_apply)、绿色专利申请数(Green_apply)来衡量企业技术创新活动的创新投入、创新产出与创新方向,检验《绿色信贷指引》是否通过促进技术创新而降低高碳企业生存风险。表 6-5 列示了技术创新机制的检验结果。

表 6-5 《绿色信贷指引》与高碳企业生存风险:技术创新机制的检验

变量	(1) 研发投入	(2) 生存风险	(3) 专利总数	(4) 生存风险	(5) 绿色专利	(6) 生存风险
	Innov_ratio	Srisk	Innov_apply	Srisk	Green_apply	Srisk
Treat×Credit	−0.007***	0.125	0.062	0.168	0.055	0.440**
	(−4.562)	(0.456)	(0.397)	(0.517)	(1.314)	(2.078)
Innov_ratio		−17.826***				
		(−6.905)				
Innov_apply				−0.053*		
				(−1.904)		

续表

变量	（1）研发投入 Innov_ratio	（2）生存风险 Srisk	（3）专利总数 Innov_apply	（4）生存风险 Srisk	（5）绿色专利 Green_apply	（6）生存风险 Srisk
Green_apply						−0.118**
						(−2.175)
Lnsize	0.003**	1.411***	0.596***	1.717***	0.198***	1.584***
	(2.525)	(10.777)	(9.253)	(8.613)	(9.917)	(12.638)
Lev	−0.034***	14.063***	−0.548***	15.440***	0.067	14.262***
	(−9.799)	(27.960)	(−2.683)	(23.710)	(1.063)	(29.349)
Roe	−0.008**	−2.077***	0.326	−2.782***	0.164***	−1.977***
	(−2.313)	(−5.845)	(1.608)	(−4.792)	(3.997)	(−6.143)
Capital	0.004***	−0.372	−0.123***	−0.705***	−0.007	−0.483***
	(5.281)	(−3.517)	(−3.114)	(−4.242)	(−1.343)	(−6.011)
TFP	−0.008***	−1.412***	−0.126	−1.738***	0.025	−1.475***
	(−4.658)	(−6.714)	(−1.384)	(−5.539)	(1.059)	(−8.355)
Cflow	0.025***	−8.456***	0.989**	−10.063***	0.266**	−7.303***
	(3.657)	(−9.361)	(2.402)	(−8.312)	(2.401)	(−9.393)
Growth	−0.002**	0.093	−0.168***	0.184	−0.080***	0.083
	(−2.229)	(0.994)	(−2.904)	(1.505)	(−6.403)	(0.954)
Age	−0.004***	−0.812***	0.048	−0.688***	−0.108***	−0.845***
	(−4.495)	(−7.512)	(0.832)	(−5.218)	(−5.948)	(−7.965)
Top1	−0.000***	−0.008*	0.004	0.002	−0.002**	−0.006
	(−3.433)	(−1.698)	(1.464)	(0.402)	(−2.297)	(−1.338)
Govcon	0.001	−0.311*	0.382***	−0.585**	0.079**	−0.110
	(0.583)	(−1.864)	(3.636)	(−2.526)	(2.317)	(−0.712)
HHI	0.003	−0.484	0.189	0.385	−0.011	−0.657
	(0.825)	(−0.787)	(0.716)	(0.704)	(−0.178)	(−1.359)
Constant	0.105***	−18.848***	−9.267***	−22.467***	−4.026***	−22.584***
	(8.700)	(−11.033)	(−10.302)	(−10.533)	(−10.961)	(−14.208)

续表

变量	(1) 研发投入 Innov_ratio	(2) 生存风险 Srisk	(3) 专利总数 Innov_apply	(4) 生存风险 Srisk	(5) 绿色专利 Green_apply	(6) 生存风险 Srisk
Industry FE	是	是	是	是	是	是
Year FE	是	是	是	是	是	是
Regional FE	是	是	是	是	是	是
Observations	16236	16236	16236	16236	16236	16236
R-squared	0.470	0.492	0.190	0.494	0.248	0.480

表 6-5 中列（1）和列（3）分别显示了《绿色信贷指引》对高碳企业研发投入与创新产出影响的估计结果,结果显示,第（1）列交叉项 Treat×Credit 的回归系数在 1% 的水平上显著为负,但该系数在第（3）列中并不显著,说明绿色信贷政策整体上对高碳企业研发投入规模产生负向影响,同时并未显著影响其创新产出。列（2）和列（4）分别显示了研发投入和创新产出对高碳企业生存风险影响效应的回归结果,变量 Innov_ratio 和 Innov_apply 的回归系数分别在 1% 和 10% 的水平上显著为负,说明通过加大研发投入、促进创新产出,能够显著降低高碳企业生存风险。综上所述,《绿色信贷指引》政策整体上对高碳企业研发投入产生显著的负向影响,但并未显著影响其创新产出,从而加剧了其生存风险,说明绿色信贷政策影响高碳企业生存风险的技术创新效应并未得到较好的发挥。第（5）列显示了《绿色信贷指引》对高碳企业绿色技术创新影响的估计结果,交叉项 Treat×Credit 的回归系数虽然为正,但均未通过显著性检验,说明《绿色信贷指引》并未显著促进高碳企业绿色技术创新,绿色信贷政策影响高碳企业生存风险的绿色技术创新机制并不畅通。

可能的原因在于,创新活动不确定性高、投资周期长,在缺乏充足资金支持或现有资金难以跨越创新资金门槛时,企业可能会将原本用于研发创新的资金转向维持生产运营等刚性支出,对研发创新活动的资金支持形成挤出效应,对高碳企业技术创新产生不利影响。

综上所述,《绿色信贷指引》总体上显著加剧了高碳企业生存风险。

在影响机制方面,该政策的实施主要通过强化企业融资约束与抑制企业研发投入加剧了高碳企业生存风险,同时创新产出、创新方向绿色化对企业生存风险的正向效应并未显现。

6.3.4 《绿色信贷指引》对高碳企业生存风险影响的稳健性检验

6.3.4.1 平行趋势检验

使用双重差分模型(DID)的一个重要前提条件是实验组和对照组满足"共同趋势假设",即在《绿色信贷指引》实施之前,实验组和对照组企业的生存风险状况相似。本书参考 Jacobson 等(1993)、Beck 等(2010)的研究思路进行平行趋势检验。其中,t 为负值表示在该政策实施之前的年份,t 为正值表示该政策实施之后的年份,其他指标含义同公式(6-1)中的一致。具体模型形式设定如下:

$$\text{Srisk}_{it} = \beta_0 + \sum_{t=-3}^{t=3} \beta_j (\text{Treat}_i \times \text{Credit}_t) + \sum \beta \text{Control}_{it} + \varepsilon_{it}$$

$$(6-4)$$

图 6-1 显示了《绿色信贷指引》与企业生存风险的平行趋势检验结果。结果显示,在《绿色信贷指引》实施之前,实验组与对照组企业生存风险并没有显著差异,而在《绿色信贷指引》实施之后,实验组与对照组企业生存风险出现显著差异。这一结论表明平行趋势假设成立,从而保证了回归结果的稳健性。

6.3.4.2 安慰剂检验

与前文 5.3.4.2 节类似,本节采用随机生成高碳企业实验组并重复试验 500 次的方法进行安慰剂试验。测试结果如图 6-2 所示。从图中可以看出,核心估计系数的平均值接近于 0,且大部分估计系数未能通过显著性检验。这一结论表明,不可观测的企业微观特征并不影响《绿色信贷指引》的实施效果,从而回归结果的稳健性得到验证。

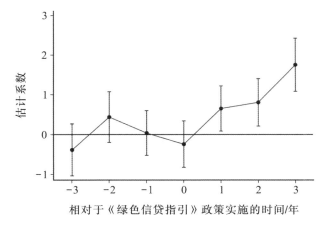

图 6-1　《绿色信贷指引》与高碳企业生存风险的平行趋势检验

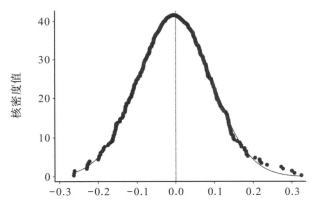

图 6-2　《绿色信贷指引》与高碳企业生存风险的安慰剂检验

6.3.4.3　采用替代指标后的回归结果

为保证回归结果的稳健性,与 5.3.4.3 节类似,本部分选取企业近三年 ROA 波动率标准差(ROA_sd)与企业近三年 ROA 波动率极差(ROA_er)作为被解释变量企业生存风险 Srisk 的替代指标,重新对回归方程进行估计。采用替代指标后的回归结果列示于表 6-6。第(1)列和第(2)列的回归结果显示,交叉项 Treat×Credit 的回归系数均在 5% 水平上显著为正,回归结果与表 6-2 中的基准回归结论保持一致。

表 6-6　《绿色信贷指引》与高碳企业生存风险：采用替代指标的稳健性检验

变量	(1)ROA 标准差	(2)ROA 极差
	ROA_sd	ROA_er
Treat×Credit	1.129**	1.974**
	(2.032)	(2.026)
Lnsize	−1.351***	−2.317***
	(−7.478)	(−7.517)
Lev	1.616**	2.901**
	(2.189)	(2.267)
Roe	−15.033***	−25.311***
	(−15.146)	(−15.095)
Capital	0.292***	0.505***
	(3.278)	(3.296)
TFP	1.475***	2.432***
	(5.145)	(4.977)
Cflow	1.070	1.710
	(0.724)	(0.673)
Growth	0.087	0.173
	(0.410)	(0.471)
Age	0.899***	1.592***
	(5.263)	(5.415)
Top1	−0.004	−0.008
	(−0.524)	(−0.617)
Govcon	−1.173***	−1.990***
	(−4.603)	(−4.522)
HHI	−5.252***	−9.206***
	(−4.444)	(−4.532)
Constant	14.882***	27.080***
	(6.662)	(7.014)
Industry FE	是	是

续表

变量	(1)ROA 标准差	(2)ROA 极差
	ROA_sd	ROA_er
Year FE	是	是
Regional FE	是	是
Observations	16236	16236
R-squared	0.181	0.186

6.3.4.4 剔除直辖市区域内样本的影响

为消除样本企业所处不同地区的绿色信贷政策执行差异带来的影响,本部分在剔除了位于直辖市的企业样本后,重新对模型进行回归,回归结果列示于表 6-7。回归结果显示,在剔除直辖市区域内样本企业后,交叉项 Treat×Credit 的回归系数均在 5% 水平上显著为正,从而验证了回归结果的稳健性。

表 6-7 《绿色信贷指引》与高碳企业生存风险:剔除直辖市样本的稳健性检验

变量	(1)生存风险	(2)ROA 标准差	(3)ROA 极差
	Srisk	ROA_sd	ROA_er
Treat×Credit	0.579 **	0.201 ***	0.228 ***
	(2.483)	(3.356)	(3.584)
Lnsize	1.616 ***	−0.156 ***	−0.166 ***
	(10.989)	(−9.133)	(−9.317)
Lev	13.909 ***	0.129 *	0.142 **
	(25.598)	(1.948)	(2.013)
Roe	−2.117 ***	−1.388 ***	−1.460 ***
	(−5.894)	(−20.084)	(−20.092)
Capital	−0.441 ***	0.038 ***	0.040 ***
	(−4.827)	(5.021)	(5.006)
TFP	−1.438 ***	0.129 ***	0.129 ***
	(−7.079)	(4.964)	(4.740)

续表

变量	(1)生存风险	(2)ROA 标准差	(3)ROA 极差
	Srisk	ROA_sd	ROA_er
Cflow	−6.915***	0.218	0.294**
	(−8.511)	(1.588)	(2.028)
Growth	0.106	0.019	0.024
	(1.099)	(1.024)	(1.215)
Age	−0.935***	0.127***	0.139***
	(−7.905)	(7.516)	(7.682)
Top1	−0.010**	−0.001	−0.001*
	(−2.094)	(−1.643)	(−1.835)
Govcon	−0.114	−0.106***	−0.117***
	(−0.672)	(−4.031)	(−4.152)
HHI	−0.655	−0.664***	−0.724***
	(−1.106)	(−6.372)	(−6.467)
Constant	−23.393***	2.950***	3.591***
	(−12.421)	(12.378)	(14.099)
Industry FE	是	是	是
Year FE	是	是	是
Regional FE	是	是	是
Observations	13023	13023	13023
R-squared	0.478	0.202	0.237

6.3.4.5 控制宏观因素后的稳健性检验

本部分进一步引入地区经济发展水平（LnGDP）、财政收入水平（Lnrev）等地区层面宏观变量对基准模型进行重新回归，回归结果列示于表 6-8。第（1）列和第（2）列显示了依次加入地区经济增长水平、财政收入水平后的回归结果；第（3）列显示了同时加入地区经济增长水平与财政收入水平后的回归结果。在控制地区宏观因素后，交叉项 Treat× Credit 的回归系数依然显著为正，回归结果依然稳健。

表 6-8 《绿色信贷指引》与高碳企业生存风险:控制宏观因素的稳健性检验

变量	(1)生存风险	(2)生存风险	(3)生存风险
	Srisk	Srisk	Srisk
Treat×Credit	0.431**	0.433**	0.432**
	(2.030)	(2.042)	(2.031)
Lnsize	1.559***	1.558***	1.559***
	(12.614)	(12.611)	(12.619)
Lev	14.262***	14.262***	14.263***
	(29.339)	(29.291)	(29.297)
Roe	−1.996***	−1.995***	−1.996***
	(−6.178)	(−6.174)	(−6.174)
Capital	−0.482***	−0.482***	−0.482***
	(−5.991)	(−5.989)	(−5.991)
TFP	−1.480***	−1.479***	−1.480***
	(−8.363)	(−8.353)	(−8.364)
Cflow	−7.330***	−7.328***	−7.330***
	(−9.436)	(−9.432)	(−9.436)
Growth	0.092	0.092	0.092
	(1.055)	(1.049)	(1.049)
Age	−0.832***	−0.832***	−0.832***
	(−7.918)	(−7.906)	(−7.912)
Top1	−0.006	−0.006	−0.006
	(−1.288)	(−1.284)	(−1.285)
Govcon	−0.123	−0.122	−0.122
	(−0.793)	(−0.789)	(−0.792)
HHI	−0.652	−0.656	−0.653
	(−1.348)	(−1.356)	(−1.350)
LnGDP	−0.623		−0.547
	(−1.315)		(−0.937)
lnrev		−0.361	−0.105
		(−0.879)	(−0.208)

续表

变量	(1)生存风险	(2)生存风险	(3)生存风险
	Srisk	Srisk	Srisk
Constant	−15.539***	−19.062***	−15.461***
	(−3.031)	(−5.125)	(−2.997)
Industry FE	是	是	是
Year FE	是	是	是
Regional FE	是	是	是
Observations	16236	16236	16236
R-squared	0.479	0.479	0.479

6.3.5 《绿色信贷指引》对高碳企业生存风险影响的异质性检验

绿色信贷政策的执行效果也同样依赖于企业与政府的关系、企业自身的经济影响力以及地方政府对环保的关注程度等因素。类似前文,本部分进一步从企业产权性质、经济影响力及地方政府环境关注度三个维度,实证检验《绿色信贷指引》实施对高碳企业生存风险的异质性影响。

6.3.5.1 基于产权性质的异质性检验

本部分检验了《绿色信贷指引》对高碳企业生存风险的影响在国有企业组和非国有企业组间的异质性效应。检验结果列示于表 6-9。

表 6-9　《绿色信贷指引》与高碳企业生存风险:产权性质的异质性检验

变量	(1)国有	(2)非国有
	Srisk	Srisk
Treat×Credit	0.123	0.676*
	(0.559)	(1.676)
Lnsize	1.080***	2.021***
	(8.111)	(11.691)

续表

变量	(1)国有	(2)非国有
	Srisk	Srisk
Lev	12.080***	15.644***
	(17.378)	(24.889)
Roe	−1.209***	−2.733***
	(−3.328)	(−5.998)
Capital	−0.322***	−0.534***
	(−3.900)	(−5.455)
TFP	−1.216***	−1.543***
	(−5.205)	(−6.659)
Cflow	−3.830***	−8.645***
	(−3.505)	(−8.816)
Growth	0.072	0.056
	(0.891)	(0.480)
Age	0.045	−1.417***
	(0.289)	(−9.931)
Top1	0.004	−0.012**
	(0.628)	(−1.982)
HHI	0.337	−0.550
	(0.489)	(−0.812)
Constant	−17.133***	−30.332***
	(−8.827)	(−11.924)
Industry FE	是	是
Year FE	是	是
Regional FE	是	是
Observations	5875	10361
R-squared	0.533	0.484

表 6-9 的回归结果显示,交叉项 Treat×Credit 的回归系数在非国有企业组为正且在10%水平上通过了显著性检验,而在国有企业组则

未通过显著性检验,说明《绿色信贷指引》显著加剧了非国有企业组高碳企业的生存风险,而对于国有企业组高碳企业的生存风险并未产生显著性影响。

可能的原因在于,首先,国有企业通常享有地方政府的隐性担保,这使得国有企业相对于非国有企业具有天然的融资优势。虽然绿色信贷政策由中央政府自上而下推行,这将在一定程度上弱化地方金融机构对国有高碳企业的资金支持,从而降低国有企业的融资优势,然而,绿色信贷政策实施难以完全消除地方政府对国有企业的隐性担保,也难以改变国有企业在债务融资中的优势地位。在《绿色信贷指引》政策实施的背景下,国有高碳企业依然可以借助政府力量从银行或其他渠道获取融资,使得该政策对国有企业的融资约束效应明显弱于非国有企业,从而削弱《绿色信贷指引》对国有高碳企业生存风险的负向效应。其次,国有企业更有可能通过获取垄断性资源建立竞争优势(胡旭阳,2006;Wen et al.,2021),这也会削弱《绿色信贷指引》对国有高碳企业生存风险的负向效应。最后,由于中国的主要银行由政府控制,中国的商业银行总是优先考虑国有企业的融资需求,从而限制了非国有企业的信贷资金。信贷融资中的所有制歧视进一步加剧了《绿色信贷指引》对非国有高碳企业生存风险的负向效应。

6.3.5.2 基于企业经济影响力的异质性检验

本部分检验了《绿色信贷指引》对高碳企业生存风险的影响在不同经济影响力企业组间的异质性效应。检验结果列示于表 6-10。

表 6-10 《绿色信贷指引》与高碳企业生存风险:经济影响力的异质性检验

变量	(1)高经济影响力	(2)低经济影响力
	Srisk	Srisk
Treat×Credit	0.472***	0.876**
	(2.827)	(1.977)
Lnsize	0.924***	3.080***
	(9.437)	(14.483)

续表

变量	(1)高经济影响力	(2)低经济影响力
	Srisk	Srisk
Lev	10.275***	17.910***
	(16.255)	(28.708)
Roe	−1.488***	−3.035***
	(−4.728)	(−5.609)
Capital	−0.410***	−0.415***
	(−3.349)	(−5.509)
TFP	−1.434***	−1.150***
	(−8.989)	(−4.371)
Cflow	−6.185***	−8.445***
	(−7.605)	(−7.113)
Growth	0.005	0.020
	(0.063)	(0.123)
Age	−0.303***	−1.724***
	(−3.018)	(−10.924)
Top1	−0.004	0.001
	(−0.949)	(0.093)
Govcon	0.008	0.038
	(0.064)	(0.137)
HHI	−1.708**	−0.073
	(−2.444)	(−0.102)
Constant	−7.532***	−58.829***
	(−5.343)	(−15.490)
Industry FE	是	是
Year FE	是	是
Regional FE	是	是
Observations	8318	7918
R-squared	0.504	0.532

表 6-10 第(1)列和第(2)列中交叉项 Treat×Credit 的回归系数分别在 1‰和 5‰的水平上显著为正,但第(2)列中回归系数值明显大于第(1)列,说明无论对于高经济影响力企业组还是低经济影响力企业组,《绿色信贷指引》均显著加剧了高碳企业的生存风险,并且对于低经济影响力企业组的影响效应更大。

由机制检验结果可知,《绿色信贷指引》主要通过抑制高碳企业债务融资与企业研发投入加剧了高碳企业生存风险。在基于经济增长标准的政府绩效考核背景下,绿色信贷政策对低经济影响力高碳企业生存风险的加剧作用强于高经济影响力企业。也就是说,绿色信贷政策的实施偏差存在于不同经济影响力的企业之间。

可能的原因在于,中国采取的是自上而下的绿色信贷推广模式,要求全国性商业银行遵循绿色信贷原则。在这种推广模式下,商业银行是否严格执行绿色信贷政策是其能否充分发挥作用的关键。由于中国仍处于从计划经济向社会主义市场经济转型的过程中,地方政府对辖区内的商业银行仍有很大的影响力,因此,商业银行在作出信贷决策时会受到地方政府行为偏好的影响。与此同时,在高度集中的政治体制下,地方政府与中央政府之间存在委托代理关系,地方政府总是需要同时承担多项任务,如环境保护、经济发展和就业增长。在中央集权政治体制下,中央政府根据地方政府在一定任期内的综合绩效来决定地方政府的晋升和奖惩,这就决定了晋升动机强烈的地方政府的行为取向是在有限的任期内实现综合绩效的最大化(Li et al.,2005;Zhang et al.,2020)。然而,地方政府的绩效评估任期较短,而且地方政府承担的不同任务之间存在一定的冲突,如经济增长和环境保护之间就有一定的冲突。地方政府为保护环境而实施的减排、排污税等措施增加了污染企业的生产成本,减少了企业的投资,进而在短期内对经济增长产生负面影响(Wang et al.,2021)。在这种情况下,地方政府会根据综合政绩最大化的标准,在相互冲突的多重任务中进行权衡(Chen et al.,2018)。与经济增长相比,环境由于受到生产规模、产业结构和清洁技术应用等多重因素的影响,其绩效具有很强的不确定性,而经济增长可以在短期内通过扩大投资和刺激消费来直接实现,因此更具有确定性。

在绿色信贷政策的实施过程中,如果重污染企业对区域经济的影响力较大,即能够带来更多的经济产出和就业机会,那么绿色信贷政策对其的融资限制就会对经济产出产生较大的负面影响,从而阻碍区域经济增长目标的实现。因此,地方政府可以对区域内的金融机构进行干预,促使其向经济影响力大的高排放高污染企业提供信贷支持,以实现环境保护与经济增长之间的平衡,提高整体绩效。这种干预将弱化绿色信贷政策对经济影响力大的高碳企业的融资约束及生存风险的影响。

6.3.5.3 基于地方政府环境关注度的异质性检验

本部分检验《绿色信贷指引》对高碳企业生存风险的影响在不同地方政府环境关注度地区的异质性效应。检验结果列示于表 6-11。

表 6-11　《绿色信贷指引》与高碳企业生存风险:政府环境关注度的异质性检验

变量	(1) 高环境关注度 Srisk	(2) 低环境关注度 Srisk
Treat×Credit	0.949***	0.064
	(3.422)	(0.207)
Lnsize	1.657***	1.493***
	(9.098)	(11.496)
Lev	14.884***	13.721***
	(22.244)	(25.676)
Roe	−2.305***	−1.720***
	(−5.011)	(−4.408)
Capital	−0.524***	−0.486***
	(−4.947)	(−5.707)
TFP	−1.582***	−1.422***
	(−6.733)	(−7.029)
Cflow	−7.744***	−7.096***
	(−7.555)	(−7.285)
Growth	0.370***	−0.135
	(2.687)	(−1.296)

续表

变量	(1) 高环境关注度 Srisk	(2) 低环境关注度 Srisk
Age	−0.949***	−0.703***
	(−6.491)	(−5.922)
Top1	−0.006	−0.006
	(−0.979)	(−1.060)
Govcon	−0.023	−0.261
	(−0.118)	(−1.396)
HHI	−1.662***	0.192
	(−2.680)	(0.309)
Constant	−22.782***	−21.394***
	(−10.269)	(−12.295)
Industry FE	是	是
Year FE	是	是
Regional FE	是	是
Observations	7530	8706
R-squared	0.486	0.484

表 6-11 的回归结果显示,交叉项 Treat×Credit 的回归系数在高环境关注度地区显著为正,而在低环境关注度地区则未通过显著性检验,说明《绿色信贷指引》显著加剧了高环境关注度地区高碳企业的生存风险,而对于低环境关注度地区高碳企业生存风险并未产生显著性影响。可能的原因在于,在政府环境关注度较高的地区,地方政府、社会公众与媒体环境监管相对严格,《绿色信贷指引》实施背景下,商业银行在发放贷款时会严格按照政策要求对企业的环境表现进行审核,并提供差异化贷款规模和贷款利率,这无疑会强化高环境关注度地区高碳企业的融资约束并抑制企业技术创新,从而加剧其生存风险。而在环境关注度较低的地区,绿色信贷政策执行效率相对低下,商业银行在发放贷款时可能更关注企业未来的盈利能力和还款能力,从而弱化了《绿色信贷指引》对低环境关注度地区企业的融资约束和生存风险的影响。

6.4 碳排放权交易试点对高碳企业
生存风险影响的实证分析

本节通过收集 2009—2020 年沪深两市上市公司样本的相关数据，围绕碳排放权交易试点对高碳企业生存风险的影响展开实证分析。首先，本节实证检验了碳排放权交易试点对企业生存风险的影响效应，并进一步对比分析其对高碳企业和低碳企业影响效应的异质性。在此基础上，利用中介效应模型，对碳排放权交易影响高碳企业生存风险的融资约束机制与技术创新机制进行检验。最后，从产权异质性、企业经济影响力及地方政府环境关注度等多个维度进行异质性效应检验。

6.4.1 研究数据与研究设计

6.4.1.1 样本选择与数据来源

为研究碳排放权交易试点对高碳企业生存风险的影响，本节选取 2009—2020 年沪深两市非金融上市企业为初始样本，并按照碳排放量将样本划分为高碳企业和低碳企业。在此基础上，剔除了考察期内被 ST、*ST、PT 及大量数据缺失的企业样本，最终获得 16236 个年度观测值。为了避免极端值对实证结果的干扰，本节对所有连续性变量在 1% 和 99% 分位水平上进行缩尾处理。各指标数据主要来自国泰安数据库（CSMAR）与万得数据库（WIND）。

6.4.1.2 变量定义

（1）被解释变量：企业生存风险（Srisk）

与 6.3.1.2 节相同，本节依然采用将 Altman-Z 值取负值转换后的指标度量企业生存风险。

（2）解释变量：碳排放权交易试点（Treat×Carbon）

本部分解释变量为碳排放权交易试点（Treat×Carbon），即组别虚拟变量与时间虚拟变量的交互项。本部分选取碳排放权交易试点省市企业组作为实验组，其他地区企业组作为对照组，若样本企业所在省市属于碳排放权交易试点地区，则组别虚拟变量 Treat 取值为 1，否则，该变量取值为 0。由于各碳排放权交易试点省市启动时间各不相同，因此，若样本企业所在省市在第 t 年启动碳排放权交易试点，则当年及之后年份时间虚拟变量 Carbon 取值为 1，否则，该变量取值为 0。

（3）控制变量

控制变量与 6.3.1.2 节保持一致。

上述变量及相关说明详见表 6-12。

表 6-12　碳排放权交易与高碳企业生存风险的相关变量说明

变量类型	变量名称	变量符号	变量的含义与说明
被解释变量	企业生存风险	Srisk	将 Altman-Z 值取负值作为度量企业生存风险的正向指标，该指标越大，表示企业面临的生存风险越高
解释变量	组别虚拟变量	Treat	若样本企业所在省市属于碳排放权交易试点地区，则该变量取值为 1，否则，该变量取值为 0
	时间虚拟变量	Carbon	若样本企业所在省份在第 t 年启动碳排放权交易试点，则当年及之后年份该变量取值为 1，否则，该变量取值为 0
	组别虚拟变量与政策虚拟变量的交互项	Treat×Carbon	如果样本企业所在省市属于碳排放权交易试点省份且在启动年份及之后年份，该值为 1，其他情况均为 0
控制变量	与 6.3.1.2 节中的控制变量保持一致		

6.4.1.3 模型的构建

本节选取碳排放权交易试点这一政策作为准自然实验，采用双重差分法（DID）实证检验市场激励型环境规制对企业生存风险的影响。碳排放权交易试点对企业来说具有显著的突发性与外生性，基于碳排放权交易试点构建时间虚拟变量与组别虚拟变量,能够清晰地比较政策实施对于实验组和对照组样本企业生存风险影响的净效应。同时,双重差分法能够有效克服反向因果、遗漏变量等带来的内生性问题,从而显著提升估计结果的有效性与可靠性。本节的具体双重差分(DID)模型设定如下:

$$Srisk_{it} = \beta_0 + \beta_1 Treat_i + \beta_2(Treat_i \times Carbon_t) + \beta_3 Carbon_t +$$
$$\sum Controls_{it} + \varepsilon_{it} \qquad (6\text{-}5)$$

式中,Treat 表示组别虚拟变量,Carbon 表示时间虚拟变量。其他变量含义与前文 6.3.1.2 节保持一致。本节主要关注交叉项 Treat×Carbon 的回归系数 β_2,该系数表示碳排放权交易试点对企业生存风险影响的净效应。

　　基于以上模型设定,本章节依次进行了如下实证检验:首先,根据公式(6-5)中的双重差分模型,同时控制行业固定效应、时间固定效应和地区固定效应,检验碳排放权交易试点对全样本企业、高碳企业、低碳企业生存风险的影响效应;其次,对于碳排放权交易试点对企业生存风险的影响机制进行检验,并从多个维度对基准回归结果进行稳健性检验;最后,对于碳排放权交易试点对企业生存风险影响的异质性效应进行检验。

6.4.2　碳排放权交易试点对高碳企业生存风险的影响效应检验

　　基于公式(6-5)中的模型设定,本节对于碳排放权交易试点对高碳企业生存风险的影响效应进行检验,其结果如表 6-13 所示。第(1)列回归结果显示,交叉项 Treat×Carbon 的估计系数在 10% 水平上显著为负,表明碳排放权交易试点的实施显著降低了企业生存风险。因此假设 H$_{4b}$ 得到支持。第(2)列和第(3)列列示了高碳企业与低碳企业的分组估计结果,结果显示,交叉项 Treat×Carbon 的估计系数在低碳企业组中显著为负,但在高碳企业组中未能通过显著性检验。这说明与高碳企业相比,碳排放权交易试点对企业生存风险的降低效应在低碳企业中更为凸显。

表 6-13　碳排放权交易对高碳企业生存风险的影响效应检验

变量	(1)全样本	(2)高碳企业	(3)低碳企业
	Srisk	Srisk	Srisk
Treat×Carbon	−0.293*	−0.196	−0.307*
	(−1.864)	(−0.698)	(−1.724)
Lnsize	1.553***	1.534***	1.610***
	(12.603)	(6.034)	(11.864)
Lev	14.276***	11.643***	14.915***
	(29.332)	(12.706)	(26.695)
Roe	−1.987***	−0.588	−2.431***
	(−6.158)	(−1.552)	(−6.394)
Capital	−0.482***	−0.540**	−0.475***
	(−5.987)	(−2.502)	(−6.111)
TFP	−1.473***	−1.530***	−1.514***
	(−8.341)	(−3.767)	(−7.964)
Cflow	−7.308***	−4.812***	−7.394***
	(−9.411)	(−3.425)	(−8.539)
Growth	0.091	0.020	0.128
	(1.040)	(0.153)	(1.238)
Age	−0.833***	−0.593***	−0.934***
	(−7.929)	(−2.609)	(−8.099)
Top1	−0.006	0.015*	−0.009*
	(−1.323)	(1.955)	(−1.854)
Govcon	−0.124	−0.113	−0.113
	(−0.805)	(−0.453)	(−0.619)
HHI	−0.591	−0.452	−1.359
	(−1.230)	(−0.460)	(−1.610)
Constant	−21.886***	−20.720***	−22.392***
	(−14.040)	(−8.338)	(−12.262)

续表

变量	(1)全样本	(2)高碳企业	(3)低碳企业
	Srisk	Srisk	Srisk
Industry FE	是	是	是
Year FE	是	是	是
Regional FE	是	是	是
Observations	16236	2706	13530
R-squared	0.479	0.547	0.488

6.4.3 碳排放权交易试点对企业生存风险的影响机制检验

基准回归结果显示,总体而言,碳排放权交易试点的实施显著降低了企业生存风险,且影响效应在低碳企业中更为显著。那么碳排放权交易试点如何影响企业生存风险? 其影响机制是什么? 根据前文的理论分析,碳排放权交易试点通过融资约束和技术创新两种机制影响高碳企业生存风险。本部分将通过中介效应模型对这两种影响机制进行实证检验。

为验证 6.1 节与 6.2 节中的理论假设,本部分将通过中介效应模型对于碳排放权交易试点对企业生存风险的影响机制进行实证检验。具体模型形式设定如下:

$$\text{Inter}_{it} = \alpha_0 + \alpha_1 \text{Treat}_i + \alpha_2 (\text{Treat}_i \times \text{Carbon}_t) + \alpha_3 \text{Carbon}_t + \sum \text{Controls}_{it} + \varepsilon_{it} \tag{6-6}$$

$$\text{Srisk}_{it} = \delta_0 + \delta_1 \text{Treat}_i + \delta_2 (\text{Treat}_i \times \text{Carbon}_t) + \delta_3 \text{Inter}_{it} + \delta_4 \text{Carbon}_t + \sum \text{Controls}_{it} + \varepsilon_{it} \tag{6-7}$$

式中,Carbon 表示碳排放权交易试点,其他变量含义与前文模型(6-5)中的一致。同样地,本部分主要关注交互项 Treat×Carbon 的回归系数 α_2 与中介变量的回归系数 δ_3,该系数的含义解释与 6.3.3 节中的一致。

6.4.3.1 融资约束机制检验

首先,从融资规模和融资成本两方面检验碳排放权交易试点的融资约束机制。其中,融资规模指标用企业总贷款规模占总资产的比重(Bank_loan)来衡量,融资成本指标用财务费用率(Fin_ratio)来衡量。进一步,本节分别基于全样本企业、高碳企业、低碳企业进行机制检验。融资约束机制检验结果列示于表 6-14 和表 6-15。

表 6-14　碳排放权交易与高碳企业生存风险:融资规模机制的检验

变量	全样本		高碳企业组		低碳企业组	
	Bank_loan	Srisk	Bank_loan	Srisk	Bank_loan	Srisk
Treat×Carbon	−0.131	−0.148	−0.717	−0.045	−0.089	−0.149
	(−0.360)	(−0.988)	(−0.825)	(−0.189)	(−0.023)	(−0.864)
Bank_loan		−0.445		0.288		−0.129
		(−0.896)		(0.398)		(−0.218)
Lnsize	0.028***	1.350***	0.024***	1.345***	0.027***	1.403***
	(10.924)	(12.452)	(4.486)	(5.976)	(9.381)	(11.677)
Lev	0.500***	13.388***	0.597***	9.967***	0.479***	14.012***
	(48.702)	(22.491)	(29.796)	(9.478)	(42.052)	(20.926)
Roe	−0.011	−1.765***	0.037*	−0.797**	−0.017*	−2.163***
	(−1.235)	(−5.616)	(1.898)	(−2.090)	(−1.865)	(−5.719)
Capital	−0.010***	−0.389***	−0.008***	−0.392**	−0.010***	−0.393***
	(−9.019)	(−5.406)	(−2.968)	(−2.333)	(−8.296)	(−5.311)
TFP	−0.059***	−1.388***	−0.047***	−1.294***	−0.059***	−1.461***
	(−15.881)	(−8.016)	(−5.512)	(−3.690)	(−14.420)	(−7.646)
Cflow	−0.205***	−7.019***	−0.134***	−5.315***	−0.229***	−7.135***
	(−12.467)	(−8.376)	(−3.031)	(−3.569)	(−13.437)	(−7.404)
Growth	−0.001	0.136	−0.010*	−0.042	0.001	0.194*
	(−0.272)	(1.626)	(−1.918)	(−0.361)	(0.545)	(1.943)
Age	−0.008***	−0.638***	−0.013**	−0.364	−0.006**	−0.724***
	(−3.187)	(−6.090)	(−2.363)	(−1.625)	(−2.253)	(−6.190)

续表

变量	全样本		高碳企业组		低碳企业组	
	Bank_loan	Srisk	Bank_loan	Srisk	Bank_loan	Srisk
Top1	−0.000	−0.002	−0.000	0.011	−0.000	−0.003
	(−1.538)	(−0.363)	(−1.315)	(1.631)	(−1.173)	(−0.576)
Govcon	−0.013***	−0.059	0.007	−0.070	−0.017***	−0.024
	(−2.986)	(−0.424)	(0.751)	(−0.293)	(−3.761)	(−0.150)
HHI	0.000	−0.527	0.071**	−0.008	−0.000	−0.682
	(0.015)	(−1.132)	(2.352)	(−0.010)	(−0.025)	(−1.382)
Constant	0.171***	−18.954***	0.080	−19.610***	0.197***	−19.259***
	(4.281)	(−13.191)	(1.045)	(−8.375)	(4.479)	(−11.564)
Industry FE	是	是	是	是	是	是
Year FE	是	是	是	是	是	是
Regional FE	是	是	是	是	是	是
Observations	16236	16236	2706	2706	13530	13530
R-squared	0.613	0.488	0.704	0.529	0.576	0.487

表 6-14 显示了融资规模机制的检验结果，从中可以看出，无论是碳排放权交易交叉项 Treat×Carbon 还是融资规模变量 Bank_loan，在各列中的回归系数均未通过显著性检验，说明碳排放权交易试点政策总体上并没有通过企业融资规模渠道影响企业生存风险。

表 6-15　碳排放权交易与高碳企业生存风险：融资成本机制的检验

变量	全样本		高碳企业组		低碳企业组	
	Fin_ratio	Srisk	Fin_ratio	Srisk	Fin_ratio	Srisk
Treat×Carbon	−0.0151	−0.326***	0.579***	0.038	−0.099*	−0.374***
	(−0.317)	(−4.055)	(4.330)	(0.253)	(−1.950)	(−4.163)
Fin_ratio		16.660***		15.907***		17.493***
		(9.297)		(3.922)		(8.769)
Lnsize	0.006***	1.450***	0.010***	1.349***	0.005***	1.521***
	(14.610)	(22.746)	(8.848)	(11.716)	(11.387)	(20.783)

续表

变量	全样本		高碳企业组		低碳企业组	
	Fin_ratio	Srisk	Fin_ratio	Srisk	Fin_ratio	Srisk
Lev	0.090***	12.826***	0.094***	9.685***	0.089***	13.502***
	(59.186)	(44.151)	(28.439)	(16.115)	(52.686)	(41.156)
Roe	−0.021***	−1.598***	−0.008**	−0.232	−0.024***	−1.953***
	(−9.617)	(−5.965)	(−1.981)	(−0.624)	(−9.405)	(−6.121)
Capital	0.003***	−0.544***	0.004***	−0.735***	0.003***	−0.519***
	(8.060)	(−11.612)	(4.374)	(−5.673)	(6.932)	(−10.488)
TFP	−0.013***	−1.302***	−0.016***	−1.517***	−0.012***	−1.354***
	(−18.774)	(−13.766)	(−8.072)	(−7.914)	(−16.514)	(−12.841)
Cflow	0.011***	−7.526***	0.021***	−5.221***	0.010***	−7.731***
	(3.614)	(−13.357)	(2.863)	(−5.117)	(2.934)	(−12.047)
Growth	−0.001***	0.099	−0.002	0.007	−0.001**	0.137
	(−2.598)	(1.185)	(−1.618)	(0.051)	(−2.147)	(1.410)
Age	0.002***	−0.854***	0.001	−0.476***	0.002***	−0.945***
	(7.625)	(−14.691)	(0.660)	(−4.259)	(8.014)	(−14.435)
Top1	−0.000***	−0.004*	−0.000	0.014***	−0.000***	−0.006**
	(−7.317)	(−1.711)	(−1.601)	(3.269)	(−7.526)	(−2.339)
Govcon	−0.005***	−0.121	−0.003**	−0.299**	−0.005***	−0.039
	(−9.394)	(−1.535)	(−2.503)	(−2.215)	(−9.387)	(−0.429)
HHI	−0.004*	−0.575	0.006	−0.517	−0.005**	−0.653
	(−1.810)	(−1.458)	(0.656)	(−0.671)	(−2.275)	(−1.571)
Constant	0.002	−21.389***	−0.035***	−15.970***	0.013**	−22.325***
	(0.437)	(−26.816)	(−2.949)	(−12.902)	(2.479)	(−23.927)
Industry FE	是	是	是	是	是	是
Year FE	是	是	是	是	是	是
Regional FE	是	是	是	是	是	是
Observations	16236	16236	2706	2706	13530	13530
R-squared	0.512	0.481	0.619	0.519	0.474	0.478

表 6-15 显示了融资成本机制的检验结果。从全样本回归结果来看,第(1)列中交叉项 Treat×Carbon 的回归系数并未通过显著性检验,说明整体上碳排放权交易试点并未显著影响企业融资成本。但从分组样本回归结果来看,碳排放权交易试点对高碳企业和低碳企业融资成本的影响却呈现出显著的组间差异。第(3)列交叉项 Treat×Carbon 的回归系数与第(4)列变量 Fin_ratio 的回归系数均在 1% 的水平上显著为正,说明碳排放权交易显著提高了高碳企业融资成本,进而加剧了其生存风险。第(5)列交叉项 Treat×Carbon 的回归系数在10% 的水平上显著为负,同时第(6)列变量 Fin_ratio 的回归系数在 1%水平上显著为正,说明碳排放权交易能够通过降低融资成本来缓解低碳企业生存风险。因此,融资成本在碳排放权交易影响企业生存风险中发挥了重要的中介作用,并且该中介机制在高碳企业组和低碳企业组之间存在显著的差异。因此假设 H_5 中的融资成本机制得到验证。

6.4.3.2 技术创新机制检验

基于创新投入、创新产出和创新方向三个维度,本节检验了碳排放权交易试点影响企业生存风险的技术创新机制。本节分别使用企业研发投入在营业收入中的占比(Innov_ratio)、年度专利申请数(Innov_apply)、绿色专利申请数(Green_apply)来衡量企业技术创新,检验碳排放权交易试点是否通过促进技术创新而降低高碳企业生存风险。表 6-16、表 6-17、表 6-18 分别列示了基于创新投入、创新产出和创新方向三个维度的技术创新机制检验结果。

表 6-16　碳排放权交易与高碳企业生存风险:创新投入机制的检验

变量	全样本		高碳企业组		低碳企业组	
	Innov_ratio	Srisk	Innov_ratio	Srisk	Innov_ratio	Srisk
Treat×Carbon	0.295***	−0.135	0.035	−0.233	0.278**	−0.101
	(2.763)	(−1.053)	(0.226)	(−1.165)	(2.273)	(−0.685)
Innov_ratio		−17.842***		−14.565***		−17.786***
		(−11.820)		(−3.208)		(−11.453)

续表

变量	全样本		高碳企业组		低碳企业组	
	Innov_ratio	Srisk	Innov_ratio	Srisk	Innov_ratio	Srisk
Lnsize	0.003***	1.410***	0.001	1.085***	0.004***	1.544***
	(5.310)	(19.178)	(1.079)	(10.673)	(5.818)	(18.065)
Lev	−0.034***	14.084***	−0.018***	11.695***	−0.037***	14.734***
	(−17.997)	(51.485)	(−8.085)	(20.997)	(−16.528)	(47.200)
Roe	−0.007***	−2.084***	0.003	−0.276	−0.009***	−2.576***
	(−2.815)	(−6.941)	(1.016)	(−0.718)	(−2.773)	(−7.212)
Capital	0.004***	−0.365***	0.000	−0.091*	0.005***	−0.427***
	(9.279)	(−6.210)	(0.542)	(−1.666)	(9.282)	(−6.383)
TFP	−0.008***	−1.406***	−0.010***	−0.934***	−0.008***	−1.574***
	(−9.428)	(−11.975)	(−11.201)	(−5.476)	(−8.364)	(−11.759)
Cflow	0.025***	−8.386***	−0.010*	−5.515***	0.030***	−8.594***
	(5.209)	(−13.212)	(−1.960)	(−5.298)	(5.452)	(−11.726)
Growth	−0.002**	0.085	0.002*	0.038	−0.002***	0.112
	(−2.325)	(0.940)	(1.717)	(0.315)	(−2.712)	(1.046)
Age	−0.004***	−0.809***	−0.005***	−0.477***	−0.004***	−0.891***
	(−8.697)	(−12.880)	(−6.981)	(−4.425)	(−7.348)	(−12.448)
Top1	−0.000***	−0.008***	−0.000	0.011**	−0.000***	−0.011***
	(−7.669)	(−3.223)	(−0.933)	(2.190)	(−7.776)	(−3.732)
Govcon	0.001	−0.337***	0.001	−0.285**	0.002*	−0.333***
	(1.548)	(−3.798)	(0.594)	(−2.240)	(1.777)	(−3.204)
HHI	0.002	−0.466	−0.009	−1.883*	0.003	−0.485
	(0.491)	(−0.924)	(−0.998)	(−1.818)	(0.961)	(−0.923)
Constant	0.106***	−18.872***	0.161***	−18.909***	0.093***	−19.440***
	(16.889)	(−19.762)	(16.615)	(−11.227)	(13.011)	(−17.923)
Industry FE	是	是	是	是	是	是
Year FE	是	是	是	是	是	是
Regional FE	是	是	是	是	是	是
Observations	16236	16236	2706	2706	13530	13530
R-squared	0.469	0.493	0.449	0.544	0.460	0.490

　　表 6-16 显示了以创新投入作为技术创新中介的机制检验结果。从全样本回归结果来看,第(1)列中交叉项 Treat×Carbon 的回归系数在 1% 的水平上显著为正,且第(2)列中变量 Innov_ratio 的回归系数在 1% 的水平上显著为负,说明碳排放权交易整体上通过促进研发投入降低了企业生存风险。但从分组样本回归结果来看,碳排放权交易对高碳企业组和低碳企业组研发投入的影响呈现出显著的差异性。第(3)列交叉项 Treat×Carbon 的回归系数并未通过显著性检验,而第(5)列交叉项 Treat×Carbon 的回归系数在 5% 的水平上显著为正,同时第(6)列变量 Innov_ratio 的回归系数在 1% 的水平上显著为负,说明碳排放权交易能够通过促进低碳企业研发投入,进而缓解其生存风险,但对高碳企业研发投入并未产生显著性影响。可见,创新投入在碳排放权交易影响企业生存风险中发挥了中介作用,并且在高碳企业组和低碳企业组呈现出显著的差异。因此假设 H_5 中的技术创新机制得到验证。

表 6-17　碳排放权交易与高碳企业生存风险:创新产出机制的检验

变量	全样本		高碳企业组		低碳企业组	
	Innov_apply	Srisk	Innov_apply	Srisk	Innov_apply	Srisk
Treat×Carbon	0.115**	−0.313***	0.278**	0.189	0.090	−0.415***
	(2.177)	(−2.887)	(2.217)	(0.962)	(1.533)	(−3.363)
Innov_apply		−0.058***		−0.165***		−0.043*
		(−2.749)		(−3.704)		(−1.829)
Lnsize	0.616***	1.706***	0.517***	1.193***	0.647***	1.849***
	(14.747)	(15.457)	(5.532)	(8.751)	(13.721)	(14.351)
Lev	−0.590***	15.480***	−0.914***	12.389***	−0.482***	16.203***
	(−4.199)	(43.252)	(−2.855)	(18.003)	(−3.071)	(39.085)
Roe	0.314*	−2.693***	−0.720*	−1.232	0.456**	−2.917***
	(1.723)	(−5.437)	(−1.668)	(−1.552)	(2.288)	(−5.149)
Capital	−0.129***	−0.729***	−0.152**	−0.403***	−0.130***	−0.770***
	(−5.071)	(−7.561)	(−2.282)	(−3.625)	(−4.769)	(−7.260)
TFP	−0.142**	−1.811***	0.012	−1.137***	−0.194***	−2.000***
	(−2.345)	(−10.071)	(0.085)	(−5.400)	(−2.856)	(−9.602)

续表

变量	全样本		高碳企业组		低碳企业组	
	Innov_apply	Srisk	Innov_apply	Srisk	Innov_apply	Srisk
Cflow	0.948***	−10.149***	1.400*	−7.721***	0.908**	−10.385***
	(2.776)	(−11.314)	(1.778)	(−5.398)	(2.383)	(−10.009)
Growth	−0.138**	0.184	0.029	−0.036	−0.173***	0.229*
	(−2.334)	(1.557)	(0.210)	(−0.194)	(−2.648)	(1.681)
Age	0.025	−0.643***	−0.040	−0.348***	0.033	−0.728***
	(0.680)	(−7.876)	(−0.490)	(−2.816)	(0.809)	(−7.698)
Top1	0.004**	0.003	0.005	0.020***	0.004**	0.001
	(2.410)	(0.759)	(1.358)	(3.678)	(2.124)	(0.145)
Govcon	0.429***	−0.632***	0.612***	−0.274	0.389***	−0.652***
	(7.225)	(−5.163)	(5.004)	(−1.568)	(5.769)	(−4.476)
HHI	0.210	0.387	0.488	1.655*	0.110	0.265
	(0.892)	(0.735)	(0.569)	(1.646)	(0.448)	(0.472)
Constant	−9.466***	−21.179***	−9.548***	−19.438***	−9.419***	−21.779***
	(−17.179)	(−17.112)	(−8.438)	(−11.676)	(−15.027)	(−14.943)
Industry FE	是	是	是	是	是	是
Year FE	是	是	是	是	是	是
Regional FE	是	是	是	是	是	是
Observations	16236	16236	2706	2706	13530	13530
R-squared	0.179	0.490	0.260	0.523	0.168	0.489

表 6-17 显示了以创新产出作为技术创新中介的机制检验结果。从全样本回归结果来看,第(1)列中交叉项 Treat×Carbon 的回归系数在 5% 的水平上显著为正,且第(2)列中变量 Innov_apply 的回归系数在 1% 的水平上显著为负,说明碳排放权交易整体上通过促进创新产出降低了企业生存风险。但从分组样本回归结果来看,碳排放权交易对高碳企业组和低碳企业组研发投入的影响也呈现出显著的差异性。第(3)列交叉项 Treat×Carbon 的回归系数在 5% 的水平上显著为正,同

时第(4)列变量 Innov_apply 的回归系数在 1‰ 的水平上显著为负,而第(5)列交叉项 Treat×Carbon 的回归系数并未通过显著性检验,这说明碳排放权交易能够通过促进高碳企业创新产出,进而缓解其生存风险,但对低碳企业创新产出并未产生显著性影响。可见,创新产出在碳排放权交易影响企业生存风险中发挥了中介作用,并且在高碳企业组和低碳企业组呈现出显著的差异。因此假设 H_5 中的技术创新机制得到验证。

表 6-18 碳排放权交易与高碳企业生存风险:创新方向机制的检验

变量	全样本		高碳企业组		低碳企业组	
	Green_apply	Srisk	Green_apply	Srisk	Green_apply	Srisk
Treat×Carbon	0.046*	−0.273*	0.047	−0.190	0.045*	−0.262**
	(1.817)	(−1.752)	(0.597)	(−0.673)	(1.882)	(−1.990)
Green_apply		−0.120**		−0.125		−0.135***
		(−2.212)		(−1.283)		(−3.696)
Lnsize	0.201***	1.574***	0.111**	1.549***	0.237***	1.588***
	(9.807)	(12.581)	(2.347)	(6.071)	(20.186)	(20.745)
Lev	0.052	14.269***	−0.114	11.628***	0.129***	14.956***
	(0.798)	(29.358)	(−0.654)	(12.716)	(3.069)	(52.541)
Roe	0.171***	−2.006***	−0.015	−0.592	0.198***	−2.494***
	(4.058)	(−6.290)	(−0.155)	(−1.556)	(4.410)	(−7.815)
Capital	−0.006	−0.477***	0.002	−0.542**	−0.012***	−0.471***
	(−1.118)	(−5.921)	(0.141)	(−2.522)	(−2.750)	(−9.722)
TFP	0.033	−1.450***	0.183***	−1.508***	−0.004	−1.489***
	(1.343)	(−8.182)	(2.624)	(−3.733)	(−0.267)	(−13.639)
Cflow	0.270**	−7.214***	1.098***	−4.673***	0.080	−7.717***
	(2.341)	(−9.325)	(3.891)	(−3.310)	(0.785)	(−12.054)
Growth	−0.083***	0.082	−0.102***	0.008	−0.081***	0.135
	(−6.322)	(0.938)	(−3.295)	(0.061)	(−5.625)	(1.393)

续表

变量	全样本		高碳企业组		低碳企业组	
	Green_apply	Srisk	Green_apply	Srisk	Green_apply	Srisk
Age	-0.114^{***}	-0.844^{***}	-0.074	-0.600^{***}	-0.124^{***}	-0.921^{***}
	(-6.142)	(-7.965)	(-1.432)	(-2.625)	(-10.951)	(-13.803)
Top1	-0.002^{**}	-0.006	0.001	0.015^{**}	-0.002^{***}	-0.009^{***}
	(-2.226)	(-1.317)	(0.418)	(1.984)	(-4.119)	(-3.256)
Govcon	0.088^{**}	-0.132	0.038	-0.106	0.112^{***}	-0.087
	(2.508)	(-0.853)	(0.508)	(-0.425)	(5.954)	(-0.930)
HHI	-0.003	-0.570	0.023	-0.470	-0.078^{*}	-1.012^{***}
	(-0.054)	(-1.191)	(0.103)	(-0.477)	(-1.817)	(-3.016)
Constant	-4.181^{***}	-22.587^{***}	-4.341^{***}	-21.279^{***}	-4.449^{***}	-22.325^{***}
	(-11.187)	(-14.090)	(-5.231)	(-8.247)	(-24.140)	(-22.550)
Industry FE	是	是	是	是	是	是
Year FE	是	是	是	是	是	是
Regional FE	是	是	是	是	是	是
Observations	16236	16236	2706	2706	13530	13530
R-squared	0.247	0.480	0.271	0.548	0.265	0.479

　　表 6-18 显示了以创新方向作为技术创新中介的机制检验结果。从全样本回归结果来看,第(1)列中交叉项 Treat×Carbon 的回归系数在 10% 的水平上显著为正,且第(2)列中变量 Green_apply 的回归系数在 5% 的水平上显著为负,说明碳排放权交易整体上通过促进绿色技术创新降低了企业生存风险。但从分组样本回归结果来看,碳排放权交易对高碳企业组和低碳企业组研发投入的影响也呈现出显著的差异性。第(3)列交叉项 Treat×Carbon 的回归系数并未通过显著性检验,而第(5)列交叉项 Treat×Carbon 的回归系数在 10% 的水平上显著为正,同时第(6)列变量 Green_apply 的回归系数在 1% 的水平上显著为负,说明碳排放权交易能够通过促进低碳企业绿色技术创新,进而缓解其生存风险,但对高碳企业绿色技术创新并未产生显著性影响。可见,

创新方向在碳排放权交易影响企业生存风险中发挥了中介作用,并且在高碳企业组和低碳企业组呈现出显著的差异。因此假设 H_5 中的技术创新机制得到验证。

综上所述,碳排放权交易试点总体上显著降低了企业生存风险,且影响效应在低碳企业中更为显著。在影响机制方面,整体上该政策的实施主要通过促进创新投入、创新产出和创新方向绿色化降低企业生存风险。但对于高碳企业而言,碳排放权交易试点主要通过提高融资成本及促进创新产出影响高碳企业生存风险,两种机制一定程度上存在着相互抵消效应。对于低碳企业而言,该政策主要通过降低融资成本、促进创新投入及创新方向绿色化降低了低碳企业生存风险。

6.4.4 碳排放权交易试点对高碳企业生存风险影响的稳健性检验

6.4.4.1 平行趋势检验

使用双重差分模型(DID)的一个重要前提条件是实验组和对照组满足"共同趋势假设",即在碳排放权交易试点实施前,实验组和对照组企业的生存风险状况相似。本节参考 Jacobson 等(1993)、Beck 等(2010)的研究思路进行平行趋势检验。其中,t 为负值表示碳排放权交易试点之前的年份,t 为正值表示碳排放权交易试点之后的年份,其他指标含义同公式(6-5)中的一致。具体模型形式设定如下:

$$\text{Srisk}_{it} = \beta_0 + \sum_{t=-3}^{t=3} \beta_j (\text{Treat}_i \times \text{Carbon}_t) + \sum \beta \text{Control}_{it} + \varepsilon_{it}$$

(6-8)

图 6-3 显示了碳排放权交易试点与企业生存风险的平行趋势检验结果。结果显示,在碳排放权交易试点之前,实验组与对照组企业的生存风险并没有显著差异,而在碳排放权交易试点之后,实验组与对照组企业的生存风险出现显著差异。这一结论表明平行趋势假设成立,从而保证了回归结果的稳健性。

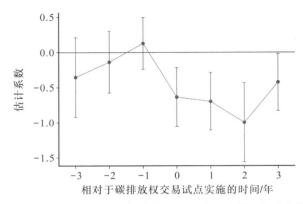

图 6-3　碳排放权交易试点与高碳企业生存风险的平行趋势检验

6.4.4.2 安慰剂检验

实验组与对照组企业在生存风险方面的差异也可能是由其他不可观测的微观企业特征造成的。本节参照 Chetty 等（2009）的做法，采用随机生成碳排放权交易试点地区企业实验组并重复试验 500 次的方法进行安慰剂试验。测试结果如图 6-4 所示。从图中可以看出，核心估计系数的平均值接近于 0，且大部分估计系数未能通过显著性检验。这一结论表明，不可观测的企业微观特征并不影响碳排放权交易试点的实施效果，从而保证了回归结果的稳健性。

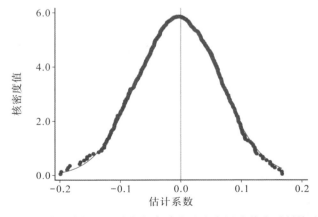

图 6-4　碳排放权交易试点与高碳企业生存风险的安慰剂检验

6.4.4.3 采用替代指标后的回归结果

为保证回归结果的稳健性,与 6.3.4.3 节类似,本部分选取企业近三年 ROA 波动率标准差(ROA_sd)与企业近三年 ROA 波动率极差(ROA_er)作为被解释变量企业生存风险 Srisk 的替代指标,重新对回归方程进行估计。采用替代指标后的回归结果列示于表 6-19。结果显示,交叉项 Treat×Carbon 的回归系数在全样本组和低碳企业组均在 1% 水平上显著为负,而在高碳企业组并未通过显著性检验。这一回归结果与表 6-13 中的基准回归结论保持一致。

表 6-19 碳排放权交易与高碳企业生存风险:采用替代指标的稳健性检验

变量	全样本		高碳企业组		低碳企业组	
	ROA_sd	ROA_er	ROA_sd	ROA_er	ROA_sd	ROA_er
Treat×Carbon	−1.598***	−2.713***	−0.030	−0.054	−1.723***	−2.911***
	(−3.665)	(−3.604)	(−0.048)	(−0.050)	(−3.436)	(−3.361)
Lnsize	−1.254***	−2.145***	−1.425***	−2.557***	−1.240***	−2.098***
	(−7.330)	(−7.346)	(−4.294)	(−4.447)	(−6.335)	(−6.276)
Lev	1.707**	3.037**	1.735*	3.052*	1.891**	3.357**
	(2.458)	(2.517)	(1.746)	(1.732)	(2.322)	(2.379)
Roe	−15.120***	−25.426***	−10.858***	−19.503***	−16.260***	−27.039***
	(−15.344)	(−15.327)	(−5.437)	(−5.675)	(−14.837)	(−14.675)
Capital	0.301***	0.517***	0.549***	0.953***	0.260***	0.445***
	(3.472)	(3.460)	(2.921)	(2.951)	(2.705)	(2.677)
TFP	1.324***	2.170***	1.571**	2.726**	1.325***	2.142***
	(4.830)	(4.643)	(2.582)	(2.583)	(4.334)	(4.105)
Cflow	1.201	1.955	−0.044	0.505	1.609	2.488
	(0.839)	(0.793)	(−0.015)	(0.102)	(0.975)	(0.877)
Growth	0.228	0.414	0.322	0.543	0.231	0.431
	(1.098)	(1.159)	(0.903)	(0.889)	(0.976)	(1.056)

续表

变量	全样本		高碳企业组		低碳企业组	
	ROA_sd	ROA_er	ROA_sd	ROA_er	ROA_sd	ROA_er
Age	0.822***	1.459***	0.724***	1.348***	0.797***	1.416***
	(5.064)	(5.216)	(2.852)	(3.005)	(4.277)	(4.418)
Top1	−0.009	−0.017	−0.017	−0.030	−0.008	−0.014
	(−1.338)	(−1.403)	(−1.437)	(−1.430)	(−0.999)	(−1.074)
Govcon	−1.135***	−1.920***	−0.008	0.105	−1.365***	−2.335***
	(−4.888)	(−4.774)	(−0.019)	(0.142)	(−5.226)	(−5.170)
HHI	−5.021***	−8.781***	0.123	0.827	−5.672***	−9.891***
	(−4.407)	(−4.484)	(0.071)	(0.277)	(−4.771)	(−4.842)
Constant	15.220***	27.564***	12.323***	23.237***	15.535***	27.991***
	(7.241)	(7.570)	(3.060)	(3.309)	(6.566)	(6.818)
Industry FE	是	是	是	是	是	是
Year FE	是	是	是	是	是	是
Regional FE	是	是	是	是	是	是
Observations	16236	16236	2706	2706	13530	13530
R-squared	0.189	0.192	0.177	0.189	0.194	0.197

6.4.4.4 控制宏观因素后的稳健性检验

与前文 6.3.4.5 节类似,本部分进一步引入地区经济发展水平(LnGDP)、财政收入水平(Lnrev)等地区层面宏观变量对基准模型进行重新回归,回归结果列示于表 6-20。第(1)列显示了全样本的回归结果;第(2)和(3)列分别显示高碳企业组和低碳企业组的回归结果。在控制地区宏观因素后,交叉项 Treat×Carbon 的回归系数依然在全样本和低碳企业组显著为负,而在高碳企业组并不显著。这一回归结果与基准检验结果一致。

表 6-20 碳排放权交易与高碳企业生存风险:控制宏观因素的稳健性检验

变量	(1)全样本	(2)高碳企业组	(3)低碳企业组
	Srisk	Srisk	Srisk
Treat×Carbon	−0.277*	−0.055	−0.297*
	(−1.720)	(−0.208)	(−1.677)
Lnsize	1.555***	1.551***	1.606***
	(12.611)	(6.113)	(12.049)
Lev	14.276***	11.697***	14.963***
	(29.302)	(12.867)	(27.121)
Roe	−1.987***	−0.650*	−2.425***
	(−6.156)	(−1.676)	(−6.442)
Capital	−0.482***	−0.522**	−0.469***
	(−5.989)	(−2.442)	(−6.052)
TFP	−1.475***	−1.513***	−1.520***
	(−8.350)	(−3.730)	(−8.222)
Cflow	−7.312***	−4.915***	−7.472***
	(−9.416)	(−3.519)	(−8.526)
Growth	0.091	−0.006	0.134
	(1.036)	(−0.047)	(1.308)
Age	−0.833***	−0.592***	−0.906***
	(−7.924)	(−2.660)	(−7.776)
Top1	−0.006	0.016**	−0.008
	(−1.315)	(2.158)	(−1.574)
Govcon	−0.126	−0.046	−0.122
	(−0.815)	(−0.185)	(−0.681)
HHI	−0.590	−0.405	−0.690
	(−1.229)	(−0.419)	(−1.370)
GDP	−0.391	−0.844	−0.024
	(−0.714)	(−1.310)	(−0.045)
lnrev	0.137	0.537	0.018
	(0.276)	(0.919)	(0.033)

续表

变量	(1)全样本	(2)高碳企业组	(3)低碳企业组
	Srisk	Srisk	Srisk
Constant	−18.939***	−17.161***	−22.371***
	(−4.442)	(−4.529)	(−8.681)
Industry FE	是	是	是
Year FE	是	是	是
Regional FE	是	是	是
Observations	16236	2706	13530
R-squared	0.479	0.548	0.477

6.4.5 碳排放权交易试点对高碳企业生存风险影响的异质性检验

6.4.5.1 基于产权性质的异质性检验

首先,基于企业产权性质差异,将样本划分为国有企业与非国有企业两组,实证检验碳排放权交易试点对企业生存风险的异质性影响效应。检验结果列示于表 6-21。由表可见,交叉项 Treat×Carbon 的估计系数在非国有企业组中显著为负,但在国有企业中未通过显著性检验。这表明,与国有企业相比,碳排放权交易对企业生存风险的缓解效应在非国有企业中更加显著。进一步,将国有企业与非国有企业按照高碳企业组与低碳企业组进行细分,其中,交叉项 Treat×Carbon 的估计系数仅在非国有低碳企业组中显著为负,而在其余细分组中均未通过显著性检验。造成这一异质性的可能原因是,与非国有企业相比,国有企业往往需要承担更多的社会责任,需要更积极地响应政府的低碳发展号召。碳排放权交易试点实施后,国有企业需要支付较多的费用购买碳排放权,这会加剧企业的成本负担和融资成本,从而弱化碳排放权交易对国有企业生存风险的缓释效应。对于非国有企业而言,其可能通过调整行业布局、创新方向调整等方式应对碳排放权交易带来的挑战,通过创新补偿效应降低企业生存风险。同时,在非国有企业组,低碳企业更容易通过出售其碳排放权获得额外资金,其所面临的融资约束相对较弱,且具有绿色技术的相对优势,因此,碳排放交易能够有效降低其生存风险。

表 6-21　碳排放权交易与高碳企业生存风险:产权性质的异质性检验

变量	(1)国有	(2)非国有	国有		非国有	
			(3)高碳组	(4)低碳组	(5)高碳组	(6)低碳组
	Srisk	Srisk	Srisk	Srisk	Srisk	Srisk
Treat×Carbon	−0.159	−0.436*	0.265	−0.174	−0.533	−0.419*
	(−0.789)	(−1.924)	(0.963)	(−0.720)	(−1.133)	(−1.731)
Lnsize	1.078***	2.014***	1.098***	1.177***	1.760***	1.956***
	(8.087)	(11.698)	(5.914)	(7.402)	(6.291)	(10.082)
Lev	12.090***	15.678***	9.116***	12.969***	12.801***	16.156***
	(17.383)	(24.889)	(7.844)	(16.060)	(11.961)	(22.864)
Roe	−1.201***	−2.720***	−0.335	−2.053***	−3.293***	−2.594***
	(−3.312)	(−5.978)	(−1.000)	(−3.676)	(−4.207)	(−5.312)
Capital	−0.322***	−0.533***	−0.146***	−0.395***	−0.318	−0.479***
	(−3.901)	(−5.458)	(−2.685)	(−4.148)	(−1.508)	(−4.725)
TFP	−1.213***	−1.535***	−1.168***	−1.328***	−0.790*	−1.503***
	(−5.185)	(−6.649)	(−4.854)	(−4.800)	(−1.790)	(−5.840)
Cflow	−3.787***	−8.621***	−2.358	−3.857***	−4.972***	−8.963***
	(−3.472)	(−8.800)	(−1.378)	(−3.110)	(−2.680)	(−8.214)
Growth	0.072	0.048	−0.076	0.105	0.148	0.063
	(0.883)	(0.414)	(−0.542)	(1.079)	(0.786)	(0.478)
Age	0.047	−1.419***	−0.118	0.063	−1.056***	−1.437***
	(0.305)	(−9.951)	(−0.396)	(0.367)	(−4.178)	(−9.206)
Top1	0.004	−0.012**	0.002	0.004	0.012	−0.013*
	(0.601)	(−2.012)	(0.343)	(0.483)	(1.134)	(−1.919)
HHI	0.357	−0.471	0.768	0.218	−1.689	−0.501
	(0.518)	(−0.699)	(1.154)	(0.291)	(−0.983)	(−0.717)

续表

变量	(1) 国有	(2) 非国有	国有		非国有	
			(3)高碳组	(4)低碳组	(5)高碳组	(6)低碳组
	Srisk	Srisk	Srisk	Srisk	Srisk	Srisk
Constant	-17.078^{***}	-30.084^{***}	-16.555^{***}	-18.000^{***}	-34.790^{***}	-29.552^{***}
	(-8.823)	(-11.856)	(-5.865)	(-7.751)	(-7.634)	(-10.510)
Industry FE	是	是	是	是	是	是
Year FE	是	是	是	是	是	是
Regional FE	是	是	是	是	是	是
Observations	5875	10361	1297	4578	1409	8952
R-squared	0.533	0.485	0.608	0.533	0.604	0.481

6.4.5.2 基于企业经济影响力的异质性检验

其次,按照企业经济影响力的不同,将样本企业划分为高经济影响力企业组和低经济影响力企业组,考察碳排放权交易对高碳企业生存风险的影响在不同经济影响力企业组间的异质性效应。检验结果列示于表 6-22。由表可见,交叉项 Treat×Carbon 的估计系数在高经济影响力组中显著为负,但在低经济影响力组中则未通过显著性检验。这表明,与低经济影响力组企业相比,碳排放权交易对企业生存风险的降低效应在高经济影响力组企业中更为凸显。进一步,将高经济影响力组与低经济影响力组企业按照高碳组与低碳组进行细分,其中交叉项 Treat×Carbon 的估计系数仅在高经济影响力低碳企业中显著为负,而在其余细分组中均未通过显著性检验。造成这一异质性的可能原因是,与低经济影响力企业相比,高经济影响力企业具备更充裕的资源储备和技术基础。碳排放权交易试点实施背景下,高经济影响力企业能够更加灵活地参与碳排放权交易,其相对充裕的财务资源和融资可得性也会弱化碳排放权交易试点政策对其成本和生存的冲击。与此同时,高经济影响力企业往往在行业中具有显著的技术优势,能够更容易通过调整行业布局、技术创新方向等多种方式灵活应对政策冲击,通过创新补偿效应降低企业生存风险。同时,在高经济影响力企业组中,低碳企业更容易获得绿色技术创新优势并通过出售其碳排放权获得额外资金,从而降低企业生存风险。

表 6-22 碳排放权交易与高碳企业生存风险:经济影响力的异质性检验

变量	(1)高经济影响力	(2)低经济影响力	高经济影响力		低经济影响力	
			(3)高碳组	(4)低碳组	(5)高碳组	(6)低碳组
	Srisk	Srisk	Srisk	Srisk	Srisk	Srisk
Treat×Carbon	−0.385***	−0.430	−0.146	−0.386**	−0.384	−0.388
	(−2.678)	(−1.615)	(−0.582)	(−2.329)	(−0.685)	(−1.329)
Lnsize	0.918***	3.069***	1.116***	0.916***	2.071***	3.131***
	(9.420)	(14.495)	(5.971)	(7.891)	(5.437)	(13.448)
Lev	10.287***	17.945***	7.184***	11.178***	15.873***	18.265***
	(16.285)	(28.740)	(8.233)	(14.845)	(12.755)	(26.637)
Roe	−1.469***	−3.019***	−0.913***	−1.864***	−0.783	−3.358***
	(−4.669)	(−5.600)	(−2.915)	(−4.716)	(−0.880)	(−5.740)
Capital	−0.409***	−0.414***	−0.282***	−0.468***	−0.094	−0.417***
	(−3.359)	(−5.505)	(−2.700)	(−2.988)	(−0.803)	(−4.982)
TFP	−1.426***	−1.138***	−1.516***	−1.478***	0.130	−1.223***
	(−9.002)	(−4.326)	(−5.024)	(−7.937)	(0.301)	(−4.244)
Cflow	−6.155***	−8.418***	−4.119***	−6.324***	−3.797	−8.650***
	(−7.593)	(−7.096)	(−3.021)	(−6.805)	(−1.426)	(−6.739)
Growth	−0.001	0.017	0.066	−0.011	−0.503	0.092
	(−0.018)	(0.106)	(0.675)	(−0.119)	(−1.429)	(0.527)
Age	−0.306***	−1.726***	−0.424**	−0.339***	−1.426***	−1.726***
	(−3.044)	(−10.934)	(−2.344)	(−2.888)	(−4.244)	(−10.223)
Top1	−0.004	0.000	0.007	−0.007	0.019	0.000
	(−0.971)	(0.043)	(1.516)	(−1.475)	(1.246)	(0.022)
Govcon	0.008	0.028	−0.209	0.097	0.470	−0.028
	(0.068)	(0.100)	(−1.068)	(0.637)	(0.909)	(−0.092)
HHI	−1.632**	0.028	0.080	−1.975***	−12.705**	0.035
	(−2.354)	(0.039)	(0.151)	(−2.595)	(−2.301)	(0.049)

续表

变量	(1)高经济影响力	(2)低经济影响力	高经济影响力		低经济影响力	
			(3)高碳组	(4)低碳组	(5)高碳组	(6)低碳组
	Srisk	Srisk	Srisk	Srisk	Srisk	Srisk
Constant	−7.318***	−58.542***	−9.561***	−6.675***	−53.198***	−58.906***
	(−5.131)	(−15.489)	(−4.169)	(−3.947)	(−7.317)	(−14.318)
Industry FE	是	是	是	是	是	是
Year FE	是	是	是	是	是	是
Regional FE	是	是	是	是	是	是
Observations	8318	7918	1739	6579	967	6951
R-squared	0.504	0.532	0.635	0.495	0.632	0.530

6.4.5.3 基于地方政府环境关注度的异质性检验

最后,按照地方政府环境关注度的不同(地方政府的环境关注度用政府工作报告中提及的环境规制相关词频数来度量),将样本企业划分为高环境关注度企业组和低环境关注度企业组,考察碳排放权交易试点对高碳企业生存风险的影响效应在不同环境关注度地区存在的差异。检验结果列示于表 6-23。由表可见,交叉项 Treat×Carbon 的估计系数在高环境关注度组中显著为负,但在低环境关注度组中则未通过显著性检验。这表明,与低环境关注度组企业相比,碳排放权交易对企业生存风险的降低效应在高环境关注度组企业中更为凸显。进一步,将高环境关注度组与低环境关注度组企业按照高碳组与低碳组进行细分,其中交叉项 Treat×Carbon 的估计系数仅在高环境关注度的低碳企业中显著为负,而在其余细分组中均未通过显著性检验。造成这一异质性的可能原因是,在高环境关注度地区,政府对碳排放权交易工作更为重视,辖区内企业参与的积极性相对更高,积极参与碳排放交易的企业也更容易获得政府政策和资金方面的支持,从而降低其融资难度和融资成本。同时,高环境关注度地区企业面临着更加严格的环境监管,更有利于发挥碳排放权交易政策对绿色技术创新的积极引导作用,从而降低企业生存风险。同时,在高环境关注度地区,低碳企业面临的减排压力相对较小且更容易通过碳排放权交易获得额外收益，从而缓解企业生存风险。

表 6-23　碳排放权交易与高碳企业生存风险：政府环境关注度的异质性检验

变量	(1)高环境关注度	(2)低环境关注度	高环境关注度		低环境关注度	
			(3)高碳组	(4)低碳组	(5)高碳组	(6)低碳组
	Srisk	Srisk	Srisk	Srisk	Srisk	Srisk
Treat×Carbon	−0.359*	−0.195	0.508	−0.504**	−0.351	−0.227
	(−1.872)	(−0.710)	(1.584)	(−2.345)	(−0.922)	(−1.144)
Lnsize	1.647***	1.491***	1.725***	1.688***	1.485***	1.510***
	(8.363)	(9.862)	(3.926)	(8.699)	(3.992)	(10.911)
Lev	14.910***	13.728***	11.483***	15.731***	10.898***	14.368***
	(13.244)	(11.047)	(9.612)	(20.875)	(10.917)	(23.624)
Roe	−2.290***	−1.716***	−0.426	−2.790***	−0.714	−2.209***
	(−4.649)	(−4.490)	(−0.839)	(−5.230)	(−1.335)	(−4.956)
Capital	−0.523***	−0.486***	−0.765**	−0.530***	−0.649*	−0.493***
	(−4.244)	(−5.119)	(−2.012)	(−4.644)	(−1.967)	(−5.756)
TFP	−1.573***	−1.419***	−2.043***	−1.673***	−1.745***	−1.477***
	(−5.139)	(−5.949)	(−3.008)	(−6.627)	(−2.634)	(−6.926)
Cflow	−7.697***	−7.093***	−1.907	−8.675***	−6.100***	−7.250***
	(−5.135)	(−4.551)	(−1.122)	(−7.394)	(−3.195)	(−6.449)
Growth	0.366**	−0.136	0.154	0.422**	−0.206	−0.113
	(2.442)	(−1.665)	(0.854)	(2.461)	(−0.970)	(−0.988)
Age	−0.946***	−0.705***	−0.690*	−1.006***	−0.450**	−0.802***
	(−6.103)	(−5.910)	(−1.845)	(−6.403)	(−1.971)	(−6.012)
Top1	−0.006	−0.006	0.003	−0.004	0.018*	−0.012*
	(−1.105)	(−1.159)	(0.271)	(−0.549)	(1.911)	(−1.893)
Govcon	−0.018	−0.262	−0.528	0.025	−0.221	−0.234
	(−0.081)	(−1.160)	(−1.593)	(0.105)	(−0.704)	(−1.083)
HHI	−1.517	0.208	−0.236	−1.161*	−0.936	−0.872
	(−1.363)	(0.198)	(−0.200)	(−1.759)	(−0.673)	(−1.530)

续表

变量	(1)高环境关注度	(2)低环境关注度	高环境关注度		低环境关注度	
			(3)高碳组	(4)低碳组	(5)高碳组	(6)低碳组
	Srisk	Srisk	Srisk	Srisk	Srisk	Srisk
Constant	−22.466***	−21.328***	−17.052***	−22.282***	−16.353***	−20.561***
	(−8.829)	(−7.954)	(−5.910)	(−8.787)	(−5.669)	(−10.368)
Industry FE	是	是	是	是	是	是
Year FE	是	是	是	是	是	是
Regional FE	是	是	是	是	是	是
Observations	7530	8706	1207	6323	1499	7207
R-squared	0.485	0.484	0.563	0.479	0.518	0.482

6.5 本章小结

本章围绕市场激励型环境规制对高碳企业生存风险的影响展开理论与实证分析。首先,深入剖析了市场激励型环境规制对高碳企业生存风险的影响机制,在此基础上,分别以《绿色信贷指引》实施与碳排放权交易试点作为切入点,对于市场激励型环境规制对高碳企业生存风险的影响效应、影响机制以及异质性效应进行实证检验。本章的主要研究结论如下:

(1)《绿色信贷指引》的实施显著加剧了高碳企业生存风险。机制检验结果表明,《绿色信贷指引》通过融资约束机制与技术创新机制影响高碳企业生存风险。具体而言,该指引的实施显著降低了高碳企业长期贷款的可得性,并提高高碳企业财务成本,从而加剧其所面临的生存风险。同时,《绿色信贷指引》显著抑制了高碳企业研发投入,但并未显著影响其创新产出与创新方向绿色化,从而加剧了其生存风险,绿色信贷政策影响高碳企业生存风险的技术创新效应并未得到较好的发挥。异质性检验结果表明,《绿色信贷指引》显著加剧了非国有企业组以及高环境关注度地区的高碳企业的生存风险,而对于国有企业组与低环境关注度地区高碳企业的生存风险并未产生显著性影响。同时,该政策加剧了不同经济影响力高碳企业的生存风险,且对于低经济影响力企业组的影响效应更大。

(2)碳排放权交易试点的实施整体上显著降低了企业生存风险。与高碳企业相比,碳排放权交易试点对企业生存风险的降低效应在低碳企业中更为凸显。机制检验结果表明,整体上该政策的实施主要通过促进创新投入、创新产出和创新方向绿色化降低企业生存风险,融资约束机制并不成立,但其影响机制在高碳企业组和低碳企业组呈现出显著的差异。

对于高碳企业而言,碳排放权交易试点主要通过提高融资成本及促进创新产出影响高碳企业生存风险,两种机制一定程度上存在相互抵消效应。对于低碳企业而言,该政策主要通过降低融资成本、促进创新投入及创新方向绿色化降低了低碳企业生存风险。异质性检验结果表明,碳排放权交易显著降低了非国有企业生存风险,但对国有企业生存风险的作用并不显著,其中,该政策仅显著降低了非国有低碳企业生存风险,而对非国有高碳企业生存风险的影响并不显著。碳排放权交易显著降低了高经济影响力企业组的生存风险,但对低经济影响力企业生存风险的作用并不显著,其中,该政策仅显著降低了高经济影响力低碳企业的生存风险,而对高经济影响力高碳企业的生存风险的影响并不显著。碳排放权交易显著降低了高环境关注度地区企业的生存风险,但对低环境关注度地区企业生存风险的作用并不显著。其中,该政策仅显著降低了高环境关注度地区低碳企业的生存风险,但对高环境关注度地区高碳企业的生存风险影响并不显著。

7 自愿参与型环境规制对高碳企业生存风险的影响

区别于强制命令型与市场激励型环境规制,自愿型环境规制则强调微观企业、行业协会、环境保护团体及社会公众的自愿参与,企业自行决定是否参与,旨在践行绿色发展理念的承诺或计划,具有自愿性(即自愿选择加入)、灵活性(可以自行决定退出)等特点。企业通过自愿参与环境协议、环境认证、披露环境信息等途径,实现自我约束和环保目标。这种规制方式体现了企业主动承担环境责任的自觉性和社会公众日益提升的生态环境保护意识,有助于构建全社会共同参与的生态环境保护体系。随着以新《环保法》、中央生态环境保护督察等为代表的强制命令型环境规制体系的日益完善及以《绿色信贷指引》、碳排放权交易试点政策等为代表的市场激励型环境规制的不断创新,自愿参与型环境规制在引导企业绿色转型、践行可持续发展理念方面的积极作用亟待强化。

随着生态文明建设战略的提出与企业环保意识的提升,越来越多的企业开始参与自愿型环境规制,以提升企业形象和市场竞争力。根据国家市场监督管理总局公布的数据,获得由国际标准化组织发起的 ISO 14001 环境管理体系认证的中国企业数量由 2015 年的 12.38 万家增加至 2022 年的 40.84 万家,年均增长率接近 20%。从参与《京都议定书》推出的清洁发展机制项目情况来看,我国企业参与清洁发展机制项目的数量接近全球总数量的 50%。

随着自愿参与型环境规制的不断发展,国内外学者围绕 ISO 14001 环境管理体系认证、自愿型环境信息披露、绿色工厂等自愿参与型环境规制的驱动因素(王建秀 等,2019),自愿参与型环境规制的策略选择

（陈哲 等，2022）及其对企业的污染排放（步晓宁 等，2022）、高质量发展（宋清华 等，2024）、技术创新（秦颖 等，2020）等方面的影响展开了大量研究，但尚未涉及自愿参与型环境规制与企业生存风险的关系研究。而自愿参与型环境规制不仅直接影响到企业环境绩效，同时也能够通过企业环境声誉塑造、政企关系维护以及资源配置优化等途径对企业生存与可持续发展产生重要影响。

基于此，本章着力探讨自愿参与型环境规制对企业特别是高碳企业生存风险的影响。首先，围绕自愿参与型环境规制对高碳企业生存风险的影响展开理论分析，在此基础上，对于自愿参与型环境规制对高碳企业生存风险的影响效应及影响机制进行实证检验。

7.1   自愿参与型环境规制对高碳企业 生存风险的影响机制分析

自愿参与型环境规制强调微观企业、行业协会、环境保护团体及社会公众的自愿参与。该种类型环境规制以 ISO 14001 环境管理体系认证、企业绿色工厂认证、节能产品认证等为典型代表，在遵守环境法律法规的基础上，企业通过自愿参与环境协议与环境认证，实现自我环境约束与环境社会可持续发展。具体而言，自愿参与型环境规制主要通过技术创新、政企联动与融资约束三种机制影响企业生存风险。

在技术创新机制方面，自愿型环境规制要求相关企业参与环境友好类活动，产生遵循成本。根据波特假说的理论逻辑，自愿型环境规制同样具有促使企业开展技术创新并实现创新补偿的影响效应。同时，自愿型环境规制由企业自愿加入，参与自愿型环境规制企业的漂绿行为一旦被揭露，往往会向市场投资者、金融机构等外部利益相关者传递更为强烈的负面信号，造成更大的声誉毁损。因此，自愿型环境规制会促使企业更主动地开展绿色转型活动，特别是以减污降碳为导向的绿色技术创新活动，以发挥其对企业可持续发展的积极影响。技术创新是企业生存的重要影响因素（鲍宗客，2016），自愿型环境规制对企业技术创新的驱动作用有助于企业更好地提升市场竞争力,降低生存风险。对于高碳企业而言,作为二氧化碳排放的主体,强制命令型环境规制对高碳企业具有较强的规制力,这会一定程度上替代自愿型环境规制作用效应的发挥,弱化自愿型环境规制"强化技术创新→降低企业生存风险"的作用路径。

在政企联动机制方面,随着环境绩效在地方政府业绩考核中比重的日益增加,各地方政府也在积极探索实现经济增长与环境保护双赢目标的发展路径。作为实现环境绩效目标的关键,企业自然成为地方政府关注的重点。自愿参与环境规制的企业向地方政府传递其积极践行绿色转型的行为信号,与地方政府环境治理导向存在一致性,从而有助于企业获得包括政府补助、行政审批优先权等方面的政策支持。在实践中,例如浙江省丽水市对首次获得绿色产品认证证书的企业给予奖励 20 万元;广东省广州市对纳入国家绿色制造示范名单的国家级绿色工厂、绿色园区、绿色供应链管理企业,给予一次性补贴 100 万元;湖北省武汉市对不同环境信用评价等级的企业实行相应的激励或惩戒措施,对进入绿牌标识的企业可优先办理环保行政许可、优先调剂使用储备的排污总量指标、优先安排环保专项资金支持,并纳入与其他部门开展守信联合激励的对象等。这些政策性资源的获取将有助于拓展企业资源边界,进而降低企业生存风险。对于高碳企业而言,由于现行强制命令型规制政策主要侧重于对高排放、高污染企业施加限制,倒逼企业实现绿色转型,因此,自愿型环境规制"强化政企联动→降低企业生存风险"的作用路径会受到一定削弱。

在融资约束机制方面,一是,企业参与自愿型环境规制向外界传递其环境表现提升、环境风险下降的积极信号,降低金融机构与企业之间的信息不对称,减少金融机构在企业环境领域的信息搜集成本,进而缓解企业融资约束,减少企业因投资资金不足引致的生存风险。二是,企业参与自愿型环境规制向投资者展示企业可持续发展理念,在环境规制日趋严苛的环境下,这种信号传递增进了投资者对企业的信任,增加媒体和证券分析师对企业的正面报道和评价,提升企业的绿色声誉和品牌价值,这有助于拓展企业的融资渠道和提升外部融资可得性,最终降低企业生存风险。具体到高碳企业,在社会绿色发展导向下,积极践行可持续发展理念被视为高碳企业的应有之举和必然之路,这可能会削弱自愿型环境规制在缓解企业融资约束方面的效应。

基于此,本章提出研究假设 H_6、H_7 和 H_8。

假设 H_6:自愿参与型环境规制能够显著降低企业生存风险。

假设 H_7:与低碳企业相比,自愿参与型环境规制对高碳企业生存风险的降低效应相对较小。

假设 H_8:自愿参与型环境规制主要通过技术创新、政企联动与融资约束三种机制降低企业生存风险。

7.2 自愿参与型环境规制对高碳企业生存风险影响的理论模型

根据前文的理论分析,自愿参与型环境规制通过技术创新效应、政企联动效应与融资约束效应降低了高碳企业生存风险。为更加清晰地阐释自愿参与型环境规制与高碳企业生存风险的关联机制,将自愿型环境规制记作 ver_i。基于此,本部分通过理论模型分析自愿参与型环境规制对高碳企业生存风险的影响。

通过前文 5.2 节中公式(5-12)可知,高碳企业生存概率与生产者、消费者行为密切相关,高碳企业生存概率会随着企业生产率与企业产品质量的提升而增加,且随着企业生产成本与融资成本的提升而下降,即生产率与产品质量提升会降低高碳企业生存风险,而生产成本与融资成本的上升则会加剧高碳企业生存风险。该结论可用下式表示:
$$\frac{\partial \eta_i^*}{\partial \varphi} > 0, \frac{\partial \eta_i^*}{\partial q_i} > 0, \text{且} \frac{\partial \eta_i^*}{\partial mc_i} < 0, \frac{\partial \eta_i^*}{\partial F_i} < 0, \frac{\partial \eta_i^*}{\partial r_i L_i} < 0。$$

自愿参与型环境规制能够为高碳企业技术创新提供良好的市场环境与市场激励,促使企业加大研发投入与创新力度,从而提升了高碳企业的产品质量与生产效率,并有利于提升企业的绿色声誉、品牌价值与产品市场竞争力,即 $\frac{\partial \varphi_i}{\partial \mathrm{ver}_i} > 0, \frac{\partial q_i}{\partial \mathrm{ver}_i} > 0$。通过前文分析可知, $\frac{\partial \eta_i^*}{\partial \varphi} > 0, \frac{\partial \eta_i^*}{\partial q_i}$

> 0,因此有 $\left(\frac{\partial \eta_i^*}{\partial \varphi_i}\right) \times \left(\frac{\partial \varphi_i}{\partial \mathrm{ver}_i}\right) > 0, \left(\frac{\partial \eta_i^*}{\partial q_i}\right) \times \left(\frac{\partial q_i}{\partial \mathrm{ver}_i}\right) > 0$,即自愿参与型

环境规制会带来技术创新效应,提升企业产品质量、企业生存效率与产品市场竞争力,从而提高高碳企业生存概率,降低高碳企业生存风险。此外,自愿参与型环境规制还会带来政企联动效应,这将有利于高碳企业从地方政府获取更多有利于自身发展的关键资源,如政府补贴与环保专项资金支持等,从而缓解高碳企业融资约束,降低高碳企业融资困难与融资成本。同时,自愿参与型环境规制还有助于拓展企业的融资

渠道,提升外部融资可得性,从而缓解高碳企业融资约束。即 $\frac{\partial r_i L_i}{\partial \mathrm{ver}_i} <$

0。通过前文分析可知 $\frac{\partial \eta_i^*}{\partial r_i L_i} < 0$,因此有 $\left(\frac{\partial \eta_i^*}{\partial r_i L_i}\right) \times \left(\frac{\partial r_i L_i}{\partial \mathrm{ver}_i}\right) < 0$,即自愿

参与型环境规制通过政企联动效应,弱化了高碳企业所面临的融资约束并降低其融资成本,从而提升了高碳企业生存概率,降低高碳企业生存风险。

7.3　自愿参与型环境规制对高碳企业生存风险影响的实证分析

当前我国上市公司的环境信息披露存在半强制性,即重点排污企业、实施强制性清洁生产审核的企业、上一年度存在因环境违规被追究刑事责任的企业需要对外披露企业环境信息,其余企业根据自身情况自行决定是否披露环境信息以及披露的信息内容。基于此,本章利用沪深两市上市公司的环境信息披露质量,考察自愿型环境规制对高碳企业生存风险的影响。首先,本章检验自愿型环境规制对企业生存风险的影响效应,并分析其对高碳企业和低碳企业影响效应的异质性。在此基础上,利用中介效应模型,从技术创新效应、政企联动效应与融资约束效应三方面检验自愿型环境规制影响企业生存风险的作用路

径。最后,从产权异质性、企业经济影响力及地方政府关注度等多个维度进行异质性效应检验。

7.3.1　研究数据与研究设计

7.3.1.1　样本选择与数据来源

本章选取 2009—2020 年沪深两市非金融上市企业为初始样本,在此基础上,剔除了考察期内被 ST、*ST、PT 及大量数据缺失的企业样本,最终获得 16236 个年度观测值。为了避免极端值对实证结果的干扰,本节对所有连续性变量在 1% 和 99% 分位水平上进行缩尾处理。各指标数据主要来自国泰安数据库(CSMAR)与万得数据库(WIND)。

7.3.1.2　变量定义

(1)被解释变量:企业生存风险(Srisk)

与 5.3.1.2 节一致,本节依然采用将 Altman-Z 值取负值转换后的指标度量企业生存风险。

(2)解释变量:自愿参与型环境规制(Volenvreg)

本章借鉴王永贵等(2023)、赵振智(2023)等人的研究,使用企业环境信息披露质量衡量企业自愿型环境规制状况。该变量根据上市企业环境管理披露和环境监管与认证披露情况,以企业是否披露污染物排放达标信息、突发环境事故、环境违法事件、环境信访案件、是否通过 ISO 14001 认证、是否通过 ISO 9001 认证、环保理念、环保目标、环保管理制度体系、环保教育与培训、环保专项行动、环境事件应急机制、环保荣誉或奖励、"三同时"制度等,通过加总得到综合评分作为自愿参与型环境规制 Volenvreg 的代理指标。该分值越高,表示企业主动环境信息披露质量越高,企业自愿参与型环境规制强度就越大。

(3)控制变量

控制变量与 5.3.1.2 节保持一致。

上述变量及相关说明详见表7-1。

表7-1　自愿参与型环境规制与高碳企业生存风险的相关变量说明

变量类型	变量名称	变量符号	变量的含义与说明
被解释变量	企业生存风险	Srisk	将Altman-Z值取负值作为度量企业生存风险的正向指标,该指标越大,表示企业面临的生存风险越高
解释变量	自愿型环境规制	Volenvreg	根据上市企业环境管理披露和环境监管与认证披露情况计算得到,具体构造方法如上文所述
控制变量			与5.3.1.2节中的控制变量保持一致

7.3.1.3 模型的构建

为考察自愿型环境规制对企业生存风险的影响,构造模型如下:

$$\text{Srisk}_{it} = \beta_0 + \beta_1 \text{Volenvreg}_{it} + \sum \text{Controls}_{it} + \varepsilon_{it} \tag{7-1}$$

式中,i表示企业个体,t表示年份,Srisk表示企业i在t时刻的生存风险,Volenvreg表示自愿型环境规制。Controls表示一系列控制变量,具体包括企业规模(Lnsize)、杠杆率(Lev)、净资产收益率(Roe)、资本密集度(Capital)、全要素生产率(TFP)、现金流状况(Cflow)、企业成长性(Growth)、企业年龄(Age)、公司治理结构(Top1)、企业产权性质(Govcon)、行业竞争(HHI)等。ε表示随机干扰项。本章节主要关注Volenvreg的回归系数β_1,若该系数显著为负,则表示自愿型环境规制显著降低了企业生存风险。

7.3.2 自愿参与型环境规制对高碳企业生存风险的影响效应检验

基于公式(7-1)中的模型设定,本节对于自愿参与型环境规制对高碳企业生存风险的影响效应进行检验,其结果如表7-2所示。第(1)列全样本回归结果显示,自愿参与型环境规制Volenvreg的估计系数在

10%水平上显著为负,说明自愿型环境规制在整体层面降低了企业的
生存风险,即假设 H₆ 得到支持。第(2)列和第(3)列列示了高碳企业与
低碳企业的分组估计结果,结果显示,Volenvreg 的估计系数在低碳企
业组中显著为负,但在高碳企业组中未能通过显著性检验。这表明自
愿型环境规制对企业生存风险的降低效应在低碳企业中更为凸显,从
而验证了假设 H₇ 中的观点。

表 7-2　自愿参与型环境规制对高碳企业生存风险的影响效应检验

变量	(1)全样本 Srisk	(2)高碳企业 Srisk	(3)低碳企业 Srisk
Volenvreg	−0.053*	−0.034	−0.082**
	(−1.708)	(−0.726)	(−2.117)
Lnsize	1.556***	1.583***	1.645***
	(12.608)	(4.322)	(12.304)
Lev	14.254***	11.299***	15.017***
	(29.200)	(12.855)	(26.605)
Roe	−2.120***	−0.705*	−2.494***
	(−6.754)	(−1.697)	(−6.728)
Capital	−0.479***	−0.673**	−0.499***
	(−5.932)	(−2.002)	(−6.058)
TFP	−1.464***	−1.811***	−1.604***
	(−8.464)	(−3.079)	(−8.627)
Cflow	−7.298***	−4.074***	−7.755***
	(−9.355)	(−2.892)	(−8.596)
Growth	0.106	−0.039	0.152
	(1.215)	(−0.276)	(1.487)
Age	−0.825***	−0.538**	−0.882***
	(−7.888)	(−2.197)	(−7.516)
Top1	−0.006	0.011	−0.008
	(−1.400)	(1.383)	(−1.493)

续表

变量	(1)全样本	(2)高碳企业	(3)低碳企业
	Srisk	Srisk	Srisk
Govcon	−0.103	−0.410*	−0.070
	(−0.664)	(−1.656)	(−0.388)
HHI	−0.996**	−0.441	−1.038*
	(−2.025)	(−0.485)	(−1.953)
Constant	−22.012***	−17.407***	−22.173***
	(−13.586)	(−7.449)	(−11.689)
Industry FE	是	是	是
Year FE	是	是	是
Regional FE	是	是	是
Observations	16236	2706	13530
R-squared	0.482	0.521	0.476

7.3.3 自愿参与型环境规制对企业生存风险的影响机制检验

表 7-2 的基准回归结果显示,总体而言,自愿参与型环境规制显著缓解了企业生存风险,且其影响效应在高碳企业组和低碳企业组存在明显差异。那么自愿参与型环境规制是通过哪些渠道影响企业生存风险的？根据 7.1 节与 7.2 节中关于自愿参与型环境规制对企业生存风险的影响机制分析及理论模型可知,自愿参与型环境规制能够通过激励技术创新、增强政企联动以及缓解企业融资约束等途径降低企业生存风险。本部分将通过中介效应模型对以上三种影响机制进行实证检验。具体模型形式设定如下：

$$\text{Inter}_{it} = \alpha_0 + \alpha_1 \text{Volenvreg}_{it} + \sum \text{Controls}_{it} + \varepsilon_{it} \tag{7-2}$$

$$\text{Srisk}_{it} = \delta_0 + \delta_1 \text{Volenvreg}_{it} + \delta_2 \text{Inter}_{it} + \sum \text{Controls}_{it} + \varepsilon_{it} \tag{7-3}$$

式中,Inter 表示影响企业生存风险的中介变量即企业技术创新、政企联动及融资约束。其他变量含义与前文模型(5-13)中的一致。与前文类似,本部分主要关注公式(7-2)、公式(7-3)中自愿参与型环境规制变量 Volenvreg 的回归系数 α_1 与中介变量的回归系数 δ_2:若回归系数 α_1 显著为正,则说明自愿参与型环境规制对中介变量存在显著正向影响,反之,若回归系数 α_1 显著为负,则说明该变量对中介变量存在显著负向影响;若回归系数 δ_2 显著为正,则说明中介变量对企业生存风险存在显著正向影响,反之,若回归系数 δ_2 显著为负,则说明中介变量对企业生存风险存在显著负向影响。

7.3.3.1 技术创新机制检验

根据前文 7.1 节和 7.2 节中的理论分析可知,环境规制具有显著的"波特效应",即自愿型环境规制政策能够激励企业技术创新活动的开展并提高生产力,从而抵消由环境规制带来的额外成本,甚至为企业带来更多盈利的可能,进而降低生存风险。本部分使用企业研发投入在营业收入中的占比(Innov_ratio)、年度专利申请数(Innov_apply)、绿色专利申请数(Green_apply)来衡量企业技术创新活动,检验自愿型环境规制是否通过促进技术创新而降低企业生存风险。表 7-3 列示了技术创新机制的检验结果。由表可见,第(1)中 Volenvreg 的估计系数显著为正,表明自愿型环境规制显著促进了企业研发投入;第(2)中 Innov_ratio 的估计系数显著为负,表明研发投入增加显著降低了企业生存风险;第(3)中 Volenvreg 的估计系数未通过显著性检验,而第(5)中 Volenvreg 的估计系数显著为正,表明自愿型环境规制显著促进了企业绿色技术创新;第(6)中 Green_apply 的估计系数显著为负,表明绿色技术创新显著降低了企业生存风险。综合表 7-3 的估计结果,自愿型环境规制通过促进企业研发投入和绿色技术创新降低了企业生存风险,即技术创新在自愿型环境规制影响企业生存风险中发挥了中介作用。

表 7-3　自愿参与型环境规制与企业生存风险:技术创新机制的检验

变量	(1) 研发投入 Innov_ratio	(2) 生存风险 Srisk	(3) 专利总数 Innov_apply	(4) 生存风险 Srisk	(5) 绿色专利 Green_apply	(6) 生存风险 Srisk
Volenvreg	0.001***	0.077**	−0.043	−0.001	0.049***	−0.073*
	(2.634)	(2.441)	(−1.400)	(−0.021)	(4.934)	(−1.898)
Innov_ratio		−14.651***				
		(−5.006)				
Innov_apply				−0.066**		
				(−2.274)		
Green_apply						−0.137**
						(−2.192)
Lnsize	0.004***	0.912***	0.771***	0.907***	0.204***	1.670***
	(4.036)	(8.547)	(8.354)	(6.399)	(7.867)	(12.267)
Lev	−0.031***	13.669***	−1.077***	13.920***	0.190**	15.020***
	(−8.166)	(26.885)	(−3.292)	(20.580)	(2.394)	(26.627)
Roe	−0.019***	−2.584***	0.609	−3.348***	0.206***	−2.472***
	(−3.043)	(−3.812)	(1.318)	(−3.271)	(3.702)	(−6.693)
Capital	0.003***	−0.361***	−0.202***	−0.344***	−0.007	−0.496***
	(3.966)	(−4.324)	(−3.325)	(−2.863)	(−0.999)	(−6.094)
TFP	−0.009***	−1.070***	−0.356**	−0.823***	0.007	−1.590***
	(−6.048)	(−5.798)	(−2.570)	(−3.091)	(0.225)	(−8.634)
Cflow	0.008	−8.079***	0.698	−7.764***	0.037	−7.787***
	(0.825)	(−6.643)	(0.872)	(−4.375)	(0.260)	(−8.611)
Growth	−0.001	−0.098	−0.190	−0.404**	−0.075***	0.138
	(−0.691)	(−0.682)	(−1.337)	(−2.306)	(−4.369)	(1.344)
Age	−0.007***	−0.174*	−0.114	0.065	−0.127***	−0.897***
	(−6.300)	(−1.662)	(−1.307)	(0.512)	(−5.672)	(−7.548)
Top1	−0.000***	0.007	0.008**	0.023***	−0.002**	−0.008
	(−7.536)	(1.517)	(2.258)	(3.680)	(−2.003)	(−1.551)

续表

变量	(1) 研发投入 Innov_ratio	(2) 生存风险 Srisk	(3) 专利总数 Innov_apply	(4) 生存风险 Srisk	(5) 绿色专利 Green_apply	(6) 生存风险 Srisk
Govcon	−0.000	−0.775***	0.323**	−0.994***	0.090**	−0.048
	(−0.196)	(−4.442)	(2.510)	(−4.092)	(2.066)	(−0.270)
HHI	−0.007	−0.427	0.267	1.103*	−0.084	−1.045**
	(−0.955)	(−0.392)	(0.514)	(1.874)	(−1.321)	(−1.970)
Constant	0.116***	−14.422***	−9.265***	−19.112***	−4.266***	−22.297***
	(9.502)	(−9.600)	(−7.541)	(−9.258)	(−8.551)	(−8.135)
Industry FE	是	是	是	是	是	是
Year FE	是	是	是	是	是	是
Regional FE	是	是	是	是	是	是
Observations	16236	16236	16236	16236	16236	16236
R-squared	0.580	0.564	0.271	0.568	0.264	0.476

7.3.3.2 政企联动机制检验

根据前文 7.1 节和 7.2 节中的理论分析可知,随着政府对环境治理工作的日趋重视,企业参与自愿型环境规制与政府环境治理目标导向存在一致性,这有助于企业获得政府补助、行政审批等政府支持,从而降低企业生存风险。本部分使用企业获取的政府补助占总资产的比重衡量政企联动强度(Subsidy),检验自愿型环境规制是否通过强化政企联动降低企业生存风险。表 7-4 列示了政企联动机制的检验结果。由表可见,第(1)列中 Volenvreg 的估计系数在 10% 的水平上显著为正,表明自愿型环境规制有助于企业政府补助资源的增加,即提升了政企联动强度;第(2)列中 Subsidy 的估计系数在 5% 的水平上显著为负,表明政企联动强度的增加显著地降低了企业生存风险。综合表 7-4 的估计结果,自愿型环境规制通过强化政企联动降低了企业生存风险,即政企联动在自愿型环境规制影响企业生存风险中发挥了中介作用。

表 7-4　自愿参与型环境规制与企业生存风险:政企联动机制的检验

变量	(1)政企联动 Subsidy	(2)生存风险 Srisk
Volenvreg	0.738*	−0.078**
	(1.710)	(−2.018)
Subsidy		−17.870**
		(−1.980)
Lnsize	0.081	1.640***
	(0.084)	(12.259)
Lev	0.188	15.028***
	(0.038)	(26.564)
Roe	10.005*	−2.457***
	(1.852)	(−6.611)
Capital	−2.934***	−0.501***
	(−6.814)	(−6.128)
TFP	−6.985***	−1.607***
	(−4.664)	(−8.663)
Cflow	13.704	−7.720***
	(1.086)	(−8.550)
Growth	−7.578***	0.146
	(−5.055)	(1.416)
Age	−2.070*	−0.879***
	(−1.725)	(−7.480)
Top1	−0.059	−0.008
	(−1.243)	(−1.514)
Govcon	−1.636	−0.052
	(−0.953)	(−0.292)
HHI	−3.385	−1.027*
	(−0.532)	(−1.930)
Constant	14.9453***	−21.249***
	(9.658)	(−7.844)

续表

变量	(1)政企联动	(2)生存风险
	Subsidy	Srisk
Industry FE	是	是
Year FE	是	是
Regional FE	是	是
Observations	16236	16236
R-squared	0.068	0.476

7.3.3.3　融资约束机制检验

根据前文 7.1 节和 7.2 节中的理论分析可知,自愿型环境规制有助于企业良好声誉的构建,缓解企业与银行之间的信息不对称性,且向外界利益相关方传递企业环境风险降低的积极信号,进而促进企业融资可得性的增加和融资约束的缓解。借鉴已有文献的做法,本部分使用 KZ 指数衡量企业融资约束强度(KZ_index),检验自愿型环境规制是否通过缓解融资约束降低企业生存风险。表 7-5 列示了融资约束机制的检验结果。由表可见,第(1)列中 Volenvreg 的估计系数在 5% 水平上显著为负,表明自愿型环境规制弱化了企业融资约束;第(2)列中 KZ_index 的估计系数在 1% 的水平上显著为负,表明融资约束的缓解有助于企业生存风险的降低。综合表 7-5 的估计结果,自愿型环境规制通过弱化企业融资约束降低了企业生存风险,即融资约束在自愿型环境规制影响企业生存风险中发挥了中介作用。

表 7-5　自愿参与型环境规制与企业生存风险:融资约束机制的检验

变量	(1)融资约束	(2)生存风险
	KZ_index	Srisk
Volenvreg	-0.028^{**}	-0.057
	(-2.225)	(-1.504)
KZ_index		-0.697^{***}
		(-11.263)

续表

变量	(1)融资约束	(2)生存风险
	KZ_index	Srisk
Lnsize	−0.262***	1.455***
	(−6.914)	(11.416)
Lev	7.094***	19.940***
	(54.987)	(24.454)
Roe	−1.155***	−3.311***
	(−9.263)	(−8.363)
Capital	−0.090***	−0.557***
	(−4.627)	(−6.777)
TFP	−0.383***	−1.856***
	(−7.646)	(−9.934)
Cflow	−15.135***	−18.342***
	(−59.550)	(−13.480)
Growth	−0.249***	−0.025
	(−6.346)	(−0.252)
Age	0.550***	−0.495***
	(16.496)	(−4.766)
Top1	−0.005***	−0.011**
	(−3.264)	(−2.120)
Govcon	−0.002	−0.064
	(−0.036)	(−0.371)
HHI	0.227**	−0.875*
	(2.019)	(−1.671)
Constant	8.574***	−15.668***
	(14.008)	(−6.003)
Industry FE	是	是
Year FE	是	是
Regional FE	是	是
Observations	16236	16236
R-squared	0.717	0.501

综上所述,自愿参与型环境规制总体上显著降低了企业生存风险,与低碳企业相比,自愿型环境规制对高碳企业生存风险的缓释效应相对较小。在影响机制方面,自愿型环境规制主要通过促进企业技术创新、强化政企联动以及缓解企业融资约束降低企业生存风险。

7.3.4 自愿参与型环境规制对高碳企业生存风险影响的稳健性检验

7.3.4.1 替换被解释变量

为保证回归结果的稳健性,本节使用企业特质风险承担水平(Idiosyn_risk)作为被解释变量企业生存风险 Srisk 的替代指标,重新对回归方程进行估计。回归结果列示于表 7-6。由表可见,全样本估计结果中 Volenvreg 的估计系数在 1% 水平上显著为负,分组估计结果中,高碳企业组中 Volenvreg 的估计系数未通过显著性检验,而低碳企业组 Volenvreg 的估计系数仍然显著为负。这一结论与基准检验结果保持一致。

表 7-6　自愿参与型环境规制与高碳企业生存风险:替换被解释变量的稳健性检验

变量	(1)全样本	(2)高碳企业组	(3)低碳企业组
	Idiosyn_risk	Idiosyn_risk	Idiosyn_risk
Volenvreg	-0.007^{***}	-0.004	-0.007^{***}
	(-4.054)	(-1.283)	(-3.516)
Lnsize	-0.093^{***}	-0.077^{***}	-0.096^{***}
	(-20.581)	(-7.156)	(-18.795)
Lev	0.240^{***}	0.203^{***}	0.237^{***}
	(14.397)	(5.114)	(13.011)
Roe	-0.057^{***}	-0.004	-0.071^{***}
	(-3.830)	(-0.128)	(-4.210)
Capital	0.007^{***}	-0.007	0.012^{***}
	(3.302)	(-1.359)	(4.966)

续表

变量	(1)全样本	(2)高碳企业组	(3)低碳企业组
	Idiosyn_risk	Idiosyn_risk	Idiosyn_risk
TFP	0.009	−0.028*	0.019***
	(1.476)	(−1.860)	(2.855)
Cflow	−0.003	−0.029	−0.008
	(−0.088)	(−0.324)	(−0.235)
Growth	0.084***	0.087***	0.081***
	(16.606)	(7.801)	(14.243)
Age	−0.044***	−0.036***	−0.045***
	(−10.468)	(−3.017)	(−10.017)
Top1	0.000	0.000	0.000
	(0.412)	(0.006)	(0.614)
Govcon	−0.011	0.007	−0.015*
	(−1.493)	(0.363)	(−1.924)
HHI	−0.009	0.155**	−0.011
	(−0.551)	(2.005)	(−0.659)
Constant	3.625***	3.759***	3.559***
	(58.200)	(23.445)	(52.135)
Industry FE	是	是	是
Year FE	是	是	是
Regional FE	是	是	是
Observations	16236	2706	13530
R-squared	0.472	0.456	0.481

7.3.4.2 控制宏观因素后的稳健性检验

企业所处地区的宏观环境因素在基准模型中并未控制,这些遗漏变量也可能会导致基准回归结果偏差。因此,本部分在基准模型中进一步引入地区经济发展水平(LnGDP)、财政收入水平(Lnrev)等宏观因素变量,在控制地区宏观因素基础上对基准模型重新进行回归,回归结果列示于表 7-7。结果显示,列(1)和列(3)中自愿参与型环境规制变量 Volenvreg 的回归系数分别在 10% 和 5% 水平上显著为负,第(2)列中其回归系数未通过显著性水平检验,说明在控制地区宏观因素后,自愿参与型环境规制仍显著降低了企业生存风险,但其对企业生存风险的缓解效应在低碳企业组表现得更为显著。这一结论与基本回归结果保持一致。

表 7-7　自愿参与型环境规制与高碳企业生存风险:控制宏观因素的稳健性检验

变量	(1)全样本	(2)高碳企业组	(3)低碳企业组
	Srisk	Srisk	Srisk
Volenvreg	-0.057^{*}	-0.024	-0.080^{**}
	(-1.797)	(-0.523)	(-2.062)
Lnsize	1.582^{***}	1.593^{***}	1.642^{***}
	(12.353)	(4.323)	(12.248)
Lev	14.332^{***}	11.234^{***}	14.995^{***}
	(29.070)	(12.753)	(26.583)
Roe	-2.079^{***}	-0.722^{***}	-2.502^{***}
	(-6.602)	(-1.757)	(-6.754)
Capital	-0.510^{***}	-0.663^{**}	-0.495^{***}
	(-5.758)	(-1.974)	(-6.071)
TFP	-1.564^{***}	-1.828^{***}	-1.591^{***}
	(-8.566)	(-3.083)	(-8.619)
Cflow	-7.401^{***}	-4.175^{***}	-7.789^{***}
	(-9.283)	(-2.970)	(-8.618)
Growth	0.112	-0.018	0.149
	(1.276)	(-0.131)	(1.446)
Age	-0.799^{***}	-0.511^{**}	-0.879^{***}
	(-7.562)	(-2.087)	(-7.493)
Top1	-0.006	0.012	-0.008
	(-1.253)	(1.473)	(-1.487)

续表

变量	(1)全样本	(2)高碳企业组	(3)低碳企业组
	Srisk	Srisk	Srisk
Govcon	−0.134	−0.367	−0.061
	(−0.869)	(−1.459)	(−0.343)
HHI	−1.037**	−0.342	−1.034*
	(−2.103)	(−0.369)	(−1.946)
LnGDP	0.000	0.000	0.000
	(0.894)	(0.878)	(0.720)
Lnrev	−0.073	−0.057	−0.091
	(−0.350)	(−0.223)	(−0.374)
Constant	−20.846***	−17.319***	−21.699***
	(−9.148)	(−5.774)	(−7.979)
Industry FE	是	是	是
Year FE	是	是	是
Regional FE	是	是	是
Observations	16236	2706	13530
R-squared	0.478	0.523	0.476

7.3.5 自愿参与型环境规制对高碳企业生存风险影响的异质性检验

7.3.5.1 基于产权性质的异质性检验

首先,按照产权性质不同,将样本企业划分为国有企业组和非国有企业组,进而考察自愿型环境规制对企业生存风险的影响效应在国有企业组和非国有企业组之间存在的差异。检验结果列示于表 7-8。

表 7-8 自愿参与型环境规制与高碳企业生存风险:产权性质的异质性检验

变量	(1)国有	(2)非国有	国有		非国有	
			(3)高碳组	(4)低碳组	(5)高碳组	(6)低碳组
	Srisk	Srisk	Srisk	Srisk	Srisk	Srisk
Volenvreg	0.033	−0.061*	−0.014	0.037	−0.034	−0.081*
	(0.759)	(−1.742)	(−0.152)	(0.753)	(−0.669)	(−1.886)
Lnsize	0.700***	1.701***	0.901***	0.709***	1.719***	1.745***
	(4.702)	(12.391)	(3.739)	(4.256)	(4.595)	(12.081)
Lev	11.467***	14.804***	9.628***	12.044***	11.795***	15.412***
	(10.946)	(27.993)	(4.348)	(10.194)	(13.245)	(25.420)
Roe	−1.243**	−2.096***	−0.085	−2.075**	−0.881*	−2.442***
	(−2.125)	(−6.269)	(−0.109)	(−2.531)	(−1.885)	(−6.263)
Capital	−0.115*	−0.530***	−0.138	−0.161*	−0.749**	−0.506***
	(−1.651)	(−5.657)	(−1.307)	(−1.801)	(−2.111)	(−5.888)
TFP	−0.754***	−1.610***	−1.376***	−0.671**	−1.798***	−1.644***
	(−2.653)	(−8.274)	(−2.890)	(−2.137)	(−2.983)	(−8.257)
Cflow	−2.436*	−7.932***	−0.277	−2.916**	−4.703***	−8.390***
	(−1.864)	(−9.173)	(−0.075)	(−2.007)	(−3.228)	(−8.580)
Growth	0.174*	0.024	−0.143	0.252**	−0.041	0.069
	(1.860)	(0.231)	(−0.928)	(2.344)	(−0.216)	(0.567)
Age	0.140	−0.969***	0.181	0.088	−0.692***	−1.026***
	(0.889)	(−8.184)	(0.514)	(0.473)	(−2.732)	(−7.853)
Top1	0.011	−0.009*	0.026**	0.007	0.005	−0.010*
	(1.597)	(−1.844)	(2.125)	(0.788)	(0.582)	(−1.787)
Govcon	−0.697*	−0.334*	−0.791	−0.688*	−0.531**	−0.256
	(−1.653)	(−1.866)	(−0.848)	(−1.809)	(−2.125)	(−1.236)
HHI	−1.194**	−1.054*	−4.287*	−1.048**	0.182	−1.058*
	(−2.472)	(−1.911)	(−1.696)	(−2.021)	(0.171)	(−1.792)
Constant	−14.127***	−22.883***	−9.536***	−15.326***	−20.158***	−23.567***
	(−6.940)	(−12.734)	(−2.793)	(−6.213)	(−7.299)	(−11.227)

续表

变量	(1) 国有	(2) 非国有	国有		非国有	
			(3)高碳组	(4)低碳组	(5)高碳组	(6)低碳组
	Srisk	Srisk	Srisk	Srisk	Srisk	Srisk
Industry FE	是	是	是	是	是	是
Year FE	是	是	是	是	是	是
Regional FE	是	是	是	是	是	是
Observations	5875	10361	1297	4578	1409	8952
R-squared	0.545	0.479	0.572	0.549	0.526	0.477

由表可见,自愿型环境规制 Volenvreg 的估计系数在非国有企业组中显著为负,但在国有企业组中则未通过显著性检验。这表明,自愿参与型规制显著降低了非国有企业生存风险,但对国有企业生存风险的作用并不显著。进一步地,将国有企业与非国有企业按照高碳企业组与低碳企业组进行细分,其中,自愿型环境规制 Volenvreg 的估计系数仅在非国有低碳企业组中显著为负,在其余细分组中均未通过显著性检验。造成这一异质性的可能原因是,国有企业可能出于政治表率需求加入自愿型环境规制,这在一定程度上弱化了自愿型环境规制的信号传递和声誉建构作用及技术创新效应。同时,国有企业凭借天然的政企关系优势,本身在获取政府支持方面存在显著优势,这也会弱化自愿型环境规制对国有企业的政企联动效应,从而削弱自愿型环境规制对企业生存风险的缓释效应。

7.3.5.2 基于地方政府环境关注度的异质性检验

其次,按照地方政府环境关注度的不同(地方政府环境关注度用政府工作报告中提及的环境规制相关词频数来度量),将样本企业划分为高环境关注度企业组和低环境关注度企业组,进而考察自愿型环境规制对企业生存风险影响效应在不同政府环境关注度地区之间存在的差异。检验结果列示于表 7-9。

表 7-9　自愿参与型环境规制与高碳企业生存风险:政府环境关注度的异质性检验

变量	(1)高环境关注度	(2)低环境关注度	高环境关注度		低环境关注度	
			(3)高碳组	(4)低碳组	(5)高碳组	(6)低碳组
	Srisk	Srisk	Srisk	Srisk	Srisk	Srisk
Volenvreg	−0.092**	−0.038	−0.140**	−0.038	−0.032	−0.043
	(−1.980)	(−1.047)	(−2.451)	(−0.871)	(−0.528)	(−0.797)
Lnsize	1.694***	1.526***	1.806***	1.559***	1.721***	1.523***
	(9.510)	(11.228)	(8.888)	(10.945)	(3.894)	(4.180)
Lev	14.899***	13.858***	15.654***	14.464***	11.562***	11.021***
	(22.383)	(25.695)	(20.652)	(23.390)	(9.638)	(11.065)
Roe	−2.229***	−1.954***	−2.728***	−2.273***	−0.451	−0.701
	(−4.896)	(−5.186)	(−5.081)	(−5.093)	(−0.892)	(−1.291)
Capital	−0.558***	−0.522***	−0.546***	−0.507***	−0.761*	−0.656**
	(−4.883)	(−5.506)	(−4.730)	(−5.743)	(−1.960)	(−2.003)
TFP	−1.656***	−1.552***	−1.748***	−1.541***	−1.959***	−1.792***
	(−7.020)	(−7.495)	(−6.831)	(−7.092)	(−2.953)	(−2.865)
Cflow	−7.657***	−7.208***	−8.670***	−7.212***	−1.759	−5.891***
	(−7.301)	(−7.258)	(−7.323)	(−6.370)	(−1.061)	(−3.080)
Growth	0.352**	−0.105	0.411**	−0.096	0.162	−0.206
	(2.463)	(−1.022)	(2.419)	(−0.827)	(0.884)	(−0.979)
Age	−0.928***	−0.695***	−0.992***	−0.783***	−0.721*	−0.435*
	(−6.586)	(−5.833)	(−6.351)	(−5.815)	(−1.933)	(−1.943)
Top1	−0.004	−0.007	−0.003	−0.012*	−0.001	0.020**
	(−0.672)	(−1.359)	(−0.468)	(−1.914)	(−0.069)	(2.082)
Govcon	−0.066	−0.234	0.062	−0.197	−0.527	−0.267
	(−0.325)	(−1.281)	(0.263)	(−0.930)	(−1.644)	(−0.895)
HHI	−0.986	−0.991*	−1.133*	−0.895	−0.353	−1.015
	(−1.628)	(−1.861)	(−1.726)	(−1.568)	(−0.290)	(−0.727)

续表

变量	(1)高环境关注度	(2)低环境关注度	高环境关注度		低环境关注度	
			(3)高碳组	(4)低碳组	(5)高碳组	(6)低碳组
	Srisk	Srisk	Srisk	Srisk	Srisk	Srisk
Constant	−22.537***	−20.008***	−23.943***	−20.873***	−17.748***	−16.655***
	(−10.081)	(−11.206)	(−8.922)	(−9.985)	(−6.316)	(−5.658)
Industry FE	是	是	是	是	是	是
Year FE	是	是	是	是	是	是
Regional FE	是	是	是	是	是	是
Observations	7530	8706	1207	6323	1499	7207
R-squared	0.481	0.482	0.479	0.482	0.557	0.516

由表可见,自愿参与型环境规制 Volenvreg 的估计系数在高环境关注度组中显著为负,但在低环境关注度组中则未通过显著性检验。这表明,自愿参与型规制显著降低了高环境关注度地区企业的生存风险,但对低环境关注地区企业生存风险的作用并不显著。进一步地,将高环境关注度组与低环境关注度组企业按照高碳组与低碳组进行细分,其中自愿型环境规制 Volenvreg 的估计系数仅在高环境关注度的高碳企业中显著为负,在其余细分组中均未通过显著性检验。造成这一异质性的可能原因是,在地方政府环境关注度较高的地区,企业参与自愿型环境规制更容易受到地方政府的注意,并给予政策性资源的支持,从而产生更强的政企联动效应。同时,在这些地区,政府也会更加注重金融体系的绿色导向,这有助于提高企业环境信息透明度的积极作用,从而更好地缓解企业融资约束,降低企业生存风险。

7.3.5.3 基于环境认证的异质性检验

环境质量认证是自愿型环境规制的重要形式,企业是否通过 ISO 环境质量认证可能会影响环境信息披露质量与企业生存风险之间的关联关系。ISO 14001 环境管理体系认证是由国际标准化组织(ISO)于1996 年制定的环境管理国际标准,现已成为全球应用最为广泛的环境管理体系认证。本节利用企业是否通过 ISO 14001 环境管理体系认证,将样本区分为通过环境质量认证企业组与未通过环境质量认证企业组,进而考察自愿型环境规制对企业生存风险的影响效应在不同环境质量认证状况企业间存在的差异。检验结果列示于表 7-10。

表 7-10 自愿参与型环境规制与高碳企业生存风险:环境认证的异质性检验

变量	(1) 通过认证	(2) 未通过认证	通过认证		未通过认证	
			(3)高碳组	(4)低碳组	(5)高碳组	(6)低碳组
	Srisk	Srisk	Srisk	Srisk	Srisk	Srisk
Volenvreg	−0.029	−0.119***	0.046	−0.071	−0.120*	−0.123***
	(−0.586)	(−3.019)	(0.610)	(−1.160)	(−1.951)	(−2.645)
Lnsize	1.072***	1.715***	1.472***	1.024***	1.708***	1.780***
	(6.646)	(12.145)	(4.450)	(5.610)	(4.255)	(12.085)
Lev	13.791***	14.466***	12.364***	14.397***	10.910***	15.122***
	(17.750)	(27.124)	(9.866)	(15.489)	(10.795)	(25.043)
Roe	−2.260***	−2.071***	−0.443	−3.367***	−0.876	−2.406***
	(−4.004)	(−5.880)	(−0.787)	(−4.460)	(−1.626)	(−5.930)
Capital	−0.563***	−0.509***	−0.975***	−0.517***	−0.673*	−0.493***
	(−4.077)	(−5.467)	(−2.849)	(−3.433)	(−1.946)	(−5.773)
TFP	−1.307***	−1.632***	−1.989***	−1.172***	−1.866***	−1.676***
	(−4.571)	(−8.333)	(−3.703)	(−3.591)	(−2.924)	(−8.462)
Cflow	−5.754***	−7.971***	−2.767	−5.920***	−4.857***	−8.409***
	(−4.544)	(−8.686)	(−1.335)	(−4.049)	(−2.876)	(−8.152)
Growth	0.225*	0.103	−0.032	0.258*	−0.031	0.151
	(1.651)	(1.047)	(−0.104)	(1.704)	(−0.194)	(1.305)
Age	−0.580***	−0.836***	−0.236	−0.739***	−0.649**	−0.891***
	(−4.638)	(−6.845)	(−0.827)	(−5.139)	(−2.231)	(−6.598)
Top1	−0.001	−0.008	0.012	−0.004	0.010	−0.010*
	(−0.200)	(−1.535)	(1.113)	(−0.479)	(1.063)	(−1.702)

227

续表

变量	(1) 通过认证	(2) 未通过认证	通过认证		未通过认证	
			(3)高碳组	(4)低碳组	(5)高碳组	(6)低碳组
	Srisk	Srisk	Srisk	Srisk	Srisk	Srisk
Govcon	−0.409	−0.106	−0.947**	−0.211	−0.226	−0.068
	(−1.351)	(−0.633)	(−2.267)	(−0.593)	(−0.842)	(−0.352)
HHI	0.829*	−1.288**	−4.957*	0.976*	0.539	−1.308**
	(1.686)	(−2.358)	(−1.775)	(1.893)	(0.525)	(−2.214)
Constant	−13.659***	−23.167***	−12.748***	−14.288***	−19.042***	−24.169***
	(−5.217)	(−13.046)	(−3.733)	(−4.717)	(−6.849)	(−11.507)
Industry FE	是	是	是	是	是	是
Year FE	是	是	是	是	是	是
Regional FE	是	是	是	是	是	是
Observations	3655	12581	710	2945	1996	10585
R-squared	0.521	0.478	0.547	0.525	0.523	0.475

由表可见,自愿型环境规制 Volenvreg 的估计系数在未通过环境质量认证企业组中显著为负,但在通过环境质量认证企业组中则未通过显著性检验。这表明,自愿型规制对企业生存风险的降低效应在未通过环境质量认证的企业中更为凸显。进一步地,将通过环境质量认证企业组与未通过环境质量认证企业组按照高碳组与低碳组进行细分。在未通过环境质量认证企业组,无论是高碳企业还是低碳企业,自愿型环境规制 Volenvreg 的估计系数均显著为负,但在通过环境质量认证企业组,高碳企业和低碳企业的估计系数均未通过显著性检验。造成这一异质性的可能原因是,以 ISO 14001 环境管理体系为代表的环境质量认证同样能够向利益相关方释放企业积极践行可持续性发展理念的信号,这会一定程度替代环境信息披露质量提升对企业生存风险缓释作用的发挥,弱化基于环境信息披露的自愿型环境规制对生存风险的降低效应。

7.4 本章小结

本章围绕自愿参与型环境规制对企业特别是高碳企业生存风险的影响展开理论与实证分析。首先,对自愿参与型环境规制影响高碳企业生存风险的技术创新机制、政企联动机制以及融资约束机制进行系统性阐述,在此基础上,对于自愿参与型环境规制对高碳企业生存风险的影响效应、影响机制以及异质性效应进行实证检验。主要研究结论如下:

(1)总体而言,自愿参与型环境规制降低了企业的生存风险。与高碳企业相比,自愿参与型环境规制对低碳企业生存风险的降低效应更加凸显。

(2)机制检验结果表明,自愿参与型环境规制通过技术创新机制、政企联动机制以及融资约束机制影响企业生存风险。具体而言,自愿参与型环境规制通过促进企业研发投入和绿色技术创新降低了企业生存风险,即技术创新是自愿型环境规制影响企业生存风险的重要中介机制。自愿参与型环境规制有助于企业政府补助资源的增加,通过强化政企联动降低了企业生存风险,即政企联动也是自愿型环境规制影响企业生存风险的重要中介机制。自愿参与型环境规制通过弱化企业融资约束降低了企业生存风险,即融资约束在自愿型环境规制影响企业生存风险中同样发挥了中介作用。

(3)基于产权性质的异质性检验结果显示,自愿参与型规制显著降低了非国有企业生存风险,但对国有企业生存风险的作用并不显著。其中,自愿参与型规制仅显著降低了非国有低碳企业的生存风险,但对非国有高碳企业生存风险的影响并不显著。

(4)基于地方政府环境关注度的异质性检验结果显示,自愿参与型规制显著降低了高环境关注地区企业的生存风险,但对低环境关注地区企业生存风险的作用并不显著。其中,自愿参与型环境规制仅显著降低了高环境关注度地区高碳企业的生存风险,但对高环境关注度地区低碳企业生存风险的影响并不显著。

(5)基于环境认证的异质性检验结果显示,自愿参与型规制显著降低了未通过 ISO 14001 环境管理体系认证组企业的生存风险,但对通过 ISO 14001 环境管理体系认证组企业生存风险的作用并不显著,且其对企业生存风险的缓解效应在未通过 ISO 14001 环境管理体系认证的高碳企业组和低碳企业组均成立。

8 生存风险对高碳企业绿色
转型的影响

本书第 5 章至第 7 章分别围绕三种不同类型的环境规制对高碳企业生存风险的影响进行了系统理论分析与实证检验。由前文结论可知,新《环保法》实施、《绿色信贷指引》等环境规制政策显著加剧了高碳企业的生存风险。在此背景下,值得思考和关注的问题是:企业生存风险如何影响其绿色转型意愿和绿色转型行为? 其影响效应是否在不同类型企业中存在显著性差异? 对这些问题加以研究和思考不仅有助于理解生存压力下高碳企业绿色转型的策略选择,也能够为政府优化环境规制政策体系以促进高碳企业绿色转型提供重要依据。

因此,本章基于绿色转型意愿和绿色转型行为两个维度,围绕生存风险对高碳企业绿色转型的影响展开实证分析。

8.1　研究数据与研究设计

8.1.1 样本选择与数据来源

本章选取 2009—2020 年沪深两市非金融上市企业为初始样本,在此基础上,剔除了考察期内被 ST、*ST、PT 及大量数据缺失的企业样本,最终获得 13697 个年度观测值。为了避免极端值对实证结果的干扰,本章对所有连续性变量在 1% 和 99% 分位水平上进行缩尾处理。各指标数据主要来自国泰安数据库(CSMAR)与万得数据库(WIND)、上市企业年报、企业社会责任报告、可持续发展报告及企业环境报告等。

8.1.2 变量定义

（1）被解释变量：绿色转型意愿（Gtwill）与绿色转型行为（Gtbeh）

本节从绿色转型意愿和绿色转型行为两个维度对企业绿色转型进行测度。

在绿色转型意愿测度方面，借鉴 Loughran 等（2011）、李哲等（2021）、解学梅等（2021）、万攀兵等（2021）的研究，利用企业年报中披露的与绿色转型相关的文本信息构建企业绿色转型注意力指标 Gtwill，用该指标度量企业绿色转型意愿，企业年报中披露的与绿色转型相关的文本信息越多，说明其对绿色转型越关注，其绿色转型意愿就越强烈。具体而言，根据国民经济和社会发展五年规划、《中华人民共和国环境保护法》、《企业环境行为评价技术指南》、《绿色制造标准化白皮书》等政策文件，从宣传倡议、战略理念、技术创新、排污治理和监测管理 5 个方面，选取 113 个企业绿色化转型关键词，进而统计各个关键词在上市企业年报文本中出现的频率，用该词频数加 1 取自然对数刻画企业绿色化转型注意力，绿色化转型关键词词频数量越高，则表示上市企业对绿色转型的关注度越高，其实施绿色转型的意愿越强烈。选择上市企业年报作为文本分析的基础，一方面能够通过公开信息披露获取更为广泛的企业绿色转型的相关信息，提高获取数据的可行性；另一方面，按照监管机构的要求，上市企业年报属于强制性信息披露的范畴，有着标准的格式规范和内容要求，在进行文本分析过程中能够更加精准地识别与绿色转型相关的关键词，从而提高获取数据的精确性。

在绿色转型行为测度方面，本节采用对碳排放强度取倒数后得到的指标 Gtbeh 对企业绿色转型行为进行度量，该指标为衡量企业绿色转型行为的正向指标，其数值越大表示企业绿色转型程度越高。其中，碳排放强度＝企业年度碳排放总量/营业收入。因此，企业年度碳排放总量是精确计算碳排放强度的关键。由于部分企业并未对外公开其碳排放数据，因此，借鉴王浩等（2022）的研究思路，对未充分披露其碳排放数据的企业,主要根据企业社会责任报告、可持续发展报告以及环境报告中所披露的化石能源消耗量、用电量、用热量等数据,并根据生态环境部发布的针对不同行业的《企业温室气体排放核算与报告指南》分别计算其所规定的范围一和范围二的碳排放量,并对范围一和范围二的碳排放量进行加总得到企业年度碳排放总量。其中,范围一是指直接温室气体排放,主要包括企业拥有或控制的排放源(例如锅炉、熔炉、车辆等)产生的燃烧排放,拥有或控制的工艺设备进行化工生产所产生的排放。范围二是指企业所消耗的外购电力和热力产生的间接温室气体排放。具体而言,企业碳排放量来自四个方面:燃烧和能源燃料排放(包括化石燃料燃烧排放、生物质燃料燃烧排放、原料开采逸逸排放、石油和天然气系统逸逸排放、电力调入调出间接碳排放)、生产过程的碳排放、固体废弃物焚烧和污水处理导致的碳排放、土地利用方式转变碳排放。

(2)解释变量:企业生存风险(Srisk)

与前文一致,本节依然采用将 Altman-Z 值取负值转换后的指标度量企业生存风险,该指标越大,意味着企业面临的生存风险越高。

(3)控制变量

除上述变量以外,本章借鉴于连超等(2019)、胡洁等(2023)的研究,引入包括企业规模(Lnsize)、杠杆率(Lev)、企业盈利能力(Roe)、资本密集度(Capital)、全要素生产率(TFP)、现金流状况(Cflow)、企业成长性(Growth)、企业年龄(Age)、公司治理结构(Top1)、企业产权性质(Govcon)等控制变量对影响企业绿色转型的其他因素进行控制。

上述变量及相关说明详见表 8-1。

表 8-1　生存风险与高碳企业绿色转型的相关变量说明

变量类型	变量名称	变量符号	变量的含义与说明
被解释变量	绿色转型意愿	Gtwill	利用企业年报中披露的与绿色转型相关的文本信息,构建企业绿色转型注意力指标进行度量
	绿色转型行为	Gtbeh	采用对碳排放强度取倒数后得到的指标对企业绿色转型行为进行度量

233

续表

变量类型	变量名称	变量符号	变量的含义与说明
解释变量	企业生存风险	Srisk	将 Altman-Z 值取负值作为度量企业生存风险的正向指标,该指标越大,表示企业面临的生存风险越高
控制变量	与上文 8.1.2 中的控制变量		

8.1.3 模型的构建

为考察生存风险对高碳企业绿色转型意愿和绿色转型行为的影响,构造模型如下:

$$\text{Gtwill}_{it} = \alpha_0 + \alpha_1 \text{Srisk}_{it-1} + \sum \text{Controls}_{it-1} + \varepsilon_{it} \tag{8-1}$$

$$\text{Gtbeh}_{it} = \beta_0 + \beta_1 \text{Srisk}_{it-1} + \sum \text{Controls}_{it-1} + \varepsilon_{it} \tag{8-2}$$

式中,i 表示企业个体,t 表示年份,Srisk 表示企业 i 在 t 时刻的生存风险,Gtwill 表示企业绿色转型意愿,Gtbeh 表示企业绿色转型行为,Controls 表示一系列控制变量(具体见 8.1.2 节中的定义),ε 表示随机干扰项。本章节主要关注企业绿色转型意愿 Gtwill 的回归系数 α_1 和绿色转型行为 Gtbeh 的回归系数 β_1,若系数显著为正,则表示生存风险显著促进企业绿色转型,反之,若系数显著为负,则表示生存风险显著阻碍了企业绿色转型。

8.2 生存风险对高碳企业绿色转型意愿的影响

基于公式(8-1)中的模型设定,本节对于生存风险对高碳企业绿色转型意愿的影响效应进行检验,其结果如表 8-2 所示。表中第(1)列全样本回归结果显示,生存风险 Srisk 的估计系数为正但并未通过显著性检验,说明生存风险在整体层面并未显著影响企业绿色转型意愿。第

（2）列和第（3）列显示了高碳企业与非高碳企业的分组估计结果,结果显示,生存风险 Srisk 的估计系数在高碳企业组中显著为正,但在低碳企业组中未能通过显著性检验。这表明生存风险显著提高了高碳企业对绿色转型的关注度和绿色转型意愿,但其对低碳企业绿色转型意愿的影响并不显著。事实上,在日益严格的环境监管和生存压力下,高碳企业更倾向于增加绿色转型相关的信息披露,以此向政府及公众表达其强烈的绿色转型意愿并塑造积极良好的环保形象。绿色注意力和绿色转型意愿的提升不仅有助于企业规避环保处罚,还能够使其获得更多的融资优待、政府关注及政策资源支持。因此,生存压力下,高碳企业更有动机表现出绿色转型意愿。

表 8-2 生存风险对高碳企业绿色转型意愿的影响效应检验

变量	（1） 全样本 Gtwill	（2） 高碳企业组 Gtwill	（3） 低碳企业组 Gtwill
Srisk	0.046	0.562*	0.007
	(0.479)	(1.708)	(0.075)
Lnsize	0.005	−0.008	0.006
	(0.834)	(−0.506)	(0.821)
Lev	−0.050*	−0.081	−0.055*
	(−1.737)	(−1.124)	(−1.702)
Roe	−0.048	0.042	−0.058
	(−0.573)	(0.183)	(−0.643)
Capital	0.001	0.001	0.002
	(0.339)	(0.064)	(0.459)
TFP	0.021	0.088	0.092
	(0.022)	(0.373)	(0.089)
Cflow	−0.064	−0.300*	−0.048
	(−0.954)	(−1.733)	(−0.658)
Growth	−0.005	0.004	−0.006
	(−0.491)	(0.158)	(−0.530)

续表

变量	(1) 全样本 Gtwill	(2) 高碳企业组 Gtwill	(3) 低碳企业组 Gtwill
Age	0.008	0.035	0.005
	(1.091)	(1.588)	(0.624)
Top1	0.012	−0.059	0.019
	(0.408)	(−0.787)	(0.621)
Govcon	−0.010	0.013	−0.015
	(−1.024)	(0.525)	(−1.332)
Constant	2.934***	3.069***	2.926***
	(33.423)	(13.237)	(30.589)
Industry FE	是	是	是
Year FE	是	是	是
Regional FE	是	是	是
Observations	13697	2241	11456
R-squared	0.617	0.630	0.617

进一步,本节按照企业产权性质、企业经济影响力的不同对样本企业进行分组,检验生存风险对高碳企业绿色转型意愿影响的异质性效应,结果列示于表 8-3。

表 8-3　生存风险对高碳企业绿色转型意愿影响的异质性检验

变量	(1) 国有 Gtwill	(2) 非国有 Gtwill	(3) 高经济影响力 Gtwill	(4) 低经济影响力 Gtwill
Srisk	0.102	0.074*	0.064	0.026*
	(1.212)	(1.693)	(1.260)	(2.107)
Lnsize	−0.023	−0.040	0.026	−0.060***
	(−0.919)	(−1.563)	(1.257)	(−4.348)
Lev	−0.072	−0.043	−0.221***	0.046
	(−0.660)	(−0.392)	(−3.635)	(0.413)

续表

变量	(1) 国有 Gtwill	(2) 非国有 Gtwill	(3) 高经济影响力 Gtwill	(4) 低经济影响力 Gtwill
Roe	0.053	0.298	−0.145	0.135
	(0.162)	(0.807)	(−0.453)	(0.588)
Capital	0.008	0.012	−0.020*	0.006
	(0.495)	(0.759)	(−1.913)	(0.890)
TFP	0.064	−0.008	−0.022	0.016
	(1.464)	(−0.223)	(−0.642)	(0.919)
Cflow	−0.360	−0.300	−0.252**	−0.446
	(−1.470)	(−1.249)	(−2.603)	(−1.630)
Growth	0.004	−0.003	0.018	0.012
	(0.127)	(−0.072)	(0.449)	(0.226)
Age	0.032	0.066**	0.019	0.074**
	(0.848)	(1.968)	(0.707)	(3.236)
Top1	−0.000	−0.001	−0.001	0.000
	(−0.119)	(−0.962)	(−0.550)	(1.015)
Govcon	/	/	0.024	−0.041
	/	/	(0.846)	(−1.999)
Constant	2.541***	4.041***	2.852***	3.875***
	(7.079)	(8.960)	(9.688)	(9.505)
Industry FE	是	是	是	是
Year FE	是	是	是	是
Regional FE	是	是	是	是
Observations	1109	1132	1303	938
R-squared	0.652	0.609	0.625	0.699

表中第(1)列和第(2)列显示了国有和非国有企业的分组估计结果,回归结果显示,生存风险 Srisk 的估计系数在非国有企业组显著为正,但在国有企业组并未通过显著性检验,这表明生存风险显著提高了

非国有高碳企业绿色转型意愿，但其对国有高碳企业绿色转型意愿的影响并不显著。与国有企业相比，非国有企业因缺少政府背景，往往面临更加严峻的环境监管、融资环境和资源获取挑战，更倾向于披露绿色转型相关的信息，树立积极良好的环保形象，以规避环保处罚及获得更多的政府和金融机构的资源支持。

第（3）列和第（4）列显示了高经济影响力企业与低经济影响力企业的分组估计结果，回归结果显示，生存风险 Srisk 的估计系数在低经济影响力企业组中显著为正，但在高经济影响力企业组中未能通过显著性检验。这表明生存风险显著提高了低经济影响力企业绿色转型意愿，但并未对高经济影响力企业绿色转型意愿产生显著影响。与高经济影响力企业相比，低经济影响力的企业无论在经济地位还是资源获取上均处于劣势，因此，其往往具有更强的绿色转型信息披露动机，以期获得更多的政府关注和资源支持。

8.3　生存风险对高碳企业绿色转型行为的影响

基于公式（8-2）中的模型设定，本节对于生存风险对高碳企业绿色转型行为的影响效应进行检验，其结果如表 8-4 所示。表中第（1）至（3）列回归结果显示，生存风险 Srisk 的估计系数均在 1% 的水平上显著为负，且高碳企业组 Srisk 的估计系数绝对值显著大于全样本企业组和低碳企业组，说明无论对于全样本企业还是高碳企业或低碳企业，生存风险均显著阻碍了企业绿色转型行为，其中对高碳企业绿色转型行为的阻碍效应尤为凸显。事实上，环境规制背景下，高碳企业在减碳压力、技术难度、市场需求、企业内部因素等方面面临着更为严峻的挑战，这无疑增加了其绿色转型的难度。因此，生存压力下，高碳企业在实际绿色转型行为方面表现得更加消极。

表 8-4　生存风险对高碳企业绿色转型行为的影响效应检验

变量	(1)全样本	(2)高碳企业组	(3)低碳企业组
	Gtbeh	Gtbeh	Gtbeh
Srisk	-0.012^{***}	-0.018^{***}	-0.011^{***}
	(-6.647)	(-3.262)	(-6.328)
Lnsize	-0.122^{***}	-0.117^{***}	-0.123^{***}
	(-8.004)	(-3.588)	(-8.615)
Lev	0.068^{*}	0.064	0.085^{*}
	(1.742)	(0.812)	(1.890)
Roe	-0.502^{***}	-0.306^{*}	-0.533^{***}
	(-5.578)	(-1.772)	(-5.316)
Capital	0.082^{***}	0.089^{**}	0.079^{***}
	(6.008)	(2.371)	(6.888)
TFP	0.003	0.027	-0.004
	(0.130)	(0.462)	(-0.181)
Cflow	0.070	0.100	0.067
	(1.360)	(1.343)	(1.094)
Growth	-0.047^{***}	-0.042^{***}	-0.050^{***}
	(-5.035)	(-2.710)	(-4.448)
Age	-0.016^{**}	0.000	-0.019^{**}
	(-2.035)	(0.019)	(-2.411)
Top1	0.000	-0.000	0.000
	(0.724)	(-0.000)	(0.953)
Govcon	0.008	-0.002	0.012
	(0.783)	(-0.111)	(1.074)
Constant	2.661^{***}	2.173^{***}	2.784^{***}
	(19.781)	(6.546)	(18.660)
Industry FE	是	是	是
Year FE	是	是	是
Regional FE	是	是	是
Observations	13697	2241	11456
R-squared	0.518	0.612	0.506

　　进一步,本节按照企业产权性质、企业经济影响力的不同对样本企业进行分组,检验生存风险对高碳企业绿色转型行为影响的异质性效应,结果列示于表 8-5。

表 8-5　生存风险对高碳企业绿色转型行为影响的异质性检验

变量	（1）国有	（2）非国有	（3）高经济影响力	（4）低经济影响力
	Gtbeh	Gtbeh	Gtbeh	Gtbeh
Srisk	−0.066*	−0.040*	0.015	−0.065**
	(−1.809)	(−1.709)	(1.449)	(−1.981)
Lnsize	−0.035***	−0.162***	−0.030***	−0.333***
	(−4.237)	(−5.046)	(−3.300)	(−5.007)
Lev	0.007	0.058	−0.065***	0.259
	(0.190)	(0.544)	(−2.973)	(1.418)
Roe	−0.052	0.079	−0.250**	0.426*
	(−0.533)	(0.414)	(−1.996)	(1.872)
Capital	0.007	0.092***	0.010	0.076***
	(1.112)	(4.204)	(0.999)	(2.969)
TFP	−0.067***	−0.037	−0.011	−0.147***
	(−3.168)	(−1.214)	(−0.664)	(−3.282)
Cflow	0.054	0.055	0.040	−0.313**
	(0.678)	(0.683)	(0.903)	(−2.387)
Growth	−0.030***	−0.014	−0.013**	−0.045
	(−2.749)	(−0.891)	(−2.320)	(−1.152)
Age	−0.003	0.025	−0.001	0.016
	(−0.320)	(0.928)	(−0.138)	(0.597)
Top1	0.001**	0.000	−0.000	−0.001
	(2.225)	(0.526)	(−0.316)	(−0.531)
Govcon	/	/	−0.005	0.002
	/	/	(−0.487)	(0.063)

续表

变量	（1）国有	（2）非国有	（3）高经济影响力	（4）低经济影响力
	Gtbeh	Gtbeh	Gtbeh	Gtbeh
Constant	1.785***	4.002***	0.940***	9.054***
	(10.353)	(8.098)	(9.911)	(7.802)
Industry FE	是	是	是	是
Year FE	是	是	是	是
Regional FE	是	是	是	是
Observations	1109	1132	1303	938
R-squared	0.478	0.825	0.347	0.823

第（1）列和第（2）列显示了国有和非国有企业的分组估计结果,结果显示,生存风险 Srisk 的估计系数在国有企业组和非国有企业组均显著为负,但国有企业组回归系数的绝对值大于非国有企业组,这表明生存风险显著阻碍了国有和非国有高碳企业绿色转型行为,但其对国有高碳企业绿色转型行为的阻碍效应更大。相较于非国有企业,国有企业在环境监管方面往往会受到一定程度的政策庇护,从而弱化了国有企业实施绿色转型的行为动机。

第（3）列和第（4）列显示了高经济影响力企业与低经济影响力企业的分组估计结果,结果显示,生存风险 Srisk 的估计系数在低经济影响力企业组中显著为负,但在高经济影响力企业组中未能通过显著性检验。这表明生存风险显著阻碍了低经济影响力企业绿色转型行为,但并未对高经济影响力企业绿色转型行为产生显著影响。与高经济影响力企业相比,低经济影响力企业在行业地位、资金实力和技术创新等方面存在诸多劣势,在面临生存风险时,低经济影响力企业更难以承担绿色转型的成本和风险,在实践中,其绿色转型行为更加被动和消极。

8.4 本章小结

　　本章基于绿色转型意愿和绿色转型行为两个维度,围绕生存风险对高碳企业绿色转型的影响展开实证分析。结果表明,生存风险显著提高了高碳企业对绿色转型的关注度和绿色转型意愿,且其影响效应在非国有企业组与低经济影响力企业组表现得更为显著。同时,生存风险显著阻碍了高碳企业绿色转型行为,且其影响效应在国有企业组与低经济影响力企业组表现得更为显著。该结论表明:在生存压力下,高碳企业表现出明显的"漂绿"倾向,即企业会增加公开信息中对绿色转型信息的披露,但实际上却未付出真正的绿色转型和减碳行动。这一现象在非国有企业和低经济影响力企业中表现得尤为明显,这类企业的"漂绿"动机更为强烈。由此可见,环境规制所带来的生存风险已成为阻碍高碳企业绿色转型的重要因素。

9　拓展性研究：数字化转型、创新投资波动与企业生存风险

　　前文主要围绕三种不同类型的环境规制对高碳企业生存风险的影响、生存风险对高碳企业绿色转型的影响进行了理论分析与实证检验。由前文结论可知，新《环保法》实施、《绿色信贷指引》等环境规制政策显著加剧了高碳企业生存风险，同时，机制检验结果显示，技术创新是影响企业生存风险的重要中介变量，尤其是在长期维度下，创新活动的开展会显著提升企业生产率与抵御风险的能力，从而降低企业生存风险（鲍宗客，2016）。除外部环境规制等宏观政策外，企业创新活动还会受到企业微观层面战略转型等因素的影响。

　　当前，数字化技术的持续渗透正以前所未有的广度、深度和速度改变着企业经营管理方式，对企业战略决策提出极大挑战。企业数字化转型极大地提升了企业数据搜集和分析能力，赋能企业更好地对包括科研人员流动、外部竞争对手创新动向等信息进行精确的评估，进而提升企业创新策略调整的灵活性。另外，数字化转型还能够帮助企业更精确地对现有市场需求进行分析以及对未来新兴需求进行预测，这也有助于提升企业创新决策的前瞻性。

　　基于以上背景分析，本章以企业微观层面数字化转型为切入点，从长期动态维度分析数字化转型对企业创新投资波动及生存风险的影响。

9.1 数字化转型、创新投资波动
与企业生存风险的现实背景

如今,数字经济日益成为全球经济复苏和经济增长的新引擎。依托 5G、物联网、大数据、区块链、人工智能等先进数字技术,各行业企业乃至整个产业的数字化转型将有效促进数字经济与实体经济的深度融合。与此同时,数字技术正以前所未有的广度、深度和速度影响着企业的经营管理,迫使企业调整战略和管理实践(Ferreira et al., 2019)。

作为战略决策的重要组成部分,创新对企业的可持续增长和竞争力提升至关重要(Brown et al., 2012)。然而,创新投资具有长周期的特点,因此,往往会因融资约束趋紧而面临中断的风险,而创新活动的中断往往会受到各种调整成本、沉没成本和时间压缩不经济的影响(Borisova et al., 2013)。当面临不可预测的外部融资环境收紧和现金流波动时,管理者倾向于保持创新投资的平稳路径,以尽量避免创新中断导致的调整成本和沉没成本(Brown et al., 2015)。

知识基础观(KBV)认为,信息在企业的战略决策中发挥着关键作用(Fernandes et al., 2022;Pereira et al., 2021),对于需要处理融资决策、市场机会和调整成本等复杂信息的创新决策调整来说更是如此。作为提高信息处理能力的重要途径,数字化转型能够使企业更加高效地搜索、共享和分析信息,从而帮助企业更准确地评估创新投资波动带来的成本。现有文献围绕企业数字化转型的经济后果进行了大量研究,如数字化转型对公司战略(Bharadwaj et al., 2013)、企业绩效(Chouaibi et al., 2022;Zhai et al., 2022)、商业模式(Bouwman et al., 2019;Mangematin et al., 2014)、企业创新(Usai et al., 2021)以及企业碳排放或污染减排(Hilali et al., 2020;Xiong et al., 2022)等方面的影响。然而,学者们对于数字化转型与企业创新投资波动性之间的关系尚缺乏关注。

创新是影响企业生存风险的重要因素。已有研究表明,创新活动的开展能够显著提升企业生产率与抵御风险的能力,从而降低企业生

存风险（陈阵 等，2014；鲍宗客，2016）。在传统环境下，企业难以准确预测可能的融资环境变化以及现金流波动情况，为了避免因资金短缺导致的创新中断，企业会通过现金持有或营运资本对创新投资进行平滑，保障创新活动的持续开展。而企业数字化转型极大地提升了企业数据搜集和分析能力，赋能企业更好地对包括科研人员流动、外部竞争对手创新动向等信息进行精确的评估，进而提升企业创新策略调整的灵活性。另外，数字化转型还能够帮助企业更精确地对现有市场需求进行分析以及对未来新兴需求进行预测，这也有助于提升企业创新决策的前瞻性。创新决策前瞻性与创新策略调整灵活性的提升均有助于维持企业长期竞争优势，从而降低企业生存风险。在此背景下，检验数字化转型、创新投资波动与企业生存风险之间的关系十分必要。

9.2　数字化转型、创新投资波动与企业生存风险的理论分析

数字化转型是指企业使用新型数字技术来实现业务改进（Hitt et al.，1996；Konopik et al.，2022）。已有文献围绕数字化对公司战略（Bharadwaj et al.，2013）、企业绩效（Chouaibi et al.，2022；Zhai et al.，2022）、商业模式（Bouwman et al.，2019；Mangematin et al.，2014）、减少污染（Hilali et al.，2020；Xiong et al.，2022）和企业创新（Usai et al.，2021；Zhang et al.，2023）等展开了大量研究。然而，学者们对于数字化转型与企业创新投资波动之间的关系尚缺乏关注。

一方面，数字化转型能够降低企业创新投资波动。首先，数字化转型可以提高企业为创新活动融资的能力，有助于企业避免因融资环境波动而推迟创新投资。由于信息不对称和较高的失败风险，商业银行等外部融资者不愿为创新项目提供资金（Amore et al.，2013）。尽管企业努力平滑创新投资，以保护创新过程不受融资环境不可预测波动的影响，但面对严重的融资约束，企业仍难以保持稳定的创新投资（Liu et al.，2021）。数字化转型能让基层员工和客户更广泛、更充分地参与到

产品定制、组织流程优化等活动中,帮助管理者更高效地捕捉和分析价值链中积累的海量信息,从而提高企业的运营效率,而运营效率的提高能够有效缓解企业融资约束。其次,已有研究表明,基于大数据和人工智能的信息系统能够使企业更快地发现经营和管理中的问题(Xie et al.,2021;Zhai et al.,2022;Zhang et al.,2023),从而降低因信息有限而导致的创新决策失误,抑制不必要的创新投资波动。因此,数字化转型可以缓解资金约束,防止因金融和环境波动而导致创新减少,从而增强创新投资的稳定性。

另一方面,数字化转型还能够提高企业识别和抓住创新机遇的能力,从而增加企业创新投资的波动性。首先,市场对新产品需求的不确定性是创新的重要障碍(Brown et al.,2012;He et al.,2016)。数字化转型使利益相关者之间的沟通更加顺畅,并提高了市场预测(包括新产品销售)的准确性。数字化转型可以帮助企业建立和完善客户消费信息数据库,实现客户个性化信息的精准定位(Li et al.,2019;Nambisan et al.,2019),使得企业能够根据市场需求的变化及时调整创新投入。其次,数字化转型不仅能够提高企业预测未来市场需求的能力,还能够帮助企业识别和评估现有产品的局限性(Gal et al.,2019),从而进一步明确技术改进的方向,弥补现有产品的不足。此外,数字化转型有助于企业的创新合作伙伴多样化,并减少了传统背景下对创新技术能力的限制。数字化转型有助于企业以更低的成本高效地寻找和联系外部创新合作者,外部合作者的参与为企业带来了新的创新理念和外部知识,有助于企业解决技术障碍,从而加快了创新速度,并增加了企业创新投资的波动性。

此外,在传统环境下,企业难以准确预测可能的融资环境变化以及现金流波动情况,为了避免因资金短缺导致的创新中断,企业会通过现金持有或营运资本对创新投资进行平滑,保障创新活动的持续开展。已有研究表明,创新活动尤其是持续性创新活动的开展能够显著提升企业生产率与抵御风险的能力,从而降低企业生存风险(陈阵 等,2014;鲍宗客,2016;李德辉 等,2022)。而企业数字化转型极大地提升了企业数据搜集和分析能力,赋能企业更好地对包括科研人员流动、外部竞争对手创新动向等信息进行精确的评估,进而提升企业创新策略调整的灵活性。另外，数字化转型还能够帮助企业更精确地对现有市场需求进行分析以及对未来新兴需求进行预测，这也有助于提升企业创新决策的前瞻性。创新决策前瞻性与创新策略调整灵活性的提升均有助于维持企业长期竞争优势，从而降低企业生存风险。

基于以上分析，本章提出假设 H_9 和假设 H_{10}。

H_{9a} 数字化转型会降低企业创新投资的波动性。

H_{9b} 数字化转型会增加企业创新投资的波动性。

H_{10} 数字化转型能够通过影响创新投资波动降低企业生存风险。

9.3 数字化转型、创新投资波动与企业生存风险的实证检验

9.3.1 样本选择和数据来源

基于以上理论分析，本章围绕数字化转型、创新投资波动与企业生存风险的关系进行实证检验。本章选取 2008—2019 年中国 A 股上市公司作为原始样本，剔除金融类公司、ST 和 *ST 公司以及数据缺失的公司，最终得到 8086 个观测值。为了避免极端值对实证结果的干扰，本节对所有连续性变量在 1% 和 99% 分位水平上进行缩尾处理。各指标数据主要来自国泰安数据库（CSMAR）与万得数据库（WIND）。

9.3.2 模型构建

为研究数字化转型对创新投资波动及企业生存风险的影响，本章设定如下计量经济学模型：

$$\text{Vinnov}_{it} = \alpha_0 + \alpha_1 \text{Digi}_{it} + \sum \text{Controls} + \varepsilon_{it} \tag{9-1}$$

$$\text{Srisk}_{it} = \beta_0 + \beta_1 \text{Vinnov}_{it} + \beta_2 \text{Digi}_{it} \times \text{Vinnov}_{it} + \beta_3 \text{Digi}_{it} + \sum \text{Controls} + \varepsilon_{it} \tag{9-2}$$

式中,Vinnov 表示企业创新投资波动,Srisk 表示企业生存风险,Digi 表示企业数字化转型的程度,Control 表示一系列控制变量,变量 ε 为随机误差项。本章主要关注模型(9-1)中 Digi 的回归系数 α_1 和模型(9-2)中交叉项 Digi×Vinnov 的回归系数 β_2,α_1 反映了数字化转型对企业创新投资波动性的影响,β_2 反映了数字化转型通过创新投资波动对企业生存风险的影响效应。

9.3.3 变量的解释与度量

9.3.3.1 被解释变量

(1)企业创新投资波动(Vinnov)。借鉴 Mudambi 等(2014)、Patel 等(2018)等的研究思路,本章首先用创新投资与时间趋势做回归,用获得的残差计算研发投资年度偏差,然后,用过去 5 年企业创新投资趋势残差的标准差来衡量企业创新投资的波动性。Vinnov 值越大,表示企业的创新投资波动越大。

(2)企业生存风险(Srisk)。与前文一致,本章依然采用将 Altman-Z 值取负值转换后的指标度量企业生存风险。该指标越大,表示企业面临的生存风险越高。

9.3.3.2 解释变量

(1)企业数字化转型(Digi)。参考 Gal 等(2019)、吴非等(2021)、Zhai 等(2022)的研究,本章使用文本分析法测度企业数字化转型。首先,基于公司年报中与数字技术应用相关的 99 个关键词词库,运用 Python 程序对公司年报进行文本分析。其次,我们删除了数字化转型相关词语前带有否定词的表达,获得数字化转型相关的词频数量,并用数字化转型词频数加 1 并取对数后的数值(Digi1)来衡量企业数字化转型程度,与数字化转型相关的关键词出现频率越高,管理者对数字化转型的关注度就越高,企业的数字化转型程度也就越高。为确保结果的可靠性,本章定义了另一个数字化转型指标 Digi2,如果企业的 Digi1 水平高于 Digi1 的年度中位数水平,则 Digi2 等于 1;否则,该指标为 0。

(2)数字化转型与创新投资波动交互项(Digi×Vinnov)。用该指标来检验数字化转型通过创新投资波动对企业生存风险的影响效应。

9.3.3.3 控制变量

参考 Brown 等(2015)、Kang 等(2017)、Liu 等(2021)的研究,本章选择固定资产比率(PPE)、财务杠杆(Lev)、企业年龄(Age)、企业成长性(Grow)、所有权集中度(Top)、企业规模(Lnsize)、企业盈利能力(ROA)和机构投资者持股比例(Hold)等作为控制变量。

上述变量及相关说明详见表 9-1。

表 9-1   数字化转型、创新投资波动与企业生存风险的相关变量说明

变量类型	变量名称	变量符号	变量的含义与说明
被解释变量	企业创新投资波动	Vinnov	用过去 5 年企业创新投资趋势残差的标准差来衡量企业创新投资的波动性
	企业生存风险	Srisk	将 Altman-Z 值取负值作为度量企业生存风险的正向指标,该指标越大,表示企业面临的生存风险越高
解释变量	企业数字化转型	Digi1	用数字化转型词频数加 1 并取对数后的数值来衡量企业数字化转型程度
	企业数字化转型	Digi2	如果企业的 Digi1 水平高于 Digi1 的年度中位数水平,则 Digi2 等于 1;否则,该指标为 0
控制变量	固定资产比率	PPE	固定资产规模除以总资产规模
	财务杠杆	Lev	总负债除以总资产
	企业年龄	Age	公司成立年限加 1 取自然对数
	企业成长性	Grow	销售收入增长率
	所有权集中度	Top	第一大股东占比
	企业规模	Lnsize	企业总资产取自然对数
	企业盈利能力	ROA	企业总资产收益率
	机构投资者持股比例	Hold	机构投资者持股占总股份的比重

9.3.4 数字化转型对企业创新投资波动的影响效应

表 9-2 报告了数字化转型对企业创新投资波动的影响效应的回归
结果。第(1)列和第(2)列中,Digi1 和 Digi2 的回归系数分别在 5% 和
1% 的水平上显著为正,这表明数字化转型显著增加了企业创新投资的
波动性,假设 H_{9b} 得到支持。如前文所述,数字化转型能够帮助企业更
精确地预测未来市场需求,识别和评估现有产品的局限性,实现企业的
创新合作伙伴多样化,从而提高企业识别和抓住创新机遇的能力,增加
企业创新投资的波动性与创新投资策略的灵活度。

表 9-2　数字化转型对企业创新投资波动的影响效应

变量	(1)企业创新投资波动 Vinnov	(2)企业创新投资波动 Vinnov
Digi1	0.087**	
	(1.981)	
Digi2		0.169*
		(1.699)
PPE	−0.274	−0.250
	(−0.885)	(−0.945)
Lev	−0.008***	−0.009***
	(−3.011)	(−3.412)
Age	−0.694**	−0.630***
	(−2.530)	(−2.938)
Grow	0.001	0.000
	(1.053)	(−0.325)
Top	−0.006	−0.005*
	(−1.457)	(−1.708)
Lnsize	0.052	0.061
	(0.715)	(0.907)

续表

变量	(1)企业创新投资波动	(2)企业创新投资波动
	Vinnov	Vinnov
ROA	−0.029*	−0.022*
	(−1.890)	(−1.809)
Hold	−0.001	0.000
	(−0.253)	(−0.140)
Constant	−0.968	1.758
	(−0.362)	(1.571)
Industry FE	是	是
Year FE	是	是
Observations	8086	8086
R-squared	0.045	0.182

9.3.5 数字化转型对创新投资波动及企业生存风险的影响效应

创新活动尤其是持续性创新活动的开展能够显著提升企业生产率与抵御风险的能力,从而降低企业生存风险(陈阵 等,2014;鲍宗客,2016;李德辉 等,2022)。数字化转型显著增加了企业创新投资的波动性与创新投资策略的灵活度,那么,数字化转型是否通过创新投资波动影响企业生存风险呢?进一步,本章检验了数字化转型对企业创新投资波动性与企业生存风险之间关系的调节作用,检验结果如表 9-3 所示。回归结果显示,交叉项 Digi1×Vinnov 和 Digi2×Vinnov 的回归系数分别在 5% 和 1% 的水平上显著为负,而 Srisk 是反映企业生存风险的正向指标,这说明数字化转型通过影响创新投资波动进而降低了企业生存风险。这一结论验证了假设 H_{10} 中的观点。

表 9-3　数字化转型对创新投资波动与企业生存风险关系的调节作用

变量	(1)企业生存风险	(2)企业生存风险
	Srisk	Srisk
Vinnov	−0.020	−0.021
	(−0.445)	(−0.508)
Digi1×Vinnov	−0.034**	
	(−1.964)	
Digi1	−0.086**	
	(−2.221)	
Digi2×Vinnov		−0.180***
		(−2.697)
Digi2		0.006
		(0.069)
PPE	2.936***	3.107***
	(10.538)	(11.290)
Lev	0.172***	0.172***
	(48.508)	(48.719)
Age	0.297	0.323*
	(1.612)	(1.759)
Grow	−0.002	−0.002
	(−0.918)	(−1.120)
Top	−0.014***	−0.013***
	(−4.870)	(−4.744)
Lnsize	0.935***	0.929***
	(20.308)	(20.316)
ROA	−0.296***	−0.297***
	(−18.861)	(−18.986)
Hold	−0.027***	−0.029***
	(−6.740)	(−6.984)

续表

变量	(1)企业生存风险	(2)企业生存风险
	Srisk	Srisk
Constant	−33.457***	−33.671***
	(−31.730)	(−32.054)
Industry FE		
Year FE		
Observations	8086	8086
R-squared	0.623	0.623

9.4 本章小结[①]

本章以企业微观层面数字化转型为切入点,从长期动态维度分析数字化转型对企业创新波动及生存风险的影响。主要研究结论如下:

(1)数字化转型显著促进了企业创新投资的波动性。数字化转型能够帮助企业更精确地预测未来市场需求,识别和评估现有产品的局限性、实现企业的创新合作伙伴多样化,从而提高企业识别和抓住创新机遇的能力,增加企业创新投资的波动性与创新投资策略的灵活度。

(2)数字化转型通过影响创新投资波动进而降低了企业生存风险。企业数字化转型有助于提升企业创新决策的前瞻性与创新策略调整的灵活性,从而提升企业长期竞争优势,降低企业生存风险。

---

① 技术创新是影响企业生存风险的重要中介变量,除外部环境规制等宏观政策外,企业创新活动还会受到企业微观层面战略转型等因素的影响。第九章是从微观层面对企业生存风险研究的进一步拓展与延伸。

10 研究结论、政策启示与研究展望

本章将对全书的主要研究结论进行归纳与总结,并基于理论分析与实证研究结论,提出环境规制背景下缓解高碳企业生存风险、破解高碳企业绿色转型困境的政策建议,为碳达峰、碳中和目标顺利实现提供政策性决策参考。最后将提出本书研究的不足之处以及进一步研究的方向。

10.1 研究结论

本书基于企业生存视阈对环境规制与高碳企业绿色转型问题进行研究。在对"环境规制"、"企业生存"与"绿色转型"等相关理论与文献进行系统梳理的基础上,主要围绕环境规制政策的演进,高碳企业生存风险与绿色转型特征事实,强制命令型、市场激励性与自愿参与型环境规制对高碳企业生存风险的影响机制与影响效应,生存风险对高碳企业绿色转型意愿与绿色转型行为的影响等核心问题进行研究,并进一步以企业微观层面数字化转型为切入点,对数字化转型与企业生存进行拓展性研究。基于对上述问题的研究,本书得到以下主要研究结论。

(1)随着政府积极探索实现经济社会绿色转型的路径,我国环境政策体系不断发展与完善。

总体上,我国环境规制政策的演进与发展可归纳为四个阶段:以工业污染防治为重心的初步探索阶段(1949—1977年),以预防为主、防治结合为特征的法治化开启阶段(1978—1991 年),以污染防治、生态保护和环境管理并重为特征的完善发展阶段(1992—2011 年),以生态文明建设为核心的深化发展阶段(2012 年以来)。

(2)我国高碳行业企业生存风险水平整体呈现小幅波动,但仍面临着较高的生存风险,且在不同地区呈现出显著差异。

石油和天然气开采业,煤炭开采和洗选业,石油加工、炼焦及核燃料加工业,黑色金属冶炼及压延加工业,电力、热力生产和供应业等 5 个行业企业面临着较高的生存风险,尤其是电力、热力生产和供应业整体处于破产区间(Altman-Z 分值<1.8)内,面临较为突出的生存风险。石油和天然气开采业,石油加工、炼焦及核燃料加工业,电力、热力生产和供应业的 Altman-Z 分值呈现逐年显著下降趋势,即生存风险呈现逐年上升趋势。从空间特征来看,中西部地区的高碳企业面临的财务压力与生存风险显著大于东部地区。

(3)我国高碳企业绿色转型意愿整体呈现出稳定上升趋势,且在不同地区呈现显著差异。

除了在个别年份出现绿色转型注意力小幅下降之外,石油加工、炼焦及核燃料加工业,石油和天然气开采业,煤炭开采和洗选业,黑色金属冶炼及压延加工业等整体上绿色转型注意力在逐年提升,其他行业如化学原料及化学制品制造业,有色金属冶炼及压延加工业,非金属矿物制品业,电力、热力生产和供应业等对绿色转型的关注度均呈现稳步上升趋势。从空间特征来看,东部地区高碳企业绿色转型意愿明显高于中西部地区。

(4)我国高碳企业碳排放强度整体呈现小幅波动,总体高碳行业仍面临着较大的减排压力,且在不同地区呈现出显著差异。

电力、热力生产和供应业碳排放强度明显高于其他行业,非金属矿物制品业,化学原料及化学制品制造业,石油加工、炼焦及核燃料加工业碳排放强度居中,黑色金属冶炼及压延加工业,有色金属冶炼及压延加工业,石油和天然气开采业,煤炭开采和洗选业相对较低。从空间特征来看,西部地区碳排放强度显著高于东部和中部地区,即东部和中部地区高碳企业绿色转型行为实施效果显著高于西部地区。

（5）在新《环保法》的立法阶段和中央生态环境保护督察的强化执法阶段，强制命令型环境规制对高碳企业生存风险的影响呈现出显著差异，且主要通过运营成本机制与技术创新机制影响高碳企业生存风险。

新《环保法》的实施总体上显著加剧了高碳企业生存风险。机制检验结果表明，该法律的实施通过提高运营成本加剧了高碳企业生存风险，同时，通过促进高碳企业研发投入、创新产出及创新方向绿色化降低了高碳企业生存风险，但总体上企业运营成本增加带来的负向效应大于技术创新能力提升带来的正向效应。异质性检验结果表明，新《环保法》实施显著加剧了国有、高经济影响力以及高环境关注度地区高碳企业的生存风险，而对于非国有、低经济影响力以及低环境关注度地区高碳企业的生存风险影响并不显著。

中央生态环境保护督察总体上显著降低了高碳企业生存风险。机制检验结果表明，该政策的实施通过提高运营成本加剧了高碳企业生存风险，同时，通过促进高碳企业研发效率和创新方向绿色化降低了高碳企业生存风险，但总体上企业技术创新提升所带来的正向效应大于运营成本增加带来的负向效应。异质性检验结果表明，中央生态环境保护督察显著降低了非国有、低经济影响力以及低环境关注度地区高碳企业的生存风险，而对于国有、高经济影响力以及高环境关注度地区高碳企业的生存风险影响并不显著。

因此，在新《环保法》实施的完善立法阶段，企业在环保行为方面更加倾向于选择相对消极保守的应对策略，从而使得环境规制的遵循成本效应大于技术创新效应，加剧了高碳企业生存风险。随着进入以中央生态环境保护督察为代表的强化执法阶段，企业将被迫放弃观望态度，在环保行为方面则更加倾向于选择积极进取的应对策略，以获得创新补偿优势，从而提高企业长期竞争力与生存概率。

（6）不同类型市场激励型环境规制对高碳企业生存风险的影响呈现出显著差异，且主要通过融资约束机制与技术创新机制影响高碳企业生存风险。

《绿色信贷指引》的实施显著加剧了高碳企业生存风险。机制检验结果表明,该指引的实施显著降低了高碳企业长期贷款的可得性,并提高了高碳企业财务成本,从而加剧其所面临的生存风险。同时,该政策影响高碳企业生存风险的技术创新效应并未得到较好的发挥。异质性检验结果表明,《绿色信贷指引》显著加剧了非国有企业组以及高环境关注度地区高碳企业的生存风险,而对于国有企业组与低环境关注度地区高碳企业的生存风险并未产生显著性影响。同时,该政策对于不同经济影响力高碳企业生存风险的影响均显著为负,且对于低经济影响力企业组的影响效应更大。

碳排放权交易试点整体上显著降低了企业生存风险。与高碳企业相比,碳排放权交易试点对企业生存风险的降低效应在低碳企业中更为凸显。机制检验结果表明,整体上该政策的实施主要通过促进创新投入、创新产出和创新方向绿色化降低企业生存风险,融资约束机制并不成立,但其影响机制在高碳企业组和低碳企业组呈现出显著的差异。对于高碳企业而言,碳排放权交易试点主要通过提高融资成本及促进创新产出影响其生存风险,两种机制一定程度上存在着相互抵消效应。对于低碳企业而言,该政策主要通过降低融资成本、促进创新投入及创新方向绿色化降低其生存风险。异质性检验结果表明,碳排放权交易显著降低了非国有企业生存风险,但对国有企业生存风险的作用并不显著,其中,该政策仅显著降低了非国有低碳企业生存风险,而对非国有高碳企业生存风险的影响并不显著。碳排放权交易显著降低了高经济影响力企业的生存风险,但对低经济影响力企业生存风险的作用并不显著,其中,该政策仅显著降低了高经济影响力低碳企业的生存风险,而对高经济影响力高碳企业生存风险的影响并不显著。碳排放权交易显著降低了高环境关注度地区企业的生存风险,但对低环境关注度地区企业生存风险的作用并不显著。其中,该政策仅显著降低了高环境关注度地区低碳企业的生存风险,但对高环境关注度地区高碳企业生存风险的影响并不显著。

(7)自愿参与型环境规制通过技术创新机制、政企联动机制以及融资约束机制显著降低了企业生存风险。

具体而言,自愿参与型环境规制显著降低了企业的生存风险。与高碳企业相比,自愿参与型环境规制对低碳企业生存风险的降低效应更加凸显。机制检验结果表明,自愿参与型环境规制通过促进企业研发投入和绿色技术创新、增强政企联动、缓解融资约束降低了企业生存风险。异质性检验结果表明,自愿参与型规制显著降低了非国有企业生存风险,但对国有企业生存风险的作用并不显著。其中,自愿参与型规制仅显著降低了非国有低碳企业生存风险,但对非国有高碳企业生存风险的影响并不显著。自愿参与型规制显著降低了高环境关注度地区企业的生存风险,但对低环境关注度地区企业生存风险的作用并不显著。其中,自愿参与型环境规制仅显著降低了高环境关注度地区高碳企业的生存风险,但对高环境关注度地区低碳企业生存风险的影响并不显著。自愿参与型规制显著降低了未通过 ISO 14001 环境管理体系认证组企业的生存风险,但对通过 ISO 14001 环境管理体系认证组企业生存风险的影响作用并不显著,且其对企业生存风险的缓解效应在未通过 ISO 14001 环境管理体系认证的高碳企业组和低碳企业组均成立。

(8)生存风险显著提高了高碳企业对绿色转型的关注度和绿色转型意愿,但显著阻碍了高碳企业绿色转型行为。

基于绿色转型意愿和绿色转型行为两个维度的实证结果显示,生存风险显著提高了高碳企业对绿色转型的关注度和绿色转型意愿,且其影响效应在非国有企业组与低经济影响力企业组表现得更为显著。同时,生存风险显著阻碍了高碳企业绿色转型行为,且其影响效应在国有企业组与低经济影响力企业组表现得更为显著。该结论表明,在生存压力下,高碳企业表现出明显的"漂绿"倾向,即企业会增加公开信息中对绿色转型的信息披露,但实际上却未付出真正的绿色转型和减碳行动。这一现象在非国有企业和低经济影响力企业中表现得尤为明显,这类企业"漂绿"动机更为强烈。由此可见,环境规制所带来的生存风险已成为阻碍高碳企业绿色转型的重要因素。

(9)数字化转型显著促进了企业创新投资的波动性,且数字化转型通过影响创新投资波动进而降低了企业生存风险。

一方面,数字化转型显著促进了企业创新投资的波动性。数字化转型能够帮助企业更精确地预测未来市场需求,识别和评估现有产品的局限性,实现企业的创新合作伙伴多样化,从而提高企业识别和抓住创新机遇的能力,增加企业创新投资的波动性与创新投资策略灵活度。另一方面,数字化转型通过影响创新投资波动进而降低了企业生存风险。企业数字化转型有助于提升企业创新决策前瞻性与创新策略调整的灵活性,从而提升企业长期竞争优势,降低企业生存风险。

10.2　政策启示

为积极应对环境问题对经济社会可持续发展带来的严峻挑战,我国政府及相关环保部门相继出台了一系列环境规制政策。然而,环境规制政策的实施在推动经济社会绿色转型的同时,也给高碳企业带来了巨大的生存压力,环境规制带来的生存压力已成为我国高碳企业绿色转型意愿低下、转型内生动力不足的重要原因。基于以上主要研究结论,本研究从以下四个方面提出环境规制与生存压力下破解高碳企业绿色转型困境的政策建议,以推动经济社会发展全面绿色转型。

(1)优化环境规制政策设计,增强政策协同效应

研究结果表明,当前我国高碳企业面临着较大的生存压力,尤其是中西部地区高碳企业,其生存风险显著高于东部地区高碳企业,同时其绿色转型意愿和绿色转型行为实施效果显著低于东部地区高碳企业,生存风险与绿色转型压力在不同高碳行业中也呈现出显著的异质性。因此首先,应针对不同地区、不同行业高碳企业生存风险与绿色转型的差异,制定差异化的环境规制政策。如通过设定阶段性减排目标,为中西部地区高碳企业提供更加宽松的绿色转型过渡期,以避免环境规制政策"一刀切"所带来的企业生存风险;考虑不同行业高碳企业的生存压力与绿色转型难度,应制定差异化的减排目标、政策与技术支持方案,尤其是对于石油和天然气开采业,煤炭开采和洗选业,石油加工、炼焦及核燃料加工业,黑色金属冶炼及压延加工业,电力、热力生产和供

应业等面临着较高生存风险的高碳行业企业提供政策与技术支持。其次,应加强同类环境规制政策以及不同类型环境规制政策之间的协同效应,从而推动高碳企业经济效应与环境效应的实现。实证结果显示,不同类型环境规制政策对高碳企业生存风险的影响存在着显著差异。因此,通过加强新《环保法》与中央生态环境保护督察的政策的协同,形成"立法+执法"的双重影响机制;通过加强强制命令型与市场激励型环境规制政策协同,形成"监管+激励"的双重影响机制;通过加强市场激励型与参与型环境规制政策的协同,形成"激励+声誉"的双重影响机制,可以充分发挥环境规制对高碳企业技术创新与创新方向绿色化的促进作用,更有效地促进创新补偿效应的发挥与高碳企业绿色转型。另外,应根据高碳企业绿色转型开展情况动态调整环境规制政策的实施。如对于绿色转型开展进度较快的高碳企业可实施相对宽松的环境规制和监管,而对于绿色转型开展进度较慢的高碳企业则采取较为严格的环境规制,以提高环境规制政策的实施效率。

(2)加大绿色转型相关金融支持,缓解高碳企业资金与生存压力

研究结果表明,强制命令型环境规制通过增加企业运营成本加剧了企业生存风险,而市场激励型环境规制通过强化企业融资约束加剧了企业生存风险。因此,高碳企业绿色转型过程中的金融支持对缓解企业生存风险尤为重要。首先,可通过设立政府专项绿色转型基金,同时引导各级金融机构与社会资本加入,为高碳企业绿色技术创新提供资金支持;同时,对高碳企业绿色转型项目与绿色技术研发实施特定的财政补贴或税收优惠,以降低高碳企业绿色转型过程中的资金与生存压力。其次,应进一步优化绿色金融支持体系,将高碳企业的低碳转型也纳入绿色金融支持范畴。传统绿色金融体系更加倾向于支持"纯绿"行业企业活动,但从我国当前产业结构来看,传统高碳行业依然是经济的重要支撑,且属于绿色金融支持范围之外的"非绿"行业,而这些行业企业的绿色转型对于实现"双碳"目标十分关键。因此,应优化现有绿色金融体系,精确识别出有意愿和能力实现绿色转型的高碳企业,并对其提供融资便利和利率优惠。同时,政府应鼓励更多金融市场主体参与绿色金融,提高绿色金融供给规模,降低绿色融资成本。如可尝试通

过给予商业银行一定准备金政策、再贷款政策、财政贴息以及税收政策优惠,鼓励商业银行发放绿色信贷;通过将证券公司参与绿色债券承销的情况纳入其分类评价中,直接与评级结果相挂钩,并简化绿色证券审核流程。另外,应加快转型金融创新与发展,以缓解高碳企业绿色转型过程中面临的融资约束。作为绿色金融的重要补充,转型金融有助于突破当前绿色金融对非"纯绿"行业企业绿色转型活动支持力度不足的限制,为高碳企业低碳转型提供新的融资支持。如转型债券、可持续发展挂钩债券、转型基金等均能为高碳企业绿色转型提供多样化的融资来源和较低的资金成本,从而缓解其所面临的资金压力与生存风险。

(3)加大绿色技术创新政策支持,提升高碳企业绿色转型能力

研究结果表明,环境规制能够通过促进企业研发投入、创新产出及创新方向绿色化以显著降低企业生存风险。由于高碳企业具有高能耗高污染的特征,其在环境规制背景下面临更高的政策风险与市场压力,因此,高碳企业技术创新活动尤其绿色技术创新活动的开展对于缓解企业生存风险至关重要。然而,由于高能耗高污染的特征,高碳企业在绿色技术和创新人才方面往往处于天然劣势地位。一方面,高碳企业对原有生产模式和技术存在较强的路径依赖,使得其绿色转型面临严重的技术壁垒和市场风险;另一方面,绿色技术创新往往具有长周期高风险的特征,这对高碳企业资金储备与技术实力提出了更大挑战。因此,应继续加大政府对清洁技术创新的支持力度,与绿色金融政策形成合力,引导和激励绿色技术创新活动。首先,政府应进一步加大对高碳企业绿色技术研发的财政补贴或税收优惠力度,或通过设立政府绿色引导基金,对企业清洁型技术研发创新提供资金支持,带动更多私人资本参与清洁技术创新活动,以降低其创新方向绿色化转型的成本,激励高碳企业绿色研发投入。其次,大力支持高碳企业开展绿色转型试点项目,通过试点项目的示范作用,形成可复制推广的成功经验,从而带动整体行业绿色转型。再次,积极推动高碳企业与低碳企业、科研机构的深度合作,或由政府通过直接出资或与高校、科研机构合作等方式成立专业清洁技术研发机构,加快绿色创新技术的研发、落地与规模化应用。政府部门可以优先考虑将清洁技术研发成果纳入政府采购清单,

帮助企业推广清洁技术成果,降低清洁技术研发风险。另外,应进一步完善绿色知识产权保护,为高碳企业绿色技术创新提供强有力的制度保障。如通过明确绿色技术范围、优化绿色专利申请流程、强化知识产权执法等措施,保护企业的绿色技术创新成果,激发其创新积极性,同时,完善绿色技术交易市场,促进绿色技术的转移与扩散,为高碳企业绿色转型提供持续动力。最后,政府应完善绿色产业发展政策,实现绿色金融与绿色产业协同发展。清洁型产业的持续发展是绿色金融持续发展的根本动力,通过实施合理、可行的绿色产业扶持政策,可以实现绿色金融与产业结构清洁化协同发展,促使经济增长与环境保护进入良性循环。一方面可通过实施财政贴息、税收减免、融资担保等措施,着重加大对既有涉及高附加值环节的清洁型产业的支持力度;另一方面可通过实施严格的环境管制政策直接限制高能耗高污染产业的发展,从而改变传统高能耗高污染的生产模式与产业结构路径依赖,持续提升高碳企业绿色转型能力与产业结构清洁化水平。

(4)强化环境信息披露与监管,遏制高碳企业"漂绿"行为

研究结果表明,生存风险显著提高了高碳企业对绿色转型的关注度和绿色转型意愿,但显著阻碍了高碳企业绿色转型行为。在生存压力下,高碳企业表现出明显的"漂绿"倾向,即企业会增加公开信息中对绿色转型的信息披露,但实际上却未付出真正的绿色转型和减碳行动,即高碳企业表现出明显的"漂绿"动机。因此首先,应进一步完善环境信息披露标准,明确提出高碳企业应披露的减排目标和进展情况。当前我国上市公司的环境信息披露存在半强制性,即重点排污企业、实施强制性清洁生产审核的企业、上一年度存在因环境违规被追究刑事责任的企业需要对外披露企业环境信息,其余企业根据自身情况自行决定是否披露环境信息以及披露的信息内容。这种半强制性环境信息披露要求为高碳企业选择性披露环境信息提供了可操作的空间,部分企业可能会仅选择披露对自身有利的信息而回避对自身不利的环境信息。而通过明确环境信息披露标准、应披露的具体减排目标和进展情况,能够一定程度弱化高碳企业"漂绿"的行为动机。其次,应强化第三方机构的监管力度,对高碳企业环境行为进行精确评估,以提高企业环

境信息披露的真实性与可靠性。第三方监管机构独立于政府与企业，能够通过科学的衡量标准和评估方法对高碳企业环境信息进行评估，从而防止高碳企业"漂绿"现象发生。另外，应进一步加大对"漂绿"行为的处罚力度，提高企业违规成本。如通过对相关涉事企业处以高额罚款、融资限制甚至追究相关责任人的法律责任等，有效遏制高碳企业的"漂绿"动机，促使高碳企业采取实质性绿色转型行动。

10.3　研究展望

本书基于企业生存视阈对环境规制与高碳企业绿色转型问题进行研究。在对"环境规制"、"企业生存"与"绿色转型"等相关理论与文献进行系统梳理的基础上，主要围绕环境规制政策的演进，高碳企业生存风险与绿色转型特征事实，强制命令型、市场激励型与自愿参与型环境规制对高碳企业生存风险的影响机制与影响效应，生存风险对高碳企业绿色转型意愿与绿色转型行为的影响等核心问题进行研究，并进一步以企业微观层面数字化转型为切入点，对数字化转型与企业生存进行拓展性研究。然而，限于本人研究水平、数据可得性的限制，本书的研究在以下几个方面仍有待进一步完善。

第一，可进一步从更多维度考察环境规制政策对高碳企业生存风险的异质性影响。本书在检验各种环境规制政策对高碳企业生存风险的异质性效应时，仅考虑了企业产权性质、企业经济影响力以及地方政府环境关注度的差异，未来可进一步考察企业生命周期、资源禀赋、区域经济发展水平等方面的异质性对环境规制政策效应的影响。

第二，可进一步探索多维度的绿色转型测度与评价指标体系。本书在考察企业绿色转型时主要基于绿色转型意愿和绿色转型行为两个维度展开，未来可进一步将企业绿色技术创新、污染治理、环保投资等纳入企业绿色转型评价指标体系。

第三，可进一步探索环境规制政策与转型金融的协同效应。本书仅考察了各类环境规制政策对高碳企业生存的影响,作为绿色金融的重要补充,转型金融能够通过向高碳企业提供绿色转型的资金支持,缓解环境规制政策带来的生存压力,然而我国转型金融尚处于起步发展阶段,随着转型金融工具与数据的不断丰富,未来可进一步探索环境规制政策与转型金融的政策协同效应。

参考文献

安梦天,何爱平,2024.前端环境规制、清洁生产与就业冲击:来自重点企业清洁生产审核的经验证据[J].财贸经济,45(1):124-140.

鲍宗客,2016.创新行为与中国企业生存风险:一个经验研究[J].财贸经济(2):85-99,113.

鲍宗客,2017.知识产权保护、创新政策与中国研发企业生存风险:一个事件史分析法[J].财贸经济,38(5):147-161.

卞元超,白俊红,2021.市场分割与中国企业的生存困境[J].财贸经济,42(1):120-135.

步晓宁,赵丽华,2022.自愿性环境规制与企业污染排放:基于政府节能采购政策的实证检验[J].财经研究,48(4):49-63.

车德欣,丁子家,张玲,2023.点绿成金:企业绿色转型与主业业绩[J].学习与实践(9):55-65.

陈爱珍,王闯,2023.企业环境责任、绿色技术创新与企业财务绩效[J].税务与经济(4):82-89.

陈斌,李拓,2020.财政分权和环境规制促进了中国绿色技术创新吗?[J].统计研究,37(6):27-39.

陈奉功,张谊浩,2023.绿色债券发行、企业绿色转型与市场激励效应[J].金融研究(3):131-149.

陈菁泉,刘伟,2016.杜重华.环境规制下全要素生产率逆转拐点的空间效应:基于省际工业面板数据的验证[J].经济理论与经济管理(5):57-67.

陈林,陈臻,肖倩冰,2024.产能过剩与环境规制相机选择:基于正式与非正式环境规制视角[J].中国工业经济(3):62-80.

陈强远,钱则一,陈羽,等,2021.FDI对东道国企业的生存促进效应:兼议产业安全与外资市场准入[J].中国工业经济(7):137-155.

陈诗一,张建鹏,刘朝良,2021. 环境规制、融资约束与企业污染减排:来自排污费标准调整的证据[J].金融研究(9):51-71.

陈彦龙,谌仁俊,李明轲,2023. 环保考核对各类主体绿色创新活力的影响[J].数量经济技术经济研究,40(12):194-214.

陈运平,刘燕,2023. 媒体关注对重污染企业绿色技术创新的影响机制:基于政府环境规制与公众参与的中介效应[J].管理评论,35(6):111-122.

陈哲,陈国宏,2022. 双重外部压力下企业参与自愿型环境规制动态策略研究[J].软科学,36(8):130-137.

陈阵,王雪,2014. 创新行为、沉没成本与企业生存:基于我国微观数据的实证分析[J].科学学与科学技术管理,35(10):142-149.

成金华,彭昕杰,李静远,等,2024. 环境规制对长江经济带经济高质量发展影响的传导机制[J].中国人口・资源与环境,34(5):126-136.

崔广慧,姜英兵,2019. 环境规制对企业环境治理行为的影响:基于新《环保法》的准自然实验[J].经济管理,41(10):54-72.

代昀昊,童心楚,王砾,等,2023. 法治强化能够促进企业绿色创新吗?[J].金融研究(2):115-133.

戴魁早,骆莙函,2022. 环境规制、政府科技支持与工业绿色全要素生产率[J].统计研究,39(4):49-63.

邓玉萍,王伦,周文杰,2021. 环境规制促进了绿色创新能力吗?:来自中国的经验证据[J].统计研究,38(7):76-86.

邓忠奇,高廷帆,庞瑞芝,等,2022.企业"被动合谋"现象研究:"双碳"目标下环境规制的福利效应分析[J].中国工业经济(7):122-140.

董敏杰,梁泳梅,李钢,2011. 环境规制对中国出口竞争力的影响:基于投入产出表的分析[J].中国工业经济(3):57-67.

董直庆,王辉,2019. 环境规制的"本地—邻地"绿色技术进步效应[J].中国工业经济(1):100-118.

董直庆,王辉,2021. 市场型环境规制政策有效性检验:来自碳排放权交易政策视角的经验证据[J].统计研究,38(10):48-61.

杜克锐,欧阳晓灵,郑泳藏,2023. 环境规制是否促进我国城市的绿色经济增长?[J].统计研究,40(12):39-49.

杜龙政,赵云辉,陶克涛,等,2019. 环境规制、治理转型对绿色竞争力提升的复合效应:基于中国工业的经验证据[J].经济研究,54(10):106-120.

范丹,孙晓婷,2020.环境规制、绿色技术创新与绿色经济增长[J].中国人口·资源与环境,30(6):105-115.

范洪敏,穆怀中,2017.环境规制对城镇二元劳动力就业的影响:基于劳动力市场分割视角[J].经济理论与经济管理(2):34-47.

范庆泉,2018.环境规制、收入分配失衡与政府补偿机制[J].经济研究,53(5):14-27.

范庆泉,张同斌,2018.中国经济增长路径上的环境规制政策与污染治理机制研究[J].世界经济,41(8):171-192.

方先明,那晋领,2020.创业板上市公司绿色创新溢酬研究[J].经济研究,55(10):106-123.

高翔,何欢浪,2021.清洁生产、绿色转型与企业产品质量升级[J].统计研究,38(7):64-75.

郭峰,石庆玲,2017.官员更替、合谋震慑与空气质量的临时性改善[J].经济研究,52(7):155-168.

郭进,2019.环境规制对绿色技术创新的影响:"波特效应"的中国证据[J].财贸经济,40(3):147-160.

郭俊杰,方颖,2022.绿色信贷、融资结构与企业环境投资[J].世界经济,45(8):57-80.

郭俊杰,方颖,郭晔,2024.环境规制、短期失败容忍与企业绿色创新:来自绿色信贷政策实践的证据[J].经济研究,59(3):112-129.

韩超,刘鑫颖,王海,2016.规制官员激励与行为偏好:独立性缺失下环境规制失效新解[J].管理世界(2):82-94.

韩超,王震,田蕾,2021.环境规制驱动减排的机制:污染处理行为与资源再配置效应[J].世界经济,44(8):82-105.

韩超,张伟广,冯展斌,2017.环境规制如何"去"资源错配:基于中国首次约束性污染控制的分析[J].中国工业经济(4):115-134.

韩晓祎,许雯雯,2023.市场型环境规制的要素收入分配效应:谁承担了环境治理的成本[J].财贸经济,44(5):126-143.

何芳,胡意翁,2022.环境规制对城市可持续发展效率的非线性影响[J].中国人口·资源与环境,32(5):84-95.

何文韬,肖兴志,2018.进入波动、产业震荡与企业生存:中国光伏产业动态演进研究[J].管理世界,34(1):114-126.

胡洁,于宪荣,韩一鸣,2023.ESG 评级能否促进企业绿色转型?:基于多时点双重差分法的验证[J].数量经济技术经济研究,40(7):90-111.

胡珺,黄楠,沈洪涛,2020.市场激励型环境规制可以推动企业技术创新吗?:基于中国碳排放权交易机制的自然实验[J].金融研究(1):171-189.

胡珺,宋献中,王红建,2017.非正式制度、家乡认同与企业环境治理[J].管理世界(3):76-94,187-188.

胡秋阳,李文芳,2023.银行内部组织的功能距离与危机冲击下的中小企业生存损失:兼论中小型银行优势和现代信息技术[J].中国工业经济(9):155-173.

胡旭阳,2006.民营企业家的政治身份与民营企业的融资便利:以浙江省民营百强企业为例[J].管理世界(5):107-113.

胡宗义,何冰洋,李毅,等,2022.异质性环境规制与企业环境责任履行[J].统计研究,39(12):22-37.

黄冬娅,杨大力,2016.考核式监管的运行与困境:基于主要污染物总量减排考核的分析[J].政治学研究(4):101-112,128.

黄庆华,胡江峰,陈习定,2018.环境规制与绿色全要素生产率:两难还是双赢?[J].中国人口·资源与环境,28(11):140-149.

黄寿峰,2016.环境规制、影子经济与雾霾污染:动态半参数分析[J].经济学动态(11):33-44.

惠炜,赵国庆,2017.环境规制与污染避难所效应:基于中国省际数据的面板门槛回归分析[J].经济理论与经济管理(2):23-33.

纪小乐,薛启航,魏建,2023.环境规制与数字经济:中国南北经济差异的诱致与扩大因素分析[J].中国人口·资源与环境,33(12):94-108.

贾俊雪,罗理恒,顾嘉,2023.地方政府环境规制与经济高质量发展[J].中国工业经济(5):99-117.

姜付秀,张敏,陆正飞,等,2009.管理者过度自信、企业扩张与财务困境[J].经济研究,44(1):131-143.

姜广省,卢建词,2023.逻辑兼容性:绿色投资者、环境规制与企业绿色创新[J].经济管理,45(9):68-87.

姜广省,卢建词,李维安,2021.绿色投资者发挥作用吗?:来自企业参与绿色治理的经验研究[J].金融研究(5):117-134.

蒋伏心,王竹君,白俊红,2013.环境规制对技术创新影响的双重效应:基于江苏制造业动态面板数据的实证研究[J].中国工业经济(7):44-55.

蒋水全,谭蕴林,孙芳城,等,2024.低碳城市建设、环境审计与企业碳排放:基于低碳城市试点政策的准自然实验[J].审计与经济研究,39(3):20-32.

解学梅,朱琪玮,2021.企业绿色创新实践如何破解"和谐共生"难题?[J].管理世界,37(1):128-149,9.

金刚,沈坤荣,2018.以邻为壑还是以邻为伴?:环境规制执行互动与城市生产率增长[J].管理世界,34(12):43-55.

康妮,陈林,2017.行政垄断加剧了企业生存风险吗?[J].财经研究,43(11):17-29.

康妮,陈林,2018.产业政策实施下的补贴、竞争与企业生存[J].当代经济科学,40(2):85-93,127.

康鹏辉,茹少峰,2020.环境规制的绿色创新双边效应[J].中国人口·资源与环境,30(10):93-104.

黎文靖,路晓燕,2015.机构投资者关注企业的环境绩效吗?:来自我国重污染行业上市公司的经验证据[J].金融研究(12):97-112.

李波,杨先明,2024.清洁生产环境规制、供应链关系与非对称性减排效应[J].财贸经济,45(8):105-120.

李德辉,潘丽君,2022.海归劣势、持续创新能力与新创科技企业生存:基于企业事件史的分析[J].科研管理,43(5):76-85.

李昊然,刘诗源,康润琦,2023.普惠金融与小微企业破产风险:来自小微支行设立的准自然实验[J].经济研究,58(11):153-171.

李虹,邹庆,2018.环境规制、资源禀赋与城市产业转型研究:基于资源型城市与非资源型城市的对比分析[J].经济研究,53(11):182-198.

李俊成,王文蔚,2022.谁驱动了环境规制下的企业风险承担:"转型动力"还是"生存压力"?[J].中国人口·资源与环境,32(8):40-49.

李俊成,王文蔚,胡珺,2023.环境规制如何影响资本跨区流动?[J].中国人口·资源与环境,33(8):80-88.

李俊青,高瑜,李响,2022.环境规制与中国生产率的动态变化:基于异质性企业视角[J].世界经济,45(1):82-109.

李兰冰,赵子微,2024.经济增长目标压力与企业污染:效应及渠道[J].当代经济科学,46(2):120-131.

李玲,陶锋,2012.中国制造业最优环境规制强度的选择:基于绿色全要素生产率的视角[J].中国工业经济(5):70-82.

李培功,沈艺峰,2011.社会规范、资本市场与环境治理:基于机构投资者视角的经验证据[J].世界经济,34(6):126-146.

李鹏升,陈艳莹,2019.环境规制、企业议价能力和绿色全要素生产率[J].财贸经济,40(11):144-160.

李强,田双双,刘佟,2016.高管政治网络对企业环保投资的影响:考虑政府与市场的作用[J].山西财经大学学报,38(3):90-99.

李青原,肖泽华,2020.异质性环境规制工具与企业绿色创新激励:来自上市企业绿色专利的证据[J].经济研究,55(9):192-208.

李荣华,杜昊,张磊,2024.碳排放权交易政策如何影响企业环境绩效:来自中国上市公司的经验证据[J].南开经济研究(7):163-181.

李婉红,李娜,2023.绿色创新、数字化转型与高耗能企业碳减排绩效[J].管理工程学报,37(6):66-76.

李维安,等,2019.中国上市公司绿色治理及其评价研究[J].管理世界,35(5):126-133,160.

李哲,王文翰,2021."多言寡行"的环境责任表现能否影响银行信贷获取:基于"言"和"行"双维度的文本分析[J].金融研究(12):116-132.

李志斌,黄馨怡,2021.新《环保法》、企业战略与技术创新:基于重污染行业上市公司的研究[J].财经问题研究(7):130-137.

李智超,刘少丹,杨帆,2021.环保督察、政商关系与空气污染治理效果:基于中央环保督察的准实验研究[J].公共管理评论,3(4):105-131.

梁贺,2020.房价上涨恶化了制造业企业的生存环境吗?[J].产业经济研究(5):114-127.

林赛燕,徐悫,2021.绿色创新能否促进企业财务绩效的提升?:基于企业集团和供应链的视角[J].浙江社会科学(3):23-31,156-157.

刘柏,卢家锐,2024.ESG榜单对企业融资成本冲击的异化效应[J].财经研究,50(4):124-138.

刘常建,许为宾,蔡兰,等,2019.环保压力与重污染企业的银行贷款契约:基于"$PM_{2.5}$爆表"事件的经验证据[J].中国人口·资源与环境,29(12):121-130.

刘朝,韩先锋,宋文飞,2014.环境规制强度与外商直接投资的互动机制[J].统计研究,31(5):32-40.

刘丹鹤,汪晓辰,2017.经济增长目标约束下环境规制政策研究综述[J].经济与管理研究,38(8):86-93.

刘海洋,林令涛,黄顺武,2017.地方官员变更与企业兴衰:来自地级市层面的证据[J].中国工业经济(1):62-80.

刘慧,綦建红,2017.以往经验能否促进中国企业出口生存时间的延长:基于微观数据的证据[J].国际贸易问题(4):3-13.

刘慧,綦建红,2018."邻居"对中国企业出口生存的影响有多大:基于信息溢出的视角[J].财贸经济,39(8):96-109.

刘净然,范庆泉,储成君,等,2021.雾霾治理的经济基础:动态环境规制的适用性分析[J].中国人口·资源与环境,31(8):80-89.

刘满凤,程思佳,2022.碳排放权交易促进地区产业结构优化升级了吗?[J].管理评论,34(7):33-46.

刘伟江,杜明泽,白玥,2022.环境规制对绿色全要素生产率的影响:基于技术进步偏向视角的研究[J].中国人口·资源与环境,32(3):95-107.

刘星,陈西婵,2018.证监会处罚、分析师跟踪与公司银行债务融资:来自信息披露违规的经验证据[J].会计研究(1):60-67.

刘悦,周默涵,2018.环境规制是否会妨碍企业竞争力:基于异质性企业的理论分析[J].世界经济,41(4):150-167.

柳建华,杨祯奕,孙亮,2023.强环境规制与重污染企业的环境治理行为:基于实施新《环保法》与开展中央环保督察的检验[J].会计研究(7):178-192.

龙小宁,万威,2017.环境规制、企业利润率与合规成本规模异质性[J].中国工业经济(6):155-174.

卢建词,姜广省,2022.CEO绿色经历能否促进企业绿色创新?[J].经济管理,44(2):106-121.

卢维学,吴和成,王励文,2022.环境规制政策协同对经济高质量发展影响的异质性[J].中国人口·资源与环境,32(3):62-71.

卢兴杰,2006.我国上市公司财务预警的实证研究[J].财会月刊(3):3-4.

陆菁,鄢云,王韬璇,2021.绿色信贷政策的微观效应研究:基于技术创新与资源再配置的视角[J].中国工业经济(1):174-192.

逯宇铎,于娇,刘海洋,2013.出口行为对企业生存时间的强心剂效应研究:来自1999—2008年中国企业面板数据的实证分析[J].经济理论与经济管理(8):60-71.

罗知,齐博成,2021.环境规制的产业转移升级效应与银行协同发展效应:来自长江流域水污染治理的证据[J].经济研究,56(2):174-189.

吕长江,韩慧博,2004.财务困境、财务困境间接成本与公司业绩[J].南开管理评论(3):80-85.

马海良,顾莹莹,黄德春,等,2024.环境规制、数字赋能对产业结构升级的影响及机理[J].中国人口·资源与环境,34(3):124-136.

马野青,王冠宇,乔刚,2023.工业智能化能否降低企业出口生存风险?:来自中国上市公司的经验证据[J].研究与发展管理,35(6):138-150.

蒙大斌,于莹莹,2022.双重环境规制、创新生态与绿色技术创新:对"波特假说"的再探讨[J].软科学(10):47-54.

欧定余,魏聪,2016.融资约束、政府补贴与研发制造企业的生存风险[J].经济科学(6):63-74.

潘越,谢玉湘,潘健平,2020.代币发行融资研究:基于企业生存时间的视角[J].金融研究(6):133-151.

彭斌,彭绯,2017.企业清洁化改革的绿色投资敏感性分析[J].软科学(6):55-58.

齐绍洲,林屾,崔静波,2018.环境权益交易市场能否诱发绿色创新?:基于我国上市公司绿色专利数据的证据[J].经济研究,53(12):129-143.

钱娟,李新春,2023.有偏技术进步对环境污染的空间溢出效应:基于环境规制的调节作用[J].中国人口·资源与环境,33(12):109-119.

秦炳涛,葛力铭,2018.相对环境规制、高污染产业转移与污染集聚[J].中国人口·资源与环境,28(12):52-62.

秦颖,孙慧,2020.自愿参与型环境规制与企业研发创新关系:基于政府监管与媒体关注视角的实证研究[J].科技管理研究,40(4):254-262.

任月君,郝泽露,2015.社会压力与环境信息披露研究[J].财经问题研究(5):88-95.

沈春苗,郑江淮,2022.环境规制如何影响了制造企业的成本加成率[J].经济理论与经济管理,42(4):27-39.

沈红波,谢越,陈峥嵘,2012.企业的环境保护、社会责任及其市场效应:基于紫金矿业环境污染事件的案例研究[J].中国工业经济(1):141-151.

沈洪涛,冯杰,2012.舆论监督、政府监管与企业环境信息披露[J].会计研究(2):72-78,97.

沈洪涛,黄楠,2019.碳排放权交易机制能提高企业价值吗[J].财贸经济,40
　(1):144-161.

沈洪涛,黄珍,郭肪汝,2014.告白还是辩白:企业环境表现与环境信息披露关
　系研究[J].南开管理评论,17(2):56-63,73.

沈洪涛,马正彪,2014.地区经济发展压力、企业环境表现与债务融资[J].金融
　研究(2):153-166.

沈坤荣,周力,2020.地方政府竞争、垂直型环境规制与污染回流效应[J].经济
　研究,55(3):35-49.

沈宇峰,徐晓东,2019.制度环境、政治关联与企业环保投资:来自 A 股上市公
　司的经验证据[J].系统管理学报,28(3):415-428

沈悦,任一鑫,2021.环境规制、省际产业转移对污染迁移的空间溢出效应
　[J].中国人口•资源与环境,31(2):52-60.

石宁,陈文哲,梁琪,2023.政府环境规制对市场契约关系的影响:基于供应商
　客户数据的实证分析[J].中国人口•资源与环境,33(4):147-160.

史贝贝,冯晨,张妍,等,2017.环境规制红利的边际递增效应[J].中国工业经
　济(12):40-58.

史青,2013.外商直接投资、环境规制与环境污染:基于政府廉洁度的视角
　[J].财贸经济(1):93-103.

史宇鹏,和昂达,陈永伟,2013.产权保护与企业存续:来自制造业的证据
　[J].管理世界(8):118-125,135,188.

宋凯艺,2020.银行业竞争与僵尸企业生存风险:U 型特征与机制解释[J].金
　融经济学研究,35(4):61-78.

宋清华,吕泰亨,郑琳琳,2024.自愿型环境规制与企业高质量发展[J].经济评
　论(4):38-52.

孙晓华,张竣喃,李佳璇,2024.市场型环境规制与制造企业转型升级:来自
　"排污权交易"的微观证据[J].数量经济技术经济研究,41(1):90-109.

孙学敏,王杰,2014.环境规制对中国企业规模分布的影响[J].中国工业经济
　(12):44-56.

谭显春,张倩倩,曾桉,等,2022.环境规制对可再生能源企业投资水平的影响
　[J].中国人口•资源与环境,32(7):127-136.

汤旖璆,2022.减税能够有效推动中国经济动能重塑吗?[J].深圳大学学报
　(人文社会科学版),39(2):74-86.

唐礼智,周林,杨梦俊,2022.环境规制与企业绿色创新:基于"大气十条"政策的实证研究[J].统计研究,2022,39(12):55-68.

唐松,施文,孙安其,2019.环境污染曝光与公司价值:理论机制与实证检验[J].金融研究(8):133-150.

陶锋,赵锦瑜,周浩,2021.环境规制实现了绿色技术创新的"增量提质"吗:来自环保目标责任制的证据[J].中国工业经济(3):136-154.

陶静,胡雪萍,2019.环境规制对中国经济增长质量的影响研究[J].中国人口·资源与环境,29(6):85-96.

童健,刘伟,薛景,2016.环境规制、要素投入结构与工业行业转型升级[J].经济研究,51(7):43-57.

万攀兵,杨冕,陈林,2021.环境技术标准何以影响中国制造业绿色转型:基于技术改造的视角[J].中国工业经济(9):118-136.

王班班,齐绍洲,2016.市场型和命令型政策工具的节能减排技术创新效应:基于中国工业行业专利数据的实证[J].中国工业经济(6):91-108.

王道平,刘琳琳,刘杨婧卓,2024.碳排放权交易政策与中国"双碳"目标实现:基于碳中和进程的测度与分析[J].南开经济研究(1):115-130.

王浩,刘敬哲,张丽宏,2022.碳排放与资产定价:来自中国上市公司的证据[J].经济学报,9(2):28-75.

王建秀,赵梦真,刘星茹,2019.中国企业自愿环境规制的驱动因素研究[J].经济问题(7):87-94.

王杰,李治国,2023.环境规制策略互动与绿色创新:来自市场型与命令型环境规制的证据[J].统计研究,40(12):26-38.

王杰,刘斌,2014.环境规制与企业全要素生产率:基于中国工业企业数据的经验分析[J].中国工业经济(3):44-56.

王克敏,姬美光,赵沫,2006.宏观经济环境、公司治理与财务困境研究[J].经济与管理研究(9):18-25.

王茂斌,叶涛,孔东民,2024.绿色制造与企业环境信息披露:基于中国绿色工厂创建的政策实验[J].经济研究,59(2):116-134.

王书斌,徐盈之,2015.环境规制与雾霾脱钩效应:基于企业投资偏好的视角[J].中国工业经济(4):18-30.

王树强,李秋熠,2019.A股投资者关注企业环境表现吗?:基于"绿色领先"股票指数发布的事件研究[J].武汉金融(5):57-60.

王晓祺,郝双光,张俊民,2020. 新《环保法》与企业绿色创新:"倒逼"抑或"挤出"?[J].中国人口·资源与环境,30(7):107-117.

王馨,王营,2021. 环境信息公开的绿色创新效应研究:基于《环境空气质量标准》的准自然实验[J].金融研究(10):134-152.

王馨,王营,2021. 绿色信贷政策增进绿色创新研究[J].管理世界,37(6):173-188,11.

王彦皓,2017. 政企合谋、环境规制与企业全要素生产率[J].经济理论与经济管理(11):58-71.

王耀中,黄选爱,胡尊国,2024. 绿色创新对企业环境绩效的影响研究:基于因果森林算法的分析[J].财经理论与实践,45(3):125-130.

王营,冯佳浩,2023. 政府环境信息公开的绿色创新效应研究[J].科研管理,44(6):117-125.

王永贵,李霞,2023. 促进还是抑制:政府研发补助对企业绿色创新绩效的影响[J].中国工业经济(2):131-149.

王勇,李雅楠,俞海,2019. 环境规制影响加总生产率的机制和效应分析[J].世界经济,42(2):97-121.

王昱,姜博川,武玮,2024. 互联网技术对制造业企业生存风险影响研究[J].管理评论,36(1):213-224.

吴非,胡慧芷,林慧妍,等,2021. 企业数字化转型与资本市场表现:来自股票流动性的经验证据[J].管理世界,37(7):130-144,10.

吴力波,任飞州,徐少丹,2021. 环境规制执行对企业绿色创新的影响[J].中国人口·资源与环境,31(1):90-99.

吴龙,于千惠,平靓,2023. 中国制造企业绿色转型的自愿性环境规制路径:以ISO 14001 环境管理体系认证的作用与局限性为例[J].财贸经济,44(4):140-156.

席鹏辉,周波,2021. 经济波动、企业税负与环境规制:来自重点税源企业的证据[J].经济学动态(6):68-82.

肖光恩,朱晓雨,2018. 杠杆率与中国制造业企业生存分析:兼论所有制与出口状态的异质性影响[J].亚太经济(3):121-133,152.

肖士恩,牛风君,王军英,2023. 区域差异视角下环境规制的能源错配效应[J].中国人口·资源与环境,33(2):73-80.

肖挺,2020. 制造业服务创新与上市企业生存问题的实证分析:基于生存模型的研究[J].当代经济管理,42(12):45-54.

肖兴志,何文韬,郭晓丹,2014.能力积累、扩张行为与企业持续生存时间:基于我国战略性新兴产业的企业生存研究[J].管理世界(2):77-89.

肖兴志,李少林,2013.环境规制对产业升级路径的动态影响研究[J].经济理论与经济管理(6):102-112.

谢乔昕,张宇,2021.绿色信贷政策、扶持之手与企业创新转型[J].科研管理,42(1):124-134.

谢申祥,范鹏飞,郭丽娟,2021.互联网对企业生存风险的影响与异质性分析[J].数量经济技术经济研究,38(3):140-159.

熊灵,闫烁,杨冕,2023.金融发展、环境规制与工业绿色技术创新:基于偏向性内生增长视角的研究[J].中国工业经济(12):99-116.

徐佳,崔静波,2020.低碳城市和企业绿色技术创新[J].中国工业经济(12):178-196.

徐嘉祺,赵景峰,佘升翔,等,2023.新环保法能缓解西部地区的污染问题吗?:基于环境规制的减排机制及其效应的分析[J].长江流域资源与环境,32(7):1531-1542.

徐建中,贯君,林艳,2018.基于Meta分析的企业环境绩效与财务绩效关系研究[J].管理学报,15(2):246-254.

徐敏燕,左和平,2013.集聚效应下环境规制与产业竞争力关系研究:基于"波特假说"的再检验[J].中国工业经济(3):72-84.

徐彦坤,祁毓,2017.环境规制对企业生产率影响再评估及机制检验[J].财贸经济,38(6):147-161.

徐志伟,李蕊含,2019.污染企业的生存之道:"污而不倒"现象的考察与反思[J].财经研究(7):84-96,153.

许家云,毛其淋,2016.政府补贴、治理环境与中国企业生存[J].世界经济,39(2):75-99.

许家云,毛其淋,2016.中国企业的市场存活分析:中间品进口重要吗?[J].金融研究(10):127-142.

许金花,叶妃三,商丽霞,2024.公众环境关注度对企业碳绩效水平的影响研究[J].管理学报,21(6):865-875.

杨立成,刘春林,田玲,2023.取消环保"一票否决"制对企业绿色创新的影响[J].管理学报,20(12):1800-1808.

杨冕,王恩泽,叶初升,2022.环境管理体系认证与中国制造业企业出口"增量提质"[J].中国工业经济(6):155-173.

杨冕,徐江川,杨福霞,2022.空间溢出视角下环境规制对城市绿色生产率的影响:基于共同前沿稳健生产率的实证检验[J].统计研究,39(9):29-45.

杨书,范博凯,顾芸,2022.投资型环境规制对绿色全要素生产率的非线性影响[J].中国人口·资源与环境,32(5):120-131.

杨友才,牛晓童,2021.新《环保法》对我国重污染行业上市公司效率的影响:基于"波特假说"的研究视角[J].管理评论,33(10):55-69.

叶琴,曾刚,戴劭勍,等,2018.不同环境规制工具对中国节能减排技术创新的影响:基于285个地级市面板数据[J].中国人口·资源与环境,28(2):115-122.

叶祥松,彭良燕,2011.我国环境规制下的规制效率与全要素生产率研究:1999—2008[J].财贸经济(2):102-109,137.

于娇,逯宇铎,刘海洋,2015.出口行为与企业生存概率:一个经验研究[J].世界经济,38(4):25-49.

于连超,毕茜,2021.环境管理体系认证能够抑制股价崩盘风险吗?[J].商业经济与管理(8):55-69.

于连超,张卫国,毕茜,2019.环境税对企业绿色转型的倒逼效应研究[J].中国人口·资源与环境,29(7):112-120.

于连超,张卫国,毕茜,2021.环境保护费改税促进了重污染企业绿色转型吗?[J].中国人口·资源与环境,31(5):109-118.

于向宇,李跃,陈会英,等,2019."资源诅咒"视角下环境规制、能源禀赋对区域碳排放的影响[J].中国人口·资源与环境,29(5):52-60.

于亚卓,张惠琳,张平淡,2021.非对称性环境规制的标尺现象及其机制研究[J].管理世界,37(9):134-147.

余东华,孙婷,2017.环境规制、技能溢价与制造业国际竞争力[J].中国工业经济(5):35-53.

余萍,刘纪显,2020.碳交易市场规模的绿色和经济增长效应研究[J].中国软科学(4):46-55.

原毅军,谢荣辉,2014.环境规制的产业结构调整效应研究:基于中国省际面板数据的实证检验[J].中国工业经济(8):57-69.

曾昌礼,刘雷,李江涛,等,2022.环保考核与企业绿色创新:基于领导干部自然资源资产离任审计试点的准自然实验[J].会计研究(3):107-122.

曾江洪,刘诗绮,李佳威,2020.多元驱动的绿色创新对企业经济绩效的影响研究[J].工业技术经济,39(1):13-22.

曾倩,曾先峰,岳婧霞,2020.产业结构、环境规制与环境质量:基于中国省际视角的理论与实证分析[J].管理评论,32(5):65-75.

张德涛,张景静,2022.地方政府的行为选择与企业绿色技术创新[J].中国人口·资源与环境,32(3):86-94.

张宏翔,王铭槿,2020.公众环保诉求的溢出效应:基于省际环境规制互动的视角[J].统计研究,37(10):29-38.

张华,2016.地区间环境规制的策略互动研究:对环境规制非完全执行普遍性的解释[J].中国工业经济(7):74-90.

张华,冯烽,2020.非正式环境规制能否降低碳排放?:来自环境信息公开的准自然实验[J].经济与管理研究,41(8):62-80.

张娟,耿弘,徐功文,等,2019.环境规制对绿色技术创新的影响研究[J].中国人口·资源与环境,29(1):168-176.

张明,张鹭,宋妍,2021.异质性环境规制、空间溢出与雾霾污染[J].中国人口·资源与环境,31(12):53-61.

张琦,郑瑶,孔东民,2019.地区环境治理压力、高管经历与企业环保投资:一项基于《环境空气质量标准(2012)》的准自然实验[J].经济研究,54(6):183-198.

张同斌,2017.提高环境规制强度能否"利当前"并"惠长远"[J].财贸经济,38(3):116-130.

张文武,徐嘉婕,欧习,2020.生产性服务业集聚与中国企业出口生存:考虑异质性和传导机制的分析[J].统计研究,37(6):55-65.

张小茜,孙璐佳,2017.抵押品清单扩大、过度杠杆化与企业破产风险:动产抵押法律改革的"双刃剑"效应[J].中国工业经济(7):175-192.

张训常,苏巧玲,刘晔,2019.政资不分:财政压力对国有企业生存发展的影响[J].财贸经济,40(11):129-143.

张兆国,张弛,曹丹婷,2019.企业环境管理体系认证有效吗[J].南开管理评论,22(4):123-134.

张志强,2016.环境规制提高了制造业产业链前沿技术的吸收能力吗[J].经济理论与经济管理(8):89-101.

赵树宽,张铂晨,蔡佳铭,2022.绿色创新对企业绩效的影响:基于中国上市公司面板数据[J].科技管理研究,42(6):211-220.

赵晓梦,陈璐瑶,刘传江,2021.非正式环境规制能够诱发绿色创新吗?:基于ENGOs视角的验证[J].中国人口·资源与环境,31(3):87-95.

赵阳,沈洪涛,周艳坤,2019.环境信息不对称、机构投资者实地调研与企业环境治理[J].统计研究,36(7):104-118.

赵颖岚,黄雨萱,2023.环境绩效、绿色创新与企业财务业绩:基于风险投资视角[J].科学决策(11):21-47.

赵振智,程振,吴飞,等,2023.中国环境保护税法对企业劳动雇佣的影响[J].中国人口·资源与环境,33(1):61-73.

郑元桢,王卓涵,蔡懿,等,2023."双碳"新格局下企业绿色技术创新对其ESG绩效的影响及其路径研究[J].技术经济,42(3):64-77.

钟覃琳,夏晓雪,姜付秀,2023.绿色信贷能激励企业环境责任的承担吗?[J].管理科学学报,26(3):93-111.

周键,刘阳,2021.制度嵌入、绿色技术创新与创业企业碳减排[J].中国人口·资源与环境,31(6):90-101.

周阔,张黎芮,陶云清,等,2024.公众环境关注与企业绿色治理:基于城市百度指数的研究[J].研究与发展管理,36(1):1-13.

周沂,郭琪,邹冬寒,2022.环境规制与企业产品结构优化策略:来自多产品出口企业的经验证据[J].中国工业经济(6):117-135.

朱炜,孙雨兴,汤倩,2019.实质性披露还是选择性披露:企业环境表现对环境信息披露质量的影响[J].会计研究(3):10-17.

张宇,钱水土,2022.绿色金融、环境技术进步偏向与产业结构清洁化[J].科研管理,43(4):129-138.

ACEMOGLU D,AGHION P,BURSZTYN L,et al.,2012. The environment and directed technical change[J]. American economic review,102(1):131-166.

ACS Z J,AUDRETSCH D B,1989. Small firms in U. S. manufacturing:a first report[J]. Economics letters,31(4):399-402.

ADIZES I,1989. Corporate lifecycles:how and why corporations grow and die and what to do about it[M]. Englewood cliffs,NJ:Prentice Hall.

AERTS W,CORMIER D,2009. Media legitimacy and corporate environmental communication[J].Accounting,organizations and society,34(1):1-27.

AGARWAL R,AUDRETSCH D,2001. Does start-up size matter?:The impact of technology and product life-cycle on firm survival[J].Journal of industrial economics,49(1):21-44.

ALBERTINI E,2013. Does environmental management improve financial performance?:A meta-analytical review[J].Organization & environment, 26(4):431-457.

ALBORNOZ F,FANELLI P S,HALLAK J C,2016. Survival in export markets[J].Journal of international economics,102:262-281.

ALTMAN E I,2000. Predicting financial distress of companies: revisiting the Z-score and ZETA models[J].Journal of finance,55(2):589-609.

ALTMAN E,1968. Financial ratios,discriminant analysis and the prediction of corporate bankruptcy[J].Journal of finance,23(4):589-609.

AL-TUWAIJRI S A,CHRISTENSEN T E,HUGHES K E,2004. The relations among environmental disclosure,environmental performance,and economic performance:a simultaneous equations approach[J].Accounting, organizations and society,29(5):447-471.

AMIT R,SCHOEMAKER P J H,1993. Strategic assets and organizational rent[J].Strategic management journal,14(1):33-46.

AMORE M D, SCHNEIDER C,ŽALDOKAS A,2013. Credit supply and corporate innovation[J]. Journal of financial economics,109(3):835-855.

ARSLAN-AYAYDIN Ö,THEWISSEN J,2016. The financial reward for environmental performance in the energy sector[J].Energy & environment, 27(3-4):389-413.

BALDWIN J,YAN B,2011. The death of Canadian manufacturing plants: heterogeneous responses to changes in tariffs and real exchange rates[J]. Review of world economics,147(1):131-167.

BARNEY J B,1991. Firm resources and sustained competitive advantage [J].Journal of management,17(1):99-120.

BAUMÖHL E, IWASAKI I, KOČENDA E,2019. Institutions and determinants of firm survival in European emerging markets[J/OL].Journal of corporate finance,58.https://doi.org/10.1016/j.jcorpfin.2019.05.008.

BAUMOL W,1986. Productivity growth,convergence,and welfare:what the long-run data show[J].American economic review,76(5):1072-1085.

BEAVER W H,1966. Financial ratios as predictors of failure[J].Journal of accounting research,4:71-111.

BECK T, LEVINE R, LEVKOV A,2010. Big bad banks? :The winners and losers from bank deregulation in the United States[J].The journal of finance,65(5):1637-1667.

BERNILE G,BHAGWAT V,RAU P R,2018. What doesn't kill you will only make you more risk-loving:early-life disasters and CEO behavior [J].The journal of finance,73(1):167-206.

BEVEREN I V,2007. Footloose multinationals in Belgium[J].Review of world economics,143(3):483-507.

BHARADWAJ A,ELSAWY O A,PAVLOU P A,et al.,2013. Digital business strategy,toward a next generation of insights[J].MIS quarterly,37 (2):471-482.

BLACCONIERE W,PATTEN D,1994. Environmental disclosure,regulatory costs,and changes in firm value[J].Journal of accounting and economics,18(3):357-377.

BOIRAL O,RAINERI N,TALBOT D,2018. Managers' citizenship behaviors for the environment:a developmental perspective[J].Journal of business ethics,149(2):395-409.

BORISOVA G,BROWN J R,2013. R&D sensitivity to asset sale proceeds:new evidence on financing constraints and intangible investment[J].Journal of banking & finance,37(1):159-173.

BOUWMAN H, NIKOU S, REUVER M, 2019. Digitalization, business models, and SMEs:how do business model innovation practices improve performance of digitalizing SMEs? [J/OL]. Telecommunications policy, 43.https://doi.org/10.1016/j.telpol.2019.101828.

BRAUN E,WIELD D,1994. Regulation as a means for the social control of technology[J].Technology analysis & strategic management,6(3):259-272.

BROWN J R,MARTINSSON G,PETERSEN B C,2012. Do financing constraints matter for R&D? [J]. European economic review, 56(8): 1512-1529.

BROWN J R, PETERSEN B C, 2015. Which investments do firms protect?: Liquidity management and real adjustments when access to finance falls sharply[J]. Journal of financial intermediation, 24(4): 441-465.

CALEL R, DECHEZLEPRÊTRE A, 2016. Environmental policy and directed technological change: evidence from the European carbon market [J]. Review of economics and statistics, 98(1): 173-191.

CAPARRÓS A, PÉREAU J C, TAZDAÏT T, 2016. Bargaining and international environmental agreements[J]. Environmental and resource economics, 55(1): 65-86.

CARRERE C, GRUJOVIC A, ROBERT-NICOUD F, 2017. Trade and frictional unemployment in the global economy[J]. Journal of the European economic association, 15(6): 1301-1339.

CARSON R, 1962. Silent spring[M]. Boston: Houghton Mifflin.

CHAMBERLIN E H, 1939. The theory of monopolistic competition: a re-orientation of the theory of value[M]. Cambridge, MA: Harvard University Press.

CHEN Y J, LI P, LU Y, 2018. Career concerns and multitasking local bureaucrats: evidence of a target-based performance evaluation system in China[J]. Journal of development economics, 133(C): 84-101.

CHEN K J, GUO W Q, KANG Y L, et al., 2020. Does religion improve corporate environmental responsibility?: Evidence from China[J]. Corporate social responsibility and environmental management, 28(2): 808-818.

CHETTY R, LOONEY A, KROFT K, 2009. Salience and taxation: theory and evidence[J]. American economic review, 99(4): 1145-1177.

CHOUAIBI S, FESTA G, QUAGLIA R, et al., 2022. The risky impact of digital transformation on organizational performance-evidence from Tunisia [J/OL]. Technological forecasting and social change, 178. https://doi.org/10.1016/j.techfore.2022.121571.

CHURCHILL N C, LEWIS V L, 1983. The five stages of small business growth[J]. Harvard business review, 61(3): 30-50.

CLARK C,1940. The conditions of economic progress[M].London:Macmillan and Co.

CLARKSON P M,LI Y,PINNUCK M,2015. The valuation relevance of greenhouse gas emissions under the European Union carbon emissions trading scheme[J].European accounting review,24(3):551-580.

CLARKSON P M,LI Y,RICHARDSON G D,et al.,2008. Revisiting the relation between environmental performance and environmental disclosure:an empirical analysis[J]. Accounting organizations and society,33(4):303-327.

COASE R H,1960. The problem of social cost[M].London:Macmillan.

COCKBURN I M,WAGNER S,2007. Patents and the survival of internet-related IPOs[J]. Research policy,36(4):542-551.

COLOMBO M G,DELMASTRO M,2000. A note on the survival of high-tech start-ups in Italy[J].Economics of innovation and new technology,9(3):261-274.

COPELAND B R,TAYLOR M S,1994. North-south trade and the environment[J].The quarterly journal of economics,109(3):755-787.

CORMIER D,MAGNAN M,MORARD B,1993. The impact of corporate pollution on market valuation:some empirical evidence[J].Ecological economics,8(2):135-155.

COWAN E,1999. Topical issues in environmental finance[R].Research paper was commissioned by the Asia branch of the Canadian international development agency.

DAI R C,FENG H,HU J P,et al.,2021.The impact of COVID-19 on small and medium-sized enterprises(SMEs):evidence from two-wave phone surveys in China[J/OL].China economic review,67.https://doi.org/10.1016/j.chieco.2021.101607.

DASGUPTA S,LAPTANTE B,MAMINGI N,2001. Pollution and capital markets in developing countries[J].Journal of environmental economies and management,42(3):310-335.

DEAKIN A,1972. Discriminant analysis of prediction of business failure[J].Journal of accounting research,10(1):167-169.

EARNHART D,LIZAL L,2007. Effects of ownership and financial performance on corporate environmental performance[J].Journal of comparative economics,35(1):129-151.

FENG M,YU W,WANG X,2018. Green supply chain management and financial performance:the mediating roles of operational and environmental performance[J].Business strategy and the Environment,27(7):811-824.

FERNANDES A M,PAUNOV C,2015. The risks of innovation:are innovating firms less likely to die? [J].Review of economics and statistics,97(3):638-653.

FERNANDES K J,MILEWSKI S,CHAUDHURI A,et al.,2022. Contextualising the role of external partnerships to innovate the core and enabling processes of an organisation:a resource and knowledge-based view[J]. Journal of business research,144:146-162.

FERREIRA J J M, FERNANDES C I, FERREIRA F A F,2019. To be or not to be digital,that is the question:firm innovation and performance [J].Journal of business research,101:583-590.

FISHER A G B,1935. The clash of progress and security[M].London:Macmillan and Co.

FLAMMER C,2020. Corporate green bonds[J].Journal of financial economics,135(2):279-299.

FONTANA R,NESTA L,2009. Product innovation and survival in a high-tech industry[J]. Review of industrial organization,34(4):287-306.

FOSTER G,1986. Financial statement analysis[M].New Jersey:Prentice-Hall.

FRIEDL B,GETZNER M,2003. Determinants of CO_2 emissions in a small open economy[J]. Ecological economics,45(1):133-148.

FUSSLER C,JAMES P,1996. Driving eco-innovation:a breakthrough discipline for innovation and sustainability[M].London:Pitman Publishing.

GAL P,NICOLETTI G,RÜDEN C V,et al., 2019. Digitalization and productivity:in search of the holy grail:firm-level empirical evidence from European countries[J].International productivity monitor,37:39-71.

GALBREATH J,2019. Drivers of green innovations:the impact of export intensity, women leaders, and absorptive capacity[J]. Journal of business ethics,158(1):1-15.

GARDNER J W,1965. Self-renewal:the individual and the innovative society [M].New York:Harper & Row.

GHOUL S E, GUEDHAMI O, KIM H,et al., 2018. Corporate environmental responsibility and the cost of capital:international evidence[J]. Journal of business ethics,149(2):335-361.

GOLLOP F M,ROBERTS M J,1983. Environmental regulations and productivity growth:the case of fossil-fueled electric power generation[J]. Journal of political economy,91(4):654-674.

GÖRG H,SPALIARA M E,2014. Financial health,exports and firm survival:evidence from UK and french firms[J].Economica,81(323):419-444.

GÖRG H,STROBL E,2003. Multinational companies,technology spillovers and plant survival:evidence for Irish manufacturing[J].Scandinavian journal of economics,105(4):581-595.

GRANT R M,1991. The resource-based theory of competitive advantage: implications for strategy formulation[J].California management review,33 (3):114-135.

GRAY W B,SHADBEGIAN R J,1998. Environmental regulation,investment timing,and technology choice[J].The journal of industrial economics,46(2):235-256.

GREINER L E,1972. Evolution and revolution as organizations grow[J]. Harvard business review,50(4):37-46.

GROSSMAN G M,KRUEGER A B,1995. Economic growth and environment[J].Quarterly journal economics,110(2):353-377.

HAIRE M,1959. Biological models and empirical histories in the study of organizations[J]. Organizational dynamics,8(1):50-70.

HE Z,WINTOKI M B,2016. The cost of innovation:R&D and high cash holdings in U.S. firms[J].Journal of corporate finance,41:280-303.

HEINKEL R,KRAUS A,ZECHNER J,2001. The effect of green investment on corporate behavior[J].Journal of financial and quantitative analysis,36(4):431-449.

HILALI W E,MANOUAR A E,IDRISSI M A J,2020. Reaching sustainability during a digital transformation:a PLS approach[J].International journal of innovation science,12(1):52-79.

HITT L M,BRYNJOLFSSON E,1996. Productivity,business profitability, and consumer surplus:three different measures of information technology value[J].MIS quarterly,20(2):121-142.

HOLMES T J, MCGRATTAN E R, PRESCOTT E C,2015. Quid pro quo: technology capital transfers for market access in china[J].Review of economic studies,82(3):1154-1193.

JACOBSON L S,LALONDE R J,SULLIVAN D G,1993. Earnings losses of displaced workers[J].The American economic review,83(4):685-709.

JAFFE A B,PALMER K,1997. Environmental regulation and innovation:a panel data study[J].The review of economics and statistics,79(4):610-619.

JENSEN M,MECKLING W,1976. Theory of the firm:managerial behavior, agency costs and ownership structure[J].Journal of financial economics,3(4):305-360.

JEUCKEN M,2001.Sustainable finance and banking:the financial sectorand the future of the planet[M].London:Earths can Publications Ltd..

KANG T,BAEK C,LEE J D,2017. The persistency and volatility of the firm R&D investment:revisited from the perspective of technological capability [J].Research policy,46(9):1570-1579.

KASSINIS G I,PANAYIOTOU A,DIMOU A,et al., 2016. Gender and environmental sustainability:a longitudinal analysis[J].Corporate social responsibility and environmental management,23(6):399-412.

KHANDELWAL A K, SCHOTT P K, WEI S J,2013.Trade liberalization and embedded institutional reform: evidence from Chinese exporters [J].American economic review,103(6):2169-2195.

KHANNA M,QUIMIO W R H,BOJILOVA D,1998. Toxics release information:a policy tool for environmental protection[J].Journal of environmental economics and management,36(3):243-266.

KIM Y,STATMAN M,2012. Do corporations invest enough in environmental responsibility? [J].Journal of business ethics,105(1):115-129.

KNELLER R,MANDERSON E,2012. Environmental regulations and innovation activity in UK manufacturing industries[J].Resource and energy economics,34(2):211-235.

KONOPIK J,JAHN C,SCHUSTER T, et al., 2022. Mastering the digital transformation through organizational capabilities:a conceptual framework [J/OL]. Digital business, 2. https://doi. org/10. 1016/j. digbus. 2021. 100019.

KRUEGER P,SAUTNER Z,STARKS L T,2020. The importance of climate risks for institutional investors[J].The review of financial studies,33 (3):1067-1111.

KUZNETS S, 1942. National income and its composition, 1919—1938 [R].New York:National Bureau of Economic Research.

LEI Z,SHCHERBAKOVA A V,2015. Revealing climate change opinions through investment behavior:evidence from Fukushima[J].Journal of environmental economics and management,70:92-108.

LI H B,ZHOU L A,2005. Political turnover and economic performance:the incentive role of personnel control in China[J].Journal of public economics,89(9):1743-1762.

LI J T,CHEN L,YI J T,et al., 2019. Ecosystem-specific advantages in international digital commerce[J].Journal of international business studies, 50(9):1448-1463.

LIAO Z,DONG J,WENG C,et al., 2019. CEOs' religious beliefs and the environmental innovation of private enterprises:the moderating role of political ties[J].Corporate social responsibility and environmental management,26(4):972-980.

LING D C,LAU S H,1987. The process of corporate financial distress:a review and analysis[J]. Journal of business finance & accounting,14(4): 473-488.

LIU D,LI Z Y,HE H B,et al., 2021. The determinants of R&D smoothing with asset sales:evidence from R&D-intensive firms in China[J].International review of economics & finance,75:76-93.

LOUGHRAN T，MCDONALD B，2011. When is a liability not a liability? Textual analysis，dictionaries，and 10-Ks[J].The journal of finance,66(1)：35-65.

MANGEMATIN V，SAPSED J，SCHÜßLER E，2014. Disassembly and reassembly：an introduction to the special issue on digital technology and creative industries[J].Technological forecasting and social change(83)：1-9.

MARSHALL A，1890. Principles of economisc：an introductory volume [M].London：Macnillan.

MEADOWS D H，MEADOWS D L，RANDERS J，et al.，1972. The limits to growth：a report for the club of rome's project on the predicament of mankind[M].New York：Universe Books.

MILL J S，1848. Principles of political economy：with some of their applications to social philosophy[M]. London：John W. Parker.

MIRATA M，EMTAIRAH T，2005. Industrial symbiosis networks and the contribution to environmental innovation：the case of the Landskrona industrial symbiosis programme[J]. Journal of cleaner production,13(10)：993-1002.

MUDAMBI R，SWIFT T，2014. Knowing when to leap：transitioning between exploitative and explorative R&D[J].Strategic management journal,35(1)：126-145.

NAMBISAN S，WRIGHT M，FELDMAN M，2019. The digital transformation of innovation and entrepreneurship：progress，challenges and key themes[J/OL]. Research policy，48. https：//doi. org/10. 1016/j. respol. 2019.03.018.

PARGAL S，WHEELER D，1996. Informal regulation of industrial pollution in developing countries：evidence from Indonesia[J].Journal of political economy,104(6)：1314-1327.

PATEL P C，GUEDES M J，SOARES N，et al.，2018. Strength of the association between R&D volatility and firm growth：the roles of corporate governance and tangible asset volatility[J].Journal of business research，88：282-288.

PENROSE E T，1959. The theory of the growth of the firm[M].New York：

John Wiley & Sons.

PEREIRAV,BAMEL U,2021. Extending the resource and knowledge based view: a critical analysis into its theoretical evolution and future research directions[J].Journal of business research,132:557-570.

PÉREZ S E,JUAN A M C,2008. The resource-based theory of the firm and firm survival[J]. Small business economics,30(3):231-249.

PÉREZ S E,LÓPEZ V P,SILVENTE F R,2012. The duration of firm-destination export relationships:evidence from Spain,1997—2006[J].Economic inquiry,51(1):1-22.

PERMAN R,STERN D I,2003. Evidence from panel unit root and cointegration tests that the Environmental Kuznets Curve does not exist[J].The Australian journal of agricultural and resource economics,47(3):325-347.

PETERAF M A,1993. The cornerstones of competitive advantage: a resource-based view[J]. Strategic management journal,14(3):179-191.

PETTY W,1672. Political arithmetick[M].London:Robert Clavel.

PIGOU A C,1920.The economics of welfare[M].London:Macmillan and Co..

PORTER M E,1980. Competitive strategy:techniques for analyzing industries and competitors[M]. New York:Free Press.

PORTER M E,1985. Competitive advantage:creating and sustaining superior performance[M]. New York:Free Press.

PORTER M E,1991. Towards a dynamic theory of strategy[J].Strategic management journal,12(S2):95-1I7.

PORTER M E,LINDE C V D,1995. Toward a new conception of the environment-competitiveness relationship[J]. Journal of economic perspectives,9(4):97-118.

PRAHALAD C K,HAMEL G,1990. The core competence of the corporation[J].Harvard business review,68(3):79-91.

QI S Z,ZHOU C B,LI K,et al.,2021. Influence of a pilot carbon trading policy on enterprises' low-carbon innovation in China[J].Climate policy,21(3):318-336.

ROCKNESS J W,1985. An assessment of the relationship between U.S. corporate environmental performance and disclosure[J].Journal of business finance and accounting,12(3):339-354.

ROMER P M,1990. Endogenous technological change[J].Journal of political economy,98(5):S71-S102.

SALAZAR J,1998. Environmental finance:linking two worlds[R]. Presented at a workshop on financial innovations for biodiversity bratislava.

SCHUMPETER J A, 1912. Theorie der wirtschaftlichen entwicklung[M]. Leipzig:Duncker & Humblot.

SHAFIK N,1994. Economic development and environmental quality:an econometric analysis[J]. Oxford economic papers,46(1):757-773.

SHLEIFER A,ROBERT V,1994. Politicians and firms[J].Quarterly journal of economics,109(4):995-1025.

SIDGWICK H,1883. The principles of political economy[M].London:Macmillan and Co.

SIMON J L,1977. The economics of population growth[M].Princeton,NJ: Princeton University Press.

SMITH A,1776. An inquiry into the nature and causes of the wealth of nations[M]. London:W. Strahan and T. Cadell.

SOLOW R M,1957. Technical change and the aggregate production function [J].Review of economics and statistics,39:312-320.

STEINMETZ L L,1969. Critical stages of small business growth:when they occur and how to survive them[J].Business horizons,12(1):29-36.

STIGLITZ J E,1974. Growth with exhaustible natural resources:the competitive economy[J].The review of economic studies,41(5):139-152.

SUN J X,WANG F,YIN H T,et al., 2019. Money talks:the environmental impact of China's green credit policy[J].Journal of policy analysis and management,38(3):653-680.

TAYLOR M S. Unbundling the pollution haven hypothesis[J]. The B. E. journal of economic analysis & policy, 2005,4(2):1-28.

TEECE D J,PISANO G,SHUEN A,1997. Dynamic capabilities and strategic management[J].Strategic management journal,18(7):509-533.

TESTA F,IRALDO F,FREY M,2011. The effect of environmental regulation on firms competitive performance: the case of the building & construction sector in some EU regions[J].Journal of environmental management,92(9):2136-2144.

USAI A, FIANO F, PETRUZZELLI A M, et al., 2021. Unveiling the impact of the adoption of digital technologies on firms' innovation performance[J].Journal of business research,133:327-336.

WAGNER J,TIMMER M P,ARK B V,2011. Productivity and competitiveness in Europe and the United States:evidence from industry and firm-level data[J].Journal of industry, competition and trade,11(3):227-244.

WAGNER M,2007. On the relationship between environmental management, environmental innovation and patenting: evidence from German manufacturing firms[J].Research policy,36(10):1587-1602.

WALTER I, UGELOW J L, 1979. Environmental policies in developing countries[J].AMBIO:a journal of the human environment,8(2):102-109.

WANGH N,MAMINGI B,LAPLANTE S,et al., 2003. Incomplete enforcement of pollution regulation:bargaining power of Chinese factories[J].Environmental and resource economics,24(3):245-262.

WANG M,FENG C,2021. The win-win ability of environmental protection and economic development during China's transition[J/OL]. Technological forecasting & social change, 166. https://doi. org/10. 1016/j. techfore. 2021. 120617.

WEN H W,LEE C C,ZHOU F X,2021. Green credit policy,credit allocation efficiency and upgrade of energy-intensive enterprises[J/OL].Energy economics,94.https://doi.org/10.1016/j.eneco.2021.105099.

WERNERFELT B, 1984. A resource-based view of the firm[J]. Strategic management journal,5(2):171-180.

WRUCK K H,1990. Financial distress,reorganization,and organizational efficiency[J].Journal of financial economics,27(2):419-444.

XIE Q X,ZHANG Y,CHEN L,2022. Does green credit policy promote innovation:a case of China[J].Managerial and decision economics,43(7):2704-2714.

XIE Q X,ZHANG Y,GE J R,2023.Enterprise economic influence and implementation deviation of green credit policy[J].Economia politica, 40: 81-

111.

XIE Z Y, WANG J, MIAO L,2021. Big data and emerging market firms' innovation in an open economy: the diversification strategy perspective[J/OL]. Technological forecasting & social change, 173. https://doi.org/10.1016/j.techfore.2021.121091.

XING C,ZHANG Y M,TRIPE D,2021. Green credit policy and corporate access to bank loans in China: the role of environmental disclosure and green innovation[J/OL].International review of financial analysis,77.https://doi.org/10.1016/j.irfa.2021.101838.

XIONG L X,NING J J,DONG Y H,2022. Pollution reduction effect of the digital transformation of heavy metal enterprises under the agglomeration effect[J/OL].Journal of cleaner production,330.https://doi.org/10.1016/j.jclepro.2021.129864.

YAO S, PAN Y, SENSOY A,et al.,2021. Green credit policy and firm performance: what we learn from China[J/OL].Energy economics,101.https://doi.org/10.1016/j.eneco.2021.105415.

YEH Y,SHU P,GUO R J,2008. Ownership structure and IPO valuation: evidence from Taiwan[J].Financial management,37:141-161.

ZHAI H,YANG M,CHAN K C,2022. Does digital transformation enhance a firm's performance? :Evidence from China[J/OL].Technology in society,68.https://doi.org/10.1016/j.techsoc.2021.101841.

ZHANG C,2017. Political connections and corporate environmental responsibility:adopting or escaping? [J].Energy economics,68:539-547

ZHANG D,2021. How environmental performance affects firms' access to credit: evidence from EU countries[J/OL].Journal of cleaner production,315.https://doi.org/10.1016/j.jclepro.2021.128294.

ZHANG G X,DENG N N,MOU H Z,et al.,2019. The impact of the policy and behavior of public participation on environmental governance performance:empirical analysis based on provincial panel data in China[J].Energy policy,129:1347-1354.

ZHANG H J,DUAN M S,DENG Z,2019. Have China's pilot emissions trading schemes promoted carbon emission reductions?:The evidence from industrial sub-sectors at the provincial level[J].Journal of cleaner production,234:912-924.

ZHANG M Q,MOHNEN P,2022. R&D,innovation and firm survival in Chinese manufacturing,2000—2006[J].Eurasian business review,12:59-95.

ZHANG Y,LI R D,XIE Q X,2023. Does digital transformation promote the volatility of firms' innovation investment? [J].Managerial and decision economics,44(8):4350-4362.

ZHANG Z B,JIN T J,MENG X H,2020. From race-to-the-bottom to strategic imitation:how does political competition impact the environmental enforcement of local governments in China? [J].Environmental science & pollution research,27:25675-25688.

附　录

附录1　《上市公司环保核查行业分类管理名录》[①]

附表1-1　上市公司环保核查行业分类管理名录

行业类别	类　型
1.火电	火力发电（含热电、矸石综合利用发电、垃圾发电）
2.钢铁	炼铁（含熔融和还原）
	球团及烧结
	炼钢
	铁合金冶炼
	钢压延加工
	焦化
3.水泥	水泥制造（含熟料制造）
4.电解铝	包括全部规模、全过程生产
5.煤炭	煤炭开采及洗选
	煤炭地下气化
	煤化工（煤制油、煤制气、煤制甲醇或二甲醚等）

---

　　① 中华人民共和国环境保护部（现为中华人民共和国生态环境部）2008年6月24日发布,文件编号:环办函〔2008〕373号。

续表

行业类别	类　　型
6.冶金	有色金属冶炼（常用有色金属、贵金属、稀土金属、其它稀有金属冶炼）
	有色金属合金制造
	废金属冶炼
	有色金属压延加工
	金属表面处理及热处理加工［电镀；使用有机涂层，热镀锌（有钝化）工艺］
7.建材	玻璃及玻璃制品制造
	玻璃纤维及玻璃纤维增强塑料制品制造
	陶瓷制品制造
	石棉制品制造；耐火陶瓷制品及其他耐火材料制造
	石墨及碳素制品制造
8.采矿	石油开采
	天然气开采
	非金属矿采选（化学矿采选；石灰石、石膏开采；建筑装饰用石开采；耐火土石开采；粘土及其他土砂石开采；采盐；石棉、云母矿采选；石墨、滑石采选；宝石、玉石开采）
	黑色金属矿采选
	有色金属矿采选（常用有色金属、贵金属、稀土金属、其它稀有金属采选）

续表

行业类别	类　　型
9.化工	基础化学原料制造（无机酸制造、无机碱制造、无机盐制造、有机化学原料制造、其他基础化学原料制造）
	肥料制造（氮肥制造、磷肥制造、钾肥制造、复混肥料制造、有机肥料及微生物肥料制造、其他肥料制造）
	涂料、染料、颜料、油墨及其它类似产品制造
	合成材料制造[初级型态的塑料及合成树脂制造、合成橡胶制造、合成纤维单（聚合）体的制造、其他合成材料制造]
	专用化学品制造（化学试剂和助剂制造、专项化学用品制造、林产化学产品制造、炸药及火工产品制造、信息化学品制造、环境污染处理专用药剂材料制造、动物胶制造、其他专用化学产品制造）
	化学农药制造、生物化学农药及微生物农药制造（含中间体）
	日用化学产品制造（肥皂及合成洗涤剂制造、化妆品制造、口腔清洁用品制造、香料香精制造、其他日用化学产品制造）
	橡胶加工
	轮胎制造、再生橡胶制造
10.石化	原油加工
	天然气加工
	石油制品生产（包括乙烯及其下游产品生产）
	油母页岩中提炼原油
	生物制油
11.制药	化学药品制造（含中间体）
	化学药品制剂制造
	生物、生化制品的制造
	中成药制造

续表

行业类别	类　型
12.轻工	酒类及饮料制造（酒精制造、白酒制造、啤酒制造、黄酒制造、葡萄酒制造、其他酒制造）；
	碳酸饮料制造、瓶（罐）装饮用水制造、果菜汁及果菜汁饮料制造、含乳饮料和植物蛋白饮料制造、固体饮料制造、茶饮料及其他软饮料制造；精制茶加工
	纸浆制造（含浆纸林建设）
	造纸（含废纸造纸）
	调味品制造（味精、柠檬酸、氨基酸制造等）
	有发酵工艺的粮食、饲料加工
	制糖
	植物油加工
13.纺织	化学纤维制造
	棉、化纤纺织及印染精加工
	毛纺织和染整精加工
	丝绢纺织及精加工
	化纤浆粕制造
	棉浆粕制造
14.制革	皮革鞣制加工
	毛皮鞣制及制品加

注：中华人民共和国生态环境部.关于印发《上市公司环保核查行业分类管理名录》的通知［EB/OL］.（2008-06-24）［2025-03-01］.https://www.mee.gov.cn/gkml/hbb/bgth/200910/t20091022_174891.htm.

附录 2 《中华人民共和国环境保护法》①

（自 2015 年 1 月 1 日起施行）

第一章　总则

第一条　为保护和改善环境，防治污染和其他公害，保障公众健康，推进生态文明建设，促进经济社会可持续发展，制定本法。

第二条　本法所称环境，是指影响人类生存和发展的各种天然的和经过人工改造的自然因素的总体，包括大气、水、海洋、土地、矿藏、森林、草原、湿地、野生生物、自然遗迹、人文遗迹、自然保护区、风景名胜区、城市和乡村等。

第三条　本法适用于中华人民共和国领域和中华人民共和国管辖的其他海域。

第四条　保护环境是国家的基本国策。

国家采取有利于节约和循环利用资源、保护和改善环境、促进人与自然和谐的经济、技术政策和措施，使经济社会发展与环境保护相协调。

第五条　环境保护坚持保护优先、预防为主、综合治理、公众参与、损害担责的原则。

第六条　一切单位和个人都有保护环境的义务。

地方各级人民政府应当对本行政区域的环境质量负责。

企业事业单位和其他生产经营者应当防止、减少环境污染和生态破坏，对所造成的损害依法承担责任。

公民应当增强环境保护意识，采取低碳、节俭的生活方式，自觉履

---

①　《中华人民共和国环境保护法》，2014 年 4 月 24 日第十二届全国人民代表大会常务委员会第八次会议修订后施行。

行环境保护义务。

第七条　国家支持环境保护科学技术研究、开发和应用,鼓励环境保护产业发展,促进环境保护信息化建设,提高环境保护科学技术水平。

第八条　各级人民政府应当加大保护和改善环境、防治污染和其他公害的财政投入,提高财政资金的使用效益。

第九条　各级人民政府应当加强环境保护宣传和普及工作,鼓励基层群众性自治组织、社会组织、环境保护志愿者开展环境保护法律法规和环境保护知识的宣传,营造保护环境的良好风气。

教育行政部门、学校应当将环境保护知识纳入学校教育内容,培养学生的环境保护意识。

新闻媒体应当开展环境保护法律法规和环境保护知识的宣传,对环境违法行为进行舆论监督。

第十条　国务院环境保护主管部门,对全国环境保护工作实施统一监督管理;县级以上地方人民政府环境保护主管部门,对本行政区域环境保护工作实施统一监督管理。

县级以上人民政府有关部门和军队环境保护部门,依照有关法律的规定对资源保护和污染防治等环境保护工作实施监督管理。

第十一条　对保护和改善环境有显著成绩的单位和个人,由人民政府给予奖励。

第十二条　每年 6 月 5 日为环境日。

第二章　监督管理

第十三条　县级以上人民政府应当将环境保护工作纳入国民经济和社会发展规划。

国务院环境保护主管部门会同有关部门,根据国民经济和社会发展规划编制国家环境保护规划,报国务院批准并公布实施。

县级以上地方人民政府环境保护主管部门会同有关部门,根据国家环境保护规划的要求,编制本行政区域的环境保护规划,报同级人民政府批准并公布实施。

环境保护规划的内容应当包括生态保护和污染防治的目标、任务、保障措施等,并与主体功能区规划、土地利用总体规划和城乡规划等相衔接。

第十四条 国务院有关部门和省、自治区、直辖市人民政府组织制定经济、技术政策,应当充分考虑对环境的影响,听取有关方面和专家的意见。

第十五条 国务院环境保护主管部门制定国家环境质量标准。

省、自治区、直辖市人民政府对国家环境质量标准中未作规定的项目,可以制定地方环境质量标准;对国家环境质量标准中已作规定的项目,可以制定严于国家环境质量标准的地方环境质量标准。地方环境质量标准应当报国务院环境保护主管部门备案。

国家鼓励开展环境基准研究。

第十六条 国务院环境保护主管部门根据国家环境质量标准和国家经济、技术条件,制定国家污染物排放标准。

省、自治区、直辖市人民政府对国家污染物排放标准中未作规定的项目,可以制定地方污染物排放标准;对国家污染物排放标准中已作规定的项目,可以制定严于国家污染物排放标准的地方污染物排放标准。地方污染物排放标准应当报国务院环境保护主管部门备案。

第十七条 国家建立、健全环境监测制度。国务院环境保护主管部门制定监测规范,会同有关部门组织监测网络,统一规划国家环境质量监测站(点)的设置,建立监测数据共享机制,加强对环境监测的管理。

有关行业、专业等各类环境质量监测站(点)的设置应当符合法律法规规定和监测规范的要求。

监测机构应当使用符合国家标准的监测设备,遵守监测规范。监测机构及其负责人对监测数据的真实性和准确性负责。

第十八条 省级以上人民政府应当组织有关部门或者委托专业机构,对环境状况进行调查、评价,建立环境资源承载能力监测预警机制。

第十九条 编制有关开发利用规划,建设对环境有影响的项目,应当依法进行环境影响评价。

未依法进行环境影响评价的开发利用规划,不得组织实施;未依法进行环境影响评价的建设项目,不得开工建设。

第二十条　国家建立跨行政区域的重点区域、流域环境污染和生态破坏联合防治协调机制,实行统一规划、统一标准、统一监测、统一的防治措施。

前款规定以外的跨行政区域的环境污染和生态破坏的防治,由上级人民政府协调解决,或者由有关地方人民政府协商解决。

第二十一条　国家采取财政、税收、价格、政府采购等方面的政策和措施,鼓励和支持环境保护技术装备、资源综合利用和环境服务等环境保护产业的发展。

第二十二条　企业事业单位和其他生产经营者,在污染物排放符合法定要求的基础上,进一步减少污染物排放的,人民政府应当依法采取财政、税收、价格、政府采购等方面的政策和措施予以鼓励和支持。

第二十三条　企业事业单位和其他生产经营者,为改善环境,依照有关规定转产、搬迁、关闭的,人民政府应当予以支持。

第二十四条　县级以上人民政府环境保护主管部门及其委托的环境监察机构和其他负有环境保护监督管理职责的部门,有权对排放污染物的企业事业单位和其他生产经营者进行现场检查。被检查者应当如实反映情况,提供必要的资料。实施现场检查的部门、机构及其工作人员应当为被检查者保守商业秘密。

第二十五条　企业事业单位和其他生产经营者违反法律法规规定排放污染物,造成或者可能造成严重污染的,县级以上人民政府环境保护主管部门和其他负有环境保护监督管理职责的部门,可以查封、扣押造成污染物排放的设施、设备。

第二十六条　国家实行环境保护目标责任制和考核评价制度。县级以上人民政府应当将环境保护目标完成情况纳入对本级人民政府负有环境保护监督管理职责的部门及其负责人和下级人民政府及其负责人的考核内容,作为对其考核评价的重要依据。考核结果应当向社会公开。

第二十七条　县级以上人民政府应当每年向本级人民代表大会或

者人民代表大会常务委员会报告环境状况和环境保护目标完成情况，对发生的重大环境事件应当及时向本级人民代表大会常务委员会报告，依法接受监督。

第三章　保护和改善环境

第二十八条　地方各级人民政府应当根据环境保护目标和治理任务，采取有效措施，改善环境质量。

未达到国家环境质量标准的重点区域、流域的有关地方人民政府，应当制定限期达标规划，并采取措施按期达标。

第二十九条　国家在重点生态功能区、生态环境敏感区和脆弱区等区域划定生态保护红线，实行严格保护。

各级人民政府对具有代表性的各种类型的自然生态系统区域，珍稀、濒危的野生动植物自然分布区域，重要的水源涵养区域，具有重大科学文化价值的地质构造、著名溶洞和化石分布区、冰川、火山、温泉等自然遗迹，以及人文遗迹、古树名木，应当采取措施予以保护，严禁破坏。

第三十条　开发利用自然资源，应当合理开发，保护生物多样性，保障生态安全，依法制定有关生态保护和恢复治理方案并予以实施。

引进外来物种以及研究、开发和利用生物技术，应当采取措施，防止对生物多样性的破坏。

第三十一条　国家建立、健全生态保护补偿制度。

国家加大对生态保护地区的财政转移支付力度。有关地方人民政府应当落实生态保护补偿资金，确保其用于生态保护补偿。

国家指导受益地区和生态保护地区人民政府通过协商或者按照市场规则进行生态保护补偿。

第三十二条　国家加强对大气、水、土壤等的保护，建立和完善相应的调查、监测、评估和修复制度。

第三十三条　各级人民政府应当加强对农业环境的保护，促进农业环境保护新技术的使用，加强对农业污染源的监测预警，统筹有关部门采取措施，防治土壤污染和土地沙化、盐渍化、贫瘠化、石漠化、地面沉降以及防治植被破坏、水土流失、水体富营养化、水源枯竭、种源灭绝等生态失调现象,推广植物病虫害的综合防治。

县级、乡级人民政府应当提高农村环境保护公共服务水平,推动农村环境综合整治。

第三十四条　国务院和沿海地方各级人民政府应当加强对海洋环境的保护。向海洋排放污染物、倾倒废弃物,进行海岸工程和海洋工程建设,应当符合法律法规规定和有关标准,防止和减少对海洋环境的污染损害。

第三十五条　城乡建设应当结合当地自然环境的特点,保护植被、水域和自然景观,加强城市园林、绿地和风景名胜区的建设与管理。

第三十六条　国家鼓励和引导公民、法人和其他组织使用有利于保护环境的产品和再生产品,减少废弃物的产生。

国家机关和使用财政资金的其他组织应当优先采购和使用节能、节水、节材等有利于保护环境的产品、设备和设施。

第三十七条　地方各级人民政府应当采取措施,组织对生活废弃物的分类处置、回收利用。

第三十八条　公民应当遵守环境保护法律法规,配合实施环境保护措施,按照规定对生活废弃物进行分类放置,减少日常生活对环境造成的损害。

第三十九条　国家建立、健全环境与健康监测、调查和风险评估制度;鼓励和组织开展环境质量对公众健康影响的研究,采取措施预防和控制与环境污染有关的疾病。

第四章　防治污染和其他公害

第四十条　国家促进清洁生产和资源循环利用。

国务院有关部门和地方各级人民政府应当采取措施,推广清洁能源的生产和使用。

企业应当优先使用清洁能源,采用资源利用率高、污染物排放量少的工艺、设备以及废弃物综合利用技术和污染物无害化处理技术,减少污染物的产生。

第四十一条 建设项目中防治污染的设施，应当与主体工程同时设计、同时施工、同时投产使用。防治污染的设施应当符合经批准的环境影响评价文件的要求，不得擅自拆除或者闲置。

第四十二条 排放污染物的企业事业单位和其他生产经营者，应当采取措施，防治在生产建设或者其他活动中产生的废气、废水、废渣、医疗废物、粉尘、恶臭气体、放射性物质以及噪声、振动、光辐射、电磁辐射等对环境的污染和危害。

排放污染物的企业事业单位，应当建立环境保护责任制度，明确单位负责人和相关人员的责任。

重点排污单位应当按照国家有关规定和监测规范安装使用监测设备，保证监测设备正常运行，保存原始监测记录。

严禁通过暗管、渗井、渗坑、灌注或者篡改、伪造监测数据，或者不正常运行防治污染设施等逃避监管的方式违法排放污染物。

第四十三条 排放污染物的企业事业单位和其他生产经营者，应当按照国家有关规定缴纳排污费。排污费应当全部专项用于环境污染防治，任何单位和个人不得截留、挤占或者挪作他用。

依照法律规定征收环境保护税的，不再征收排污费。

第四十四条 国家实行重点污染物排放总量控制制度。重点污染物排放总量控制指标由国务院下达，省、自治区、直辖市人民政府分解落实。企业事业单位在执行国家和地方污染物排放标准的同时，应当遵守分解落实到本单位的重点污染物排放总量控制指标。

对超过国家重点污染物排放总量控制指标或者未完成国家确定的环境质量目标的地区，省级以上人民政府环境保护主管部门应当暂停审批其新增重点污染物排放总量的建设项目环境影响评价文件。

第四十五条 国家依照法律规定实行排污许可管理制度。

实行排污许可管理的企业事业单位和其他生产经营者应当按照排污许可证的要求排放污染物；未取得排污许可证的，不得排放污染物。

第四十六条 国家对严重污染环境的工艺、设备和产品实行淘汰制度。任何单位和个人不得生产、销售或者转移、使用严重污染环境的工艺、设备和产品。

禁止引进不符合我国环境保护规定的技术、设备、材料和产品。

第四十七条　各级人民政府及其有关部门和企业事业单位,应当依照《中华人民共和国突发事件应对法》的规定,做好突发环境事件的风险控制、应急准备、应急处置和事后恢复等工作。

县级以上人民政府应当建立环境污染公共监测预警机制,组织制定预警方案;环境受到污染,可能影响公众健康和环境安全时,依法及时公布预警信息,启动应急措施。

企业事业单位应当按照国家有关规定制定突发环境事件应急预案,报环境保护主管部门和有关部门备案。在发生或者可能发生突发环境事件时,企业事业单位应当立即采取措施处理,及时通报可能受到危害的单位和居民,并向环境保护主管部门和有关部门报告。

突发环境事件应急处置工作结束后,有关人民政府应当立即组织评估事件造成的环境影响和损失,并及时将评估结果向社会公布。

第四十八条　生产、储存、运输、销售、使用、处置化学物品和含有放射性物质的物品,应当遵守国家有关规定,防止污染环境。

第四十九条　各级人民政府及其农业等有关部门和机构应当指导农业生产经营者科学种植和养殖,科学合理施用农药、化肥等农业投入品,科学处置农用薄膜、农作物秸秆等农业废弃物,防止农业面源污染。

禁止将不符合农用标准和环境保护标准的固体废物、废水施入农田。施用农药、化肥等农业投入品及进行灌溉,应当采取措施,防止重金属和其他有毒有害物质污染环境。

畜禽养殖场、养殖小区、定点屠宰企业等的选址、建设和管理应当符合有关法律法规规定。从事畜禽养殖和屠宰的单位和个人应当采取措施,对畜禽粪便、尸体和污水等废弃物进行科学处置,防止污染环境。

县级人民政府负责组织农村生活废弃物的处置工作。

第五十条　各级人民政府应当在财政预算中安排资金,支持农村饮用水水源地保护、生活污水和其他废弃物处理、畜禽养殖和屠宰污染防治、土壤污染防治和农村工矿污染治理等环境保护工作。

第五十一条　各级人民政府应当统筹城乡建设污水处理设施及配套管网,固体废物的收集、运输和处置等环境卫生设施,危险废物集中处置设施、场所以及其他环境保护公共设施,并保障其正常运行。

第五十二条 国家鼓励投保环境污染责任保险。

第五章　信息公开和公众参与

第五十三条 公民、法人和其他组织依法享有获取环境信息、参与和监督环境保护的权利。

各级人民政府环境保护主管部门和其他负有环境保护监督管理职责的部门,应当依法公开环境信息、完善公众参与程序,为公民、法人和其他组织参与和监督环境保护提供便利。

第五十四条 国务院环境保护主管部门统一发布国家环境质量、重点污染源监测信息及其他重大环境信息。省级以上人民政府环境保护主管部门定期发布环境状况公报。

县级以上人民政府环境保护主管部门和其他负有环境保护监督管理职责的部门,应当依法公开环境质量、环境监测、突发环境事件以及环境行政许可、行政处罚、排污费的征收和使用情况等信息。

县级以上地方人民政府环境保护主管部门和其他负有环境保护监督管理职责的部门,应当将企业事业单位和其他生产经营者的环境违法信息记入社会诚信档案,及时向社会公布违法者名单。

第五十五条 重点排污单位应当如实向社会公开其主要污染物的名称、排放方式、排放浓度和总量、超标排放情况,以及防治污染设施的建设和运行情况,接受社会监督。

第五十六条 对依法应当编制环境影响报告书的建设项目,建设单位应当在编制时向可能受影响的公众说明情况,充分征求意见。

负责审批建设项目环境影响评价文件的部门在收到建设项目环境影响报告书后,除涉及国家秘密和商业秘密的事项外,应当全文公开;发现建设项目未充分征求公众意见的,应当责成建设单位征求公众意见。

第五十七条 公民、法人和其他组织发现任何单位和个人有污染环境和破坏生态行为的,有权向环境保护主管部门或者其他负有环境保护监督管理职责的部门举报。

公民、法人和其他组织发现地方各级人民政府、县级以上人民政府环境保护主管部门和其他负有环境保护监督管理职责的部门不依法履行职责的,有权向其上级机关或者监察机关举报。

接受举报的机关应当对举报人的相关信息予以保密,保护举报人的合法权益。

第五十八条　对污染环境、破坏生态,损害社会公共利益的行为,符合下列条件的社会组织可以向人民法院提起诉讼:

(一)依法在设区的市级以上人民政府民政部门登记;

(二)专门从事环境保护公益活动连续五年以上且无违法记录。

符合前款规定的社会组织向人民法院提起诉讼,人民法院应当依法受理。

提起诉讼的社会组织不得通过诉讼牟取经济利益。

第六章　法律责任

第五十九条　企业事业单位和其他生产经营者违法排放污染物,受到罚款处罚,被责令改正,拒不改正的,依法作出处罚决定的行政机关可以自责令改正之日的次日起,按照原处罚数额按日连续处罚。

前款规定的罚款处罚,依照有关法律法规按照防治污染设施的运行成本、违法行为造成的直接损失或者违法所得等因素确定的规定执行。

地方性法规可以根据环境保护的实际需要,增加第一款规定的按日连续处罚的违法行为的种类。

第六十条　企业事业单位和其他生产经营者超过污染物排放标准或者超过重点污染物排放总量控制指标排放污染物的,县级以上人民政府环境保护主管部门可以责令其采取限制生产、停产整治等措施;情节严重的,报经有批准权的人民政府批准,责令停业、关闭。

第六十一条　建设单位未依法提交建设项目环境影响评价文件或者环境影响评价文件未经批准,擅自开工建设的,由负有环境保护监督管理职责的部门责令停止建设,处以罚款,并可以责令恢复原状。

第六十二条　违反本法规定,重点排污单位不公开或者不如实公开环境信息的,由县级以上地方人民政府环境保护主管部门责令公开,处以罚款,并予以公告。

第六十三条 企业事业单位和其他生产经营者有下列行为之一,尚不构成犯罪的,除依照有关法律法规规定予以处罚外,由县级以上人民政府环境保护主管部门或者其他有关部门将案件移送公安机关,对其直接负责的主管人员和其他直接责任人员,处十日以上十五日以下拘留;情节较轻的,处五日以上十日以下拘留:

(一)建设项目未依法进行环境影响评价,被责令停止建设,拒不执行的;

(二)违反法律规定,未取得排污许可证排放污染物,被责令停止排污,拒不执行的;

(三)通过暗管、渗井、渗坑、灌注或者篡改、伪造监测数据,或者不正常运行防治污染设施等逃避监管的方式违法排放污染物的;

(四)生产、使用国家明令禁止生产、使用的农药,被责令改正,拒不改正的。

第六十四条 因污染环境和破坏生态造成损害的,应当依照《中华人民共和国侵权责任法》的有关规定承担侵权责任。

第六十五条 环境影响评价机构、环境监测机构以及从事环境监测设备和防治污染设施维护、运营的机构,在有关环境服务活动中弄虚作假,对造成的环境污染和生态破坏负有责任的,除依照有关法律法规规定予以处罚外,还应当与造成环境污染和生态破坏的其他责任者承担连带责任。

第六十六条 提起环境损害赔偿诉讼的时效期间为三年,从当事人知道或者应当知道其受到损害时起计算。

第六十七条 上级人民政府及其环境保护主管部门应当加强对下级人民政府及其有关部门环境保护工作的监督。发现有关工作人员有违法行为,依法应当给予处分的,应当向其任免机关或者监察机关提出处分建议。

依法应当给予行政处罚,而有关环境保护主管部门不给予行政处罚的,上级人民政府环境保护主管部门可以直接作出行政处罚的决定。

第六十八条　地方各级人民政府、县级以上人民政府环境保护主管部门和其他负有环境保护监督管理职责的部门有下列行为之一的，对直接负责的主管人员和其他直接责任人员给予记过、记大过或者降级处分；造成严重后果的，给予撤职或者开除处分，其主要负责人应当引咎辞职：

（一）不符合行政许可条件准予行政许可的；

（二）对环境违法行为进行包庇的；

（三）依法应当作出责令停业、关闭的决定而未作出的；

（四）对超标排放污染物、采用逃避监管的方式排放污染物、造成环境事故以及不落实生态保护措施造成生态破坏等行为，发现或者接到举报未及时查处的；

（五）违反本法规定，查封、扣押企业事业单位和其他生产经营者的设施、设备的；

（六）篡改、伪造或者指使篡改、伪造监测数据的；

（七）应当依法公开环境信息而未公开的；

（八）将征收的排污费截留、挤占或者挪作他用的；

（九）法律法规规定的其他违法行为。

第六十九条　违反本法规定，构成犯罪的，依法追究刑事责任。

第七章　附则

第七十条　本法自 2015 年 1 月 1 日起施行。

附录3　第一轮中央生态环境保护督察开展情况

附表 3-1　第一轮中央生态环境保护督察时间进度表

巡查轮次	开始时间	巡查地区
第一轮第一批	2016 年 4 月	河北
	2016 年 7 月	内蒙古、黑龙江、江苏、江西、河南、广西、云南、宁夏
第一轮第二批	2016 年 12 月	北京、上海、湖北、广东、重庆、陕西、甘肃
第一轮第三批	2017 年 4 月	天津、山西、辽宁、安徽、福建、湖南、贵州
第一轮第四批	2017 年 8 月	吉林、浙江、山东、海南、四川、西藏、青海、新疆(含兵团)
第一轮回头看	2018 年 6 月	河北、河南、内蒙古、宁夏、黑龙江、江苏、江西、广东、广西、云南

附录4　《绿色信贷指引》[①]

绿色信贷指引

第一章　总则

第一条　为促进银行业金融机构发展绿色信贷，根据《中华人民共和国银行业监督管理法》、《中华人民共和国商业银行法》等法律法规，制定本指引。

[①] 《绿色信贷指引》由中国银行业监督管理委员会（现为国家金融监督管理总局）于 2012 年 2 月 24 日发布，文件编号：银监发〔2012〕4 号。

第二条　本指引所称银行业金融机构,包括在中华人民共和国境内依法设立的政策性银行、商业银行、农村合作银行、农村信用社。

第三条　银行业金融机构应当从战略高度推进绿色信贷,加大对绿色经济、低碳经济、循环经济的支持,防范环境和社会风险,提升自身的环境和社会表现,并以此优化信贷结构,提高服务水平,促进发展方式转变。

第四条　银行业金融机构应当有效识别、计量、监测、控制信贷业务活动中的环境和社会风险,建立环境和社会风险管理体系,完善相关信贷政策制度和流程管理。

本指引所称环境和社会风险是指银行业金融机构的客户及其重要关联方在建设、生产、经营活动中可能给环境和社会带来的危害及相关风险,包括与耗能、污染、土地、健康、安全、移民安置、生态保护、气候变化等有关的环境与社会问题。

第五条　中国银监会依法负责对银行业金融机构的绿色信贷业务及其环境和社会风险管理实施监督管理。

第二章　组织管理

第六条　银行业金融机构董事会或理事会应当树立并推行节约、环保、可持续发展等绿色信贷理念,重视发挥银行业金融机构在促进经济社会全面、协调、可持续发展中的作用,建立与社会共赢的可持续发展模式。

第七条　银行业金融机构董事会或理事会负责确定绿色信贷发展战略,审批高级管理层制定的绿色信贷目标和提交的绿色信贷报告,监督、评估本机构绿色信贷发展战略执行情况。

第八条　银行业金融机构高级管理层应当根据董事会或理事会的决定,制定绿色信贷目标,建立机制和流程,明确职责和权限,开展内控检查和考核评价,每年度向董事会或理事会报告绿色信贷发展情况,并及时向监管机构报送相关情况。

第九条　银行业金融机构高级管理层应当明确一名高管人员及牵头管理部门,配备相应资源,组织开展并归口管理绿色信贷各项工作。

必要时可以设立跨部门的绿色信贷委员会，协调相关工作。

第三章 政策制度及能力建设

第十条 银行业金融机构应当根据国家环保法律法规、产业政策、行业准入政策等规定，建立并不断完善环境和社会风险管理的政策、制度和流程，明确绿色信贷的支持方向和重点领域，对国家重点调控的限制类以及有重大环境和社会风险的行业制定专门的授信指引，实行有差别、动态的授信政策，实施风险敞口管理制度。

第十一条 银行业金融机构应当制定针对客户的环境和社会风险评估标准，对客户的环境和社会风险进行动态评估与分类，相关结果应当作为其评级、信贷准入、管理和退出的重要依据，并在贷款"三查"、贷款定价和经济资本分配等方面采取差别化的风险管理措施。

银行业金融机构应当对存在重大环境和社会风险的客户实行名单制管理，要求其采取风险缓释措施，包括制定并落实重大风险应对预案，建立充分、有效的利益相关方沟通机制，寻求第三方分担环境和社会风险等。

第十二条 银行业金融机构应当建立有利于绿色信贷创新的工作机制，在有效控制风险和商业可持续的前提下，推动绿色信贷流程、产品和服务创新。

第十三条 银行业金融机构应当重视自身的环境和社会表现，建立相关制度，加强绿色信贷理念宣传教育，规范经营行为，推行绿色办公，提高集约化管理水平。

第十四条 银行业金融机构应当加强绿色信贷能力建设，建立健全绿色信贷标识和统计制度，完善相关信贷管理系统，加强绿色信贷培训，培养和引进相关专业人才。必要时可以借助合格、独立的第三方对环境和社会风险进行评审或通过其他有效的服务外包方式，获得相关专业服务。

第四章 流程管理

第十五条 银行业金融机构应当加强授信尽职调查，根据客户及其项目所处行业、区域特点,明确环境和社会风险尽职调查的内容,确保调查全面、深入、细致。必要时可以寻求合格、独立的第三方和相关主管部门的支持。

第十六条　银行业金融机构应当对拟授信客户进行严格的合规审查,针对不同行业的客户特点,制定环境和社会方面的合规文件清单和合规风险审查清单,确保客户提交的文件和相关手续的合规性、有效性和完整性,确信客户对相关风险点有足够的重视和有效的动态控制,符合实质合规要求。

第十七条　银行业金融机构应当加强授信审批管理,根据客户面临的环境和社会风险的性质和严重程度,确定合理的授信权限和审批流程。对环境和社会表现不合规的客户,应当不予授信。

第十八条　银行业金融机构应当通过完善合同条款督促客户加强环境和社会风险管理。对涉及重大环境和社会风险的客户,在合同中应当要求客户提交环境和社会风险报告,订立客户加强环境和社会风险管理的声明和保证条款,设定客户接受贷款人监督等承诺条款,以及客户在管理环境和社会风险方面违约时银行业金融机构的救济条款。

第十九条　银行业金融机构应当加强信贷资金拨付管理,将客户对环境和社会风险的管理状况作为决定信贷资金拨付的重要依据。在已授信项目的设计、准备、施工、竣工、运营、关停等各环节,均应当设置环境和社会风险评估关卡,对出现重大风险隐患的,可以中止直至终止信贷资金拨付。

第二十条　银行业金融机构应当加强贷后管理,对有潜在重大环境和社会风险的客户,制定并实行有针对性的贷后管理措施。密切关注国家政策对客户经营状况的影响,加强动态分析,并在资产风险分类、准备计提、损失核销等方面及时做出调整。建立健全客户重大环境和社会风险的内部报告制度和责任追究制度。在客户发生重大环境和社会风险事件时,应当及时采取相关的风险处置措施,并就该事件可能对银行业金融机构造成的影响向监管机构报告。

第二十一条　银行业金融机构应当加强对拟授信的境外项目的环境和社会风险管理,确保项目发起人遵守项目所在国家或地区有关环保、土地、健康、安全等相关法律法规。对拟授信的境外项目公开承诺采用相关国际惯例或国际准则，确保对拟授信项目的操作与国际良好做法在实质上保持一致。

第五章　内控管理与信息披露

第二十二条　银行业金融机构应当将绿色信贷执行情况纳入内控合规检查范围，定期组织实施绿色信贷内部审计。检查发现重大问题的，应当依据规定进行问责。

第二十三条　银行业金融机构应当建立有效的绿色信贷考核评价体系和奖惩机制，落实激励约束措施，确保绿色信贷持续有效开展。

第二十四条　银行业金融机构应当公开绿色信贷战略和政策，充分披露绿色信贷发展情况。对涉及重大环境与社会风险影响的授信情况，应当依据法律法规披露相关信息，接受市场和利益相关方的监督。必要时可以聘请合格、独立的第三方，对银行业金融机构履行环境和社会责任的活动进行评估或审计。

第六章　监督检查

第二十五条　各级银行业监管机构应当加强与相关主管部门的协调配合，建立健全信息共享机制，完善信息服务，向银行业金融机构提示相关环境和社会风险。

第二十六条　各级银行业监管机构应当加强非现场监管，完善非现场监管指标体系，强化对银行业金融机构面临的环境和社会风险的监测分析，及时引导其加强风险管理，调整信贷投向。

银行业金融机构应当根据本指引要求，至少每两年开展一次绿色信贷的全面评估工作，并向银行业监管机构报送自我评估报告。

第二十七条　银行业监管机构组织开展现场检查，应当充分考虑银行业金融机构面临的环境和社会风险，明确相关检查内容和要求。对环境和社会风险突出的地区或银行业金融机构，应当开展专项检查，并根据检查结果督促其整改。

第二十八条　银行业监管机构应当加强对银行业金融机构绿色信

贷自我评估的指导,并结合非现场监管和现场检查情况,全面评估银行业金融机构的绿色信贷成效,按照相关法律法规将评估结果作为银行业金融机构监管评级、机构准入、业务准入、高管人员履职评价的重要依据。

第七章　附则

第二十九条　本指引自公布之日起施行。村镇银行、贷款公司、农村资金互助社、非银行金融机构参照本指引执行。

第三十条　本指引由中国银监会负责解释。

附录5　我国碳排放权交易试点的进展情况

附表5-1　我国碳排放权交易试点的进展情况

时　间	进展情况
2010年9月	国务院首次提出要建立和完善碳排放权交易制度
2011年10月	中华人民共和国国家发展和改革委员会批准北京、天津、上海、重庆、湖北、广东和深圳7个省市开展碳排放权交易试点
2013年6月	深圳成为首个启动碳排放权交易的试点城市
2013年11月	上海碳排放权交易市场、北京碳排放权交易市场相继启动
2013年12月	广东碳排放权交易市场、天津碳排放权交易市场相继启动
2014年4月	湖北碳排放权交易市场开始启动
2014年6月	重庆碳排放权交易市场启动
2016年12月	四川省和福建省2个非试点地区相继启动碳市场交易
2017年12月	《全国碳排放权交易市场建设方案(发电行业)》印发实施,要求建设全国统一的碳市场
2021年7月16日	全国碳排放权交易市场启动,将2000多家发电行业重点排放单位纳入进来,成为全球最大的碳市场